DERNIERS TITRES PARUS
DANS LA MÊME COLLECTION

Ninon Grangé, *Oublier la guerre civile.* Stasis, *chronique d'une disparition*, 2015, 288 pages

Ghislain Casas, *La dépolitisation du monde. Angélologie médiévale et modernité*, 2022, 340 pages

Jacob Lachat, *Le passé sous les yeux. Chateaubriand et l'écriture de l'histoire*, 2023, 336 pages

Vouloir souffrir

Bertrand Binoche

Vouloir souffrir

Nietzsche en contexte ascétique

CONTEXTES

VRIN | Éditions de l'EHESS

Collection dirigée par
Philippe Büttgen | Étienne Anheim

ISSN 1159-4535
ISBN Vrin 978-2-7116-3206-0
ISBN EHESS 978-2-7132-3395-1

www.vrin.fr | **www.editions.ehess.fr**

« Par ailleurs, nous sommes d'accord pour dire que, si on fait une chose pour en avoir une autre, la chose que nous voulons, ce n'est pas l'action que nous devons accomplir, mais le bien pour lequel nous la faisons ».

PLATON, *Gorgias*, 468 bc
(trad. fr. M. Canto)

« Aimer à souffrir, vouloir souffrir pour rien, c'est insensé ».

Pierre LEROUX, *Sept discours sur la situation actuelle de la société et de l'esprit humain*, I, 11.

« Tout cela est un paradoxe au plus haut degré : nous nous trouvons ici devant une scission qui se veut elle-même scission, qui *jouit* d'elle-même dans cette souffrance et qui devient toujours plus sûre d'elle-même et plus triomphante à mesure que décroît sa propre présupposition, la viabilité physiologique ».

Friedrich NIETZSCHE, *La généalogie de la morale*, III, 11
(trad. fr. I. Hildenbrand et J. Gratien, modifiée)

ABRÉVIATIONS

Les citations de Nietzsche renvoient aux traductions françaises, éventuellement modifiées de l'édition de Giorgio Colli et Mazzino Montinari : *Œuvres philosophiques complètes* [*OPC*], Paris, Gallimard, 1968-1997 ; et pour la *Correspondance*, aux six volumes parus sous la direction de Maurice de Gandillac puis Jean Lacoste, Paris, Gallimard, 1986-2023. Une exception est faite pour *Ainsi parlait Zarathoustra*, cité dans la traduction de Georges-Arthur Goldschmidt, Paris, Le Livre de Poche, 1972.

De manière très conventionnelle, les abréviations suivantes ont été utilisées :

A	*Aurore*
AC	*L'Antéchrist*
APZ	*Ainsi parlait Zarathoustra*
CID	*Le crépuscule des idoles*
CIN	*Considérations inactuelles*
CW	*Le cas Wagner*
EH	*Ecce homo*
FP	*Fragments posthumes*
GM	*La généalogie de la morale*
GS	*Le gai savoir*
HTH	*Humain, trop humain*
NCW	*Nietzsche contre Wagner*
NT	*La naissance de la tragédie*
PBM	*Par-delà bien et mal*

Avertissement

Mon premier est une injonction : « *Écrasez l'infâme !* ». On l'associe ordinairement à Voltaire pour la réduire à un concept très pauvre de philosophie. Pourtant, elle semble riche d'indéterminations qui conduisent périodiquement à invoquer de « nouvelles Lumières » : qui est au juste l'« infâme » ? Comment donc « l'écraser » ? Appartient-il en propre au philosophe de s'en charger ? S'agit-il d'une tâche encore à l'ordre du jour ? Ou, au contraire, convient-il de voir là une sorte d'impasse contraignant à s'engager dans des voies militantes et agressives où précisément l'on ne peut plus penser grand-chose ? Les « Lumières », ne sont-ce pas toujours les vieilles Lumières, pleines d'emphase, édifiantes et plates, définitivement impuissantes à éclairer la face cachée de l'ordre humain, son sombre désordre et sa pénible vérité ?

Mon second est un mot : « *ascétisme* ». À la fois familier et un peu désuet. Il évoque en général un rapport agonistique à soi et en particulier ce que les chrétiens nomment la pénitence. Se traiter soi-même avec rigueur, voire avec la dernière rigueur, ou encore exercer sur soi-même ce que la langue classique appelait les « rigueurs », bref se maltraiter, voire se torturer soi-même avec une inventivité que les Pères du désert illustrèrent au-delà de ce que l'on pourrait concevoir s'il ne nous en restait des témoignages peut-être véridiques, mais aujourd'hui invraisemblables. Si nous voyons le problème dans le *signifiant* lui-même, nous devons demander : *depuis quand* au juste désigne-t-on ainsi de telles conduites ? Et *qui* les a nommées ainsi ? On peut certes craindre qu'il s'agisse là d'un infime point de philologie, susceptible de décourager les meilleures volontés. Mais on ne peut pas non plus écarter d'emblée que se trouve là, au contraire, une petite ouverture menant à un vaste paysage : qui sait ce qui peut passer par le chas de l'aiguille ? Tout dépend de l'importance que l'on attache aux mots eux-mêmes dans l'argumentation, donc aussi de la consistance propre qu'on leur accorde et c'est un problème aussi vieux au moins que le *Cratyle*.

Mon troisième est une question : « *à quelles conditions peut-on vouloir souffrir ?* ». La théodicée demandait : pourquoi sommes-nous exposés à la souffrance ? On demande maintenant : pourquoi, dans certains cas, veut-on la souffrance ? Qu'on le puisse est évident, de fait la souffrance est parfois voulue. Mais les difficultés commencent ici : souffrir pour quoi, en vue de quoi ? Sans doute est-il avéré que l'on puisse désirer souffrir pour ensuite ne plus souffrir, à l'image du malade qui veut retrouver la santé, et cela nous apprend que l'on peut sacrifier le présent à l'avenir si l'on y voit son intérêt. On peut même désirer souffrir en vue de formidables jouissances ultérieures, à l'image du croyant qui espère la béatitude, mais on se heurte alors à de nouvelles difficultés : le calcul est-il du même ordre que dans le cas précédent ? Le salut peut-il être l'objet d'une conduite intéressée sans contradiction ? Et peut-il ne pas être un leurre conduisant à sacrifier la proie pour l'ombre ? Autre hypothèse, plus déconcertante : ne peut-on pas chercher la jouissance *dans* la souffrance, vouloir jouir *en* souffrant ? Étrange contradiction qui s'inscrirait alors à même le corps du sujet. Autre hypothèse, plus déconcertante encore peut-être : que l'on puisse vouloir souffrir parce que l'on voudrait *mourir*, parce qu'en nous quelque chose voudrait la mort dont la souffrance serait le simple vestibule. Vouloir souffrir pour mourir ? Le plus étrange serait néanmoins que la souffrance soit à elle-même sa propre fin. Peut-on penser un *vouloir-souffrir* qui ne se rabatte ni sur un vouloir-vivre, ni sur un vouloir-jouir, ni sur un vouloir-mourir ? Vouloir le mal pour le mal, cela peut à la rigueur se concevoir, sous l'espèce de Satan qui a son soleil : mais vouloir souffrir pour souffrir ? Encore que… celui que l'on hait, on le torture : ne se peut-il donc pas que l'on *se* haïsse ? À ce point, le problème de la souffrance volontaire est devenu celui de la cruauté pronominale.

Mon quatrième est un nom propre, celui de ce qu'il convient d'appeler un peu sottement un « grand auteur », en l'occurrence : *Nietzsche*. Ce nom ne désigne pas ici un monument somptueux dont on assurerait la pieuse visite. Ce n'est pas non celui d'un accusé sur lequel un verdict devrait être finalement prononcé : coupable, ou non, de racisme, d'antisémitisme, de sexisme, d'esclavagisme. L'auteur de ces lignes n'est ni guide ni juge et « Nietzsche » est ici plutôt sollicité comme l'objet d'un étonnement qui déborde celui-ci de toutes parts. En amont, parce qu'il est tributaire de difficultés dont il a conscience et aussi de difficultés dont il n'a pas conscience. En aval, parce qu'il demeure présent chez ses successeurs, mais il y a bien des manières pour un auteur d'en habiter un autre, parfois à son insu. C'est pourquoi on peut graviter « autour de Nietzsche », sur une orbite irrégulière, sans aversion épidermique et sans révérence excessive.

Mon tout est ce livre. On aurait envie d'en combiner de cette manière les éléments. Friedrich Nietzsche est le philosophe qui a redéfini la philosophie comme une ascèse paradoxale, ayant pour fin la liquidation de l'« ascétisme ». Ce fut ainsi qu'il entreprit, très explicitement, d'« écraser l'infâme » en vue de « nouvelles Lumières », lesquelles contraignent à se demander en quoi elles diffèrent des anciennes et aussi en quoi elles conduiront ses successeurs à concevoir à leur tour, ou non, de nouvelles nouvelles Lumières.

Mais on peut prendre les choses autrement et voir cette charade comme un *écheveau* où s'entremêlent quatre fils, de telle sorte que tantôt l'un tantôt l'autre se fait plus visible. Le livre est ce tissage. Son horizon ne consisterait alors pas en une thèse qu'il aurait pour objet d'exposer à la dispute sur la base d'arguments aussi fermes que possible, avec l'intention de savoir « à quoi s'en tenir ». Il s'agirait plutôt d'une errance. On part sans bien savoir où l'on va, animé par le désir de se perdre plus que par l'ambition d'une nouvelle Amérique. Un auteur procédant de la sorte éprouve sans doute quelque embarras : peut-il raisonnablement inviter son lecteur potentiel à s'égarer en des chemins plus ou moins praticables, sans destination prévisible ? Au moins celui-ci est-il averti et peut-il encore rebrousser chemin. Peut-être même – qui sait ? – trouvera-t-il quelque excitation à emprunter de tels sentiers au détour desquels il apercevra tantôt dans une autre lumière ce qu'il pensait déjà connaître, tantôt ce qu'il ne savait pas même ignorer…

INTRODUCTION

« Écrasez l'ascète » ?

Nietzsche dédie *Humain, trop humain* à Voltaire en 1878. Comme on pouvait s'y attendre, le § 463 cite en français le fameux mot d'ordre de celui-ci : « Écrasez l'infâme ! ». Plus tard, comme on pouvait encore s'y attendre, Nietzsche prend ses distances avec cette grande référence des prétendus libres penseurs, qui ne pensent pas beaucoup et qui ne sont pas libres du tout. L'amour voltairien de « l'humanité » devait lui apparaître comme la menaçante platitude véhiculée par les Lumières [1]. L'esprit libre en revanche, qui n'est pas le libre penseur, ne peut qu'éprouver un dangereux dégoût pour ce qu'est devenu « l'homme », et il lui faut beaucoup d'art pour résister au découragement du misanthrope [2]. Il lui faut songer à ce que l'homme peut encore devenir, il lui faut songer au surhomme. Pourtant, cela n'empêche pas Nietzsche, dix ans plus tard, au crépuscule affolant de sa lucidité, de clore *Ecce homo*, son étrange autobiographie, en réitérant la célèbre injonction : « Et sous le nom de *morale*, c'est à tout cela qu'on a cru ! *Écrasez l'infâme !* », avant d'ajouter : « M'a-t-on compris ? *Dionysos contre le Crucifié ...* ».

De 1878 à 1888, l'œuvre du Nietzsche de la maturité se trouve ainsi encadrée par la devise voltairienne. Il ne la renie jamais, au contraire, et il n'est pas difficile de comprendre ce rapport ambivalent à la figure de Voltaire. Celui-ci avait bien raison d'ordonner ce qu'on appelle obscurément « philosophie » à la destruction du christianisme.

1. Nietzsche, *PBM*, § 34.
2. Nietzsche, *GM*, I, 12. *EH*, « Pourquoi je suis un destin », § 6.

Mais il avait tort de voir le revers positif de cette entreprise dans la promotion triomphante de l'humanité, dans l'affirmation malsaine d'une dignité qu'il faudrait accorder *également* à tous les hommes – et pourquoi pas, pendant qu'on y est, aux hommes et aux femmes, aux animaux, à tout ce qui vit ? Le contresens voltairien appuyait la critique du christianisme sur ce qui le répétait sournoisement. Il faisait rentrer par la fenêtre ce qu'il pensait avoir mis à la porte : « *le mol et lâche concept* "**homme**" » n'est rien d'autre que « le culte de la morale chrétienne sous un autre nom » [1]. Si son visage paraît plus avenant, c'est à celui seulement qui s'y laisse tromper. Voltaire fit en conséquence le contraire de ce qu'il avait projeté. Loin de détruire l'infâme, il lui ouvrit de nouvelles perspectives avec un succès hélas avéré. Les nouvelles Lumières ne peuvent se confondre avec les anciennes : « les anciennes allaient dans le sens du troupeau démocratique. Nivellement de tous. Les nouvelles veulent montrer le chemin aux natures dominatrices [...] » [2].

Le retour de l'injonction doit donc être bien compris : si elle est encore à l'ordre du jour, c'est que les moyens mis en œuvre pour la satisfaire ont produit le résultat inverse. Feuerbach a échoué et Marx, en 1843, s'est gravement mépris en déclarant achevée la critique de la religion [3]. Au contraire, la situation s'est aggravée : on adore désormais d'autant plus l'infâme que c'est en toute méconnaissance de cause, en croyant sottement s'en être « émancipé ». C'est pourquoi Nietzsche, dans les années 1884-1886, à de nombreuses reprises, put qualifier sa propre entreprise de « nouvelles Lumières » [4], expression qui fait aujourd'hui l'objet d'appropriations diverses et d'un intérêt très variable [5]. Il est vrai qu'il renonça à intituler ainsi *Par-delà bien et mal*, peut-être parce qu'il craignait que la référence au substantif

1. Nietzsche, *FP*, automne 1887, 10 [170] (trad. modif.).

2. *Ibid.*, été-automne 1884, 27 [80].

3. Voir, de Marx, l'ouverture fracassante de la *Critique de la philosophie du droit de Hegel* : « Pour l'Allemagne, la *critique de la religion* est terminée pour l'essentiel, et la critique de la religion est la condition de toute critique », trad. fr. M. Simon, Paris, Aubier-Montaigne, 1971, p. 51.

4. Nietzsche, « Neue Aufklärung » : *FP*, printemps 1884, 25 [296] ; été-automne 1884, 26 [293 et 298] ; 27 [79 et 80] ; automne 1884-début 1885, 29 [39] ; automne 1885-printemps 1886, 1 [94].

5. Voir É. Balibar, « Séjourner dans la contradiction. L'idée de "nouvelles Lumières" et les contradictions de l'universalisme », dans H. Adler et R. Godel (dir.), *Formen des Nichtwissens der Aufklärung*, München, W. Fink, 2010, p. 159-164 ; Étienne Balibar recense de nombreux textes où Jacques Derrida sollicitait ce schème. Voir aussi M. Garcés,

l'emporte sur l'épithète et occulte la radicale « nouveauté » de la démarche, au profit des résonances complaisantes et convenues que devait faire vibrer le terme « *Aufklärung* ». La réitération insistante du syntagme dit néanmoins quelque chose, à savoir que la critique du christianisme *reste* à faire.

Mais pour ne pas répéter l'erreur de ses prédécesseurs, cette critique devra prendre une tout autre tournure. D'une part, les « nouvelles Lumières » ne parviendront pas à écraser l'infâme en adoptant la forme d'une critique de la critique, car on ne réfute pas une morale ; elles doivent *interpréter* la critique autant que ce dont elle est la critique. Or, si on critique des thèses, on interprète des évaluations. C'est pourquoi, d'autre part, on redéfinira le christianisme comme une table de valeurs, et pas seulement comme un ensemble de dogmes[1]. Dès lors, on ne fera pas grief au christianisme d'être faux, mais d'être toxique : *il empêche de vivre.* Faisons un pas de plus : dès l'instant où la vie se définit comme volonté de puissance, il faut dire que le christianisme rend malade, parce qu'il interdit de vouloir la puissance sans en éprouver de la honte. La lutte change ainsi du tout au tout : ce n'est plus la même cible (les valeurs se substituent aux superstitions) ; ce n'est plus la même arme (l'interprétation évince la critique) ; ce n'est plus la même fin (la santé plutôt que la vérité).

Les Philosophes avaient engagé une lutte grandiose contre ce qu'ils appelaient les « préjugés », il est temps aujourd'hui de la retourner contre les préjugés *des philosophes* eux-mêmes, qui ne sont pas des erreurs, mais des valeurs : par exemple, leurs préjugés contre l'apparence, le changement, la douleur, etc.[2]. En procédant ainsi, on retrouvera le christianisme sous le masque de la critique elle-même. Il n'est pas question de revenir en arrière, de régresser[3], mais de clore une fois pour toutes la séquence uniforme du « monotono-théisme »[4], laquelle nous a conduits de tout ce qui annonçait le christianisme à tout ce qui le perpétue et que Nietzsche nomme le

Nouvelles Lumières radicales, trad. fr. A. Bardez, Saint-Michel-de-Vax, La Lenteur, 2020. Ou encore C. Pelluchon, *Les Lumières à l'âge du vivant*, Paris, Seuil, 2020.

1. Nietzsche, *GM*, III, 27.

2. Nietzsche, *FP*, été-automne 1884, 26 [300].

3. Nietzsche, *CID*, « Divagations d'un inactuel », § 43 : ce sont les prêtres et les moralistes qui veulent toujours « ramener, *réduire* l'humanité à un degré *antérieur* de vertu ».

4. *Ibid.*, « La raison dans la philosophie », § 1.

« nihilisme ». Ou encore : « briser l'histoire de l'humanité en deux tronçons » [1]. Bref, les Lumières pourront être dites « nouvelles » pour autant qu'elles n'adosseront plus la destruction de Dieu à la promotion de l'Humanité et qu'elles échapperont au cycle désastreux de l'inlassable régénération clandestine, que Nietzsche appelle souvent la « morale », sans plus de précisions. La « jouissance même d'anéantir » [2] qui animait Voltaire, il faut la faire sienne, mais ne pourra l'éprouver que celui qui détruira véritablement. Or cette tâche se trouve tout entière suspendue à l'identification correcte de l'« infâme » : le christianisme comme « morale », comme « table de valeurs », soit, mais encore ? De ses préfigurations à ses fantômes, d'un avatar à l'autre, il y a de quoi s'y perdre. On se demande même comment *ne pas* s'y perdre !

Et pourtant, c'est précisément là que Nietzsche pensa se trouver, devenir ce qu'il était, c'est là qu'il pensa avoir découvert une nouvelle Amérique où le soleil de midi dissipait enfin toutes les ombres de Dieu [3]. Si le christianisme moral, c'est l'inhibition de la volonté de puissance, on le rencontre non seulement *avant* le christianisme historique, dans le judaïsme tardif ou dans la philosophie grecque à partir de Socrate, mais aussi *après* : dans l'emphase édifiante de la pitié ; dans la haine institutionnelle de l'obéissance ; dans la pure connaissance du fait. La morale du philanthrope, la politique de l'anarchiste et l'épistémologie du savant sont les trois grands pôles de ce qu'est devenu le « christianisme ». Reconnaître le lien secret qui les associe en notre triste aujourd'hui, voilà qui témoigne déjà peut-être d'une perspicacité où l'on peut voir un commencement de preuve en faveur de notre audacieux navigateur. En tout cas, cela permet de restituer sa profondeur à l'arrière-plan où s'énonce la reprise du mot d'ordre voltairien : « écrasez l'infâme ! », c'est prendre pied sur le continent des valeurs, de ce qui les dicte et de ce qui commande leur conflit perpétuel, c'est les interpréter ou encore les évaluer – discerner pour quelle forme de vie, saine ou décadente, vaut ce qui vaut et démarquer ainsi ce qui est actuel de ce qui ne l'est pas.

1. Nietzsche, *EH*, « Pourquoi je suis un destin », § 8.

2. « Die Lust selbst am Vernichten » : Nietzsche, *EH*, « Ainsi parlait Zarathoustra », *in fine*.

3. Nietzsche, *GS*, § 343 ; *PBM*, § 23.

Puisque le christianisme moral déborde le christianisme dogmatique en amont comme en aval, cela pourrait suggérer que l'on doit relativiser l'importance de ce dernier : la doctrine chrétienne proprement dite n'est-elle pas d'autant plus négligeable que la grande catastrophe commence avec Socrate et se poursuit avec Schopenhauer, Bakounine et tous les idolâtres du fait ? Or Nietzsche en infère exactement le contraire : c'est le christianisme historique, comme agglomérat de thèses et de conduites, qui constitue le ténébreux centre de gravité autour duquel s'ordonne l'enquête et c'est sur lui que doit se concentrer le feu de l'interprétation. En dernière analyse, et si déconcertants que puissent être ses détours, celle-ci revient en effet toujours à demander si les valeurs considérées sont déjà ou pas encore chrétiennes, encore un peu ou plus du tout chrétiennes. Du même coup, on comprend que le « prêtre » soit le personnage qui réapparaisse invariablement au centre de chaque récit de *La généalogie de la morale*, comme celui avec qui, à chaque fois, ça tourne mal. Dans tout épisode généalogique, on rencontre d'abord un *couple inégal* : un guerrier et un manant, un créancier et un débiteur, un vainqueur et un vaincu, un homme sain et un malade – mais jamais, notons-le, un capitaliste et un prolétaire ; l'« inactualité » est à ce prix que d'aucuns, non sans raison, pourront juger exorbitant... D'emblée se trouve ainsi exclue l'égalité requise par le contrat social ou tout échange commercial. Nous ne sommes ni chez Hobbes, où le plus faible peut tuer le plus fort ; ni chez Smith, où le boucher et le boulanger vendent leur marchandise à celui qui est en mesure de l'acheter. Ni le droit ni l'économie ne permettent de penser la domination originelle, mais la guerre. Et c'est seulement *après coup* qu'intervient le prêtre, dont la fonction consiste toujours à renverser cette hiérarchie en retournant les valeurs à travers lesquelles elle se justifiait, en procédant à une *Umkehrung* (une inversion) qui est aussi une *Umwertung* (une transvaluation). Mais cela n'est possible que parce que le prêtre lui-même avait déjà été le lieu d'une première inversion : en lui, la morale aristocratique s'est retournée en son contraire [*Gegensatz*] [1], et il en résulte un être hybride [2], inassignable dans les coordonnées de la hiérarchie originaire. C'est là, au cœur obscur de cette trouble intimité où il est

1. Nietzsche, *GM*, I, 7.
2. *Ibid.*, III, 15.

impossible de s'aventurer sans dégoût, que ça déraille, qu'il devient honteux d'exercer la puissance et honorable de s'humilier.

La « généalogie de la morale » ne se déploie donc pas sur le canevas de ce que Schiller appelait l'« histoire universelle » dans sa célèbre leçon inaugurale d'Iéna en 1789[1]. D'une part, ce qu'on nomme ainsi désigne une histoire seulement *récente* en deçà de laquelle il convient de régresser[2]. D'autre part, « la » généalogie recueille de fait *plusieurs* généalogies, à savoir trois récits distincts qui ne s'enchaînent pas chronologiquement, mais qui correspondent au scénario typique que nous venons d'esquisser. Nietzsche raconte toujours *la même histoire*, au cours de laquelle est survenue la catastrophe sacerdotale qui a brouillé la domination initiale et dont nous souffrons encore le joug. C'est à chaque fois vers le milieu de la séquence que se précipite le désastre, comme un *tempo feroce* « où tout se met en branle avec une énorme tension »[3]. On peut entreprendre de montrer comment le « bien » et le « mal » ont éclipsé le « bon » et le « mauvais » à la suite de l'invention du libre arbitre. On peut choisir de reconstituer le sens nouveau qui a été assigné au concept de « faute », comment il s'est alors trouvé associé à la « mauvaise conscience » et les conséquences qui devaient en résulter pour la justification apportée au châtiment. On peut enfin s'attacher à la transformation de l'ascèse en cet ascétisme morbide qui a essaimé sur l'ensemble de la planète. Et l'on pourrait très bien écrire encore d'autres récits analogues – Nietzsche en avait d'ailleurs lui-même esquissé le plan[4].

Dans tous les cas, le prêtre apparaît comme le grand artificier qui explique à l'agent moral qu'il n'est pas dans un juste rapport à lui-même : soit il use trop de sa force dont il pourrait ne pas user ; soit il ne parvient jamais à s'acquitter de la dette infinie qu'il a contractée avec la mort du Christ ; soit il ne peut remédier à la souffrance dont il est le seul responsable que par la souffrance qu'il doit s'infliger. Par excès, par défaut, ou par l'effet d'un cercle terrifiant qui fait chercher le remède dans le mal et trouver le mal dans le remède, la volonté

1. F. von Schiller, « Qu'appelle-t-on et à quelle fin étudie-t-on l'histoire universelle ? [*Was heißt und zu welchem Ende studiert man Universalgeschichte ?*] », trad. fr. A. Yuva, *Philosophie* 96, 2008, p. 3-10. Nietzsche s'y réfère explicitement au § 6 de la deuxième des *Considérations inactuelles*.

2. Nietzsche, *GM*, III, 9, *in fine*.

3. Nietzsche, *EH*, « Généalogie de la morale ».

4. Nietzsche, *FP*, automne 1887, 9 [83].

de puissance fait toujours l'objet d'une censure qui la replie sur elle-même et crée de l'intériorité là où n'existait qu'une *transitivité pure* dont, au fond, le « barbare » est le prototype. C'est le retour sur soi, ou plutôt le retour contre soi, qui est morbide. Mais l'analyse n'est jamais tout à fait la même. Comme dans un kaléidoscope, on voit réapparaître à chaque fois la morale sous un nouvel angle, réfractée par le prisme d'un concept spécifique – le mal, la mauvaise conscience, l'ascétisme – qui requiert lui-même une généalogie spécifique, de sorte que l'on ne peut pas superposer exactement les courbes. L'isomorphisme est approximatif. Ce sont plutôt des variations sur un thème commun et il faut prendre au sérieux la terminologie musicale employée par Nietzsche, qui connaissait bien l'art de la composition, pour décrire réflexivement son entreprise. À de nombreuses reprises [1], cet ensemble a été analysé comme tel, mais ce n'est pas lui qui nous intéresse ici, car nous pensons qu'il y a deux bonnes raisons d'en privilégier la dernière séquence, où l'attaque trouve sa prise dans ce qu'elle nomme les « idéaux ascétiques ». Le premier de ces motifs, c'est qu'en elle se réfléchit l'entreprise généalogique elle-même dont *elle délivre la clé*. Le second, c'est qu'elle nous conduit à un objet fort étrange que nous pourrions appeler le *vouloir-souffrir*, lequel fonctionne comme un révélateur aux potentialités les plus déconcertantes.

Il appartient en effet à la nature même de l'activité généalogique, pour arpenter le nouveau continent des valeurs, de mettre en œuvre un *philosopher* original, qui n'est assurément plus celui des Lumières et qui exige un nouveau concept d'auteur : si ce qui vaut ne vaut pas indifféremment pour n'importe qui et si l'interprète fait lui-même valoir certaines évaluations contre d'autres, il doit à la fois s'astreindre à un mode d'existence spécifique en vue d'interpréter, et retirer de l'interprétation un bénéfice vital. Mais la généalogie exige aussi bien un nouveau type de lecteur : car pour la même raison, n'importe qui ne peut pas s'approprier indifféremment n'importe quoi et se l'approprier, si l'on y parvient, c'est s'en

1. En anglais, L. J. Hattab, *Nietzsche's* On the Genealogy of Morality. *An Introduction*, Cambridge, Cambridge University Press, 2008 ; D. Conway, *Nietzsche's* On the Genealogy of Morals, London-New York, Continuum International, 2008. En allemand, W. Stegmaier, *Nietzsches « Genealogie der moral »*, Darmstadt, Wissenschaftliche Buchgesellschaft, 1994 ; A. U. Sommer, *Kommentar zu Nietzsches* Genealogie der Moral, Berlin, De Gruyter, 2019. En français, E. Salanskis, *Pourquoi une* Généalogie de la morale ?, Paris, Éditions de la Sorbonne, 2023.

trouver transformé. De toute évidence, cette pratique nouvelle de la philosophie, pour celui qui l'écrit comme pour celui qui la lit, a quelque chose à voir avec une transformation méthodique de soi, une « ascèse » originale dont nous verrons que Nietzsche la revendique d'ailleurs expressément. Toute la difficulté tient à ce qu'il faut se garder de confondre cette ascèse généalogique avec ce qu'on appelle ordinairement l'« ascétisme ». Et c'est cet écart qui constitue non seulement le ressort de la troisième dissertation, voire de l'ouvrage intitulé *La généalogie de la morale*, mais aussi, bien au-delà, de toute l'entreprise dont Nietzsche voulut fantastiquement qu'elle fût notre destin. Écraser l'ascète ? Oui sans doute, mais en ascète !

Il faut prendre garde aux mots. De prime abord, on ne s'étonne pas que Nietzsche, dans sa critique obsessionnelle du christianisme, ait rencontré les « idéaux ascétiques » au même titre que l'antinomie du bien et du mal ou la mauvaise conscience. Il s'agit là d'un ensemble de pratiques qui existent sous divers visages dans d'autres religions, mais dont il est peu contestable que le christianisme les a configurées sous des formes à leur tour fluctuantes et en leur conférant une importance qui ne l'est pas moins. L'« ascétisme chrétien », dans ses modalités comme dans ses fins, désigne un agrégat historiquement instable et litigieux, mais son importance générale est avérée, quand même ses résonances aujourd'hui désuètes ne signifient plus grand-chose aux yeux du profane. Il est non moins certain que, dès 1878, avec le nouvel horizon des nouvelles Lumières, Nietzsche lui avait accordé une place non négligeable [1]. Bref, l'association du christianisme à l'ascétisme est récurrente dans l'œuvre de Nietzsche, mais après tout elle est récurrente dans l'histoire même du christianisme et c'est pourquoi on ne voit pas là matière à enquête : l'exégète demande parfois quels griefs adresse Nietzsche à l'ascétisme, mais pas *pourquoi il le prend pour cible* ; il demande comment Nietzsche interprète l'ascétisme, mais pas *d'où lui vient* le problème qui requiert une interprétation. Cette seconde question semble en effet sans intérêt puisque sa réponse coule de source : Nietzsche problématise l'ascétisme parce que le christianisme est une religion ascétique.

Prenons pourtant les choses par l'autre bout et osons l'interrogation suivante : qu'est-ce qui amène Nietzsche à lancer la généalogie sur la piste de l'ascétisme ? Après tout, peut-on encore

1. Nietzsche, *HTH*, § 136-144. On n'en trouve guère trace auparavant.

demander, quel autre philosophe, avant lui, s'était arrêté sur ce dernier ? Il est fréquent que l'on réfléchisse sur ce qui est bien ou mal ou sur le remords – mais qu'en est-il des souffrances que l'on s'inflige délibérément ? C'est affaire de théologien ou de directeur de conscience. On peut formuler le problème plus agressivement et demander : qui, antérieurement à Nietzsche, parle *nommément* d'« ascétisme » ? La réaction la plus naturelle à cette question est de commencer par recueillir quelques éléments philologiques concernant l'apparition même du mot. Et on constate alors très vite un phénomène surprenant dont la chronologie évoque beaucoup celle du concept de « monothéisme » retracée par Étienne Balibar en 2006 [1] : l'« ascétisme » est un terme récent – nous ne parlons pas ici de l'« ascèse », de l'« ascète » ou même de l'« ascétique » qui a pu être employé comme substantif au XVIIe siècle [2]. En français, les dictionnaires ne donnent aucune occurrence antérieure à 1818, dans les « préliminaires » d'un roman de Charles Nodier, *Jean Sbogar*, et le fait est que le lecteur de Bossuet ou Fénelon rencontre sans cesse le vocabulaire de la pénitence, de la mortification, des rigueurs et des austérités, mais jamais celui de l'ascétisme [3]. En anglais, l'*Oxford English Dictionary* mentionne une occurrence d'« *asceticism* » en 1646. L'italien « *ascetismo* » n'est enregistré qu'en 1761 par le *Dizionario Etimologico della Lingua Italiana*. Dans la langue même de Nietzsche, le *Deutsches Fremdwörterbuch* indique une première occurrence d'« *Asketismus* » en 1803 [4].

La réticence immédiate que l'on peut sans risque prêter au lecteur philosophe, en tout cas au lecteur philosophe français, consiste à objecter que les apparitions empiriques du mot dans diverses langues européennes ne peuvent jamais être datées qu'avec incertitude, et surtout qu'elles sont par elles-mêmes sans grand intérêt. Ne serait-il pas absurde de prétendre qu'on a attendu le tournant de 1800 ou ce qu'on nomme outre-Rhin la *Sattelzeit* pour réfléchir à l'ascétisme ? Les philosophes ne doivent-ils pas s'attacher aux concepts plutôt qu'aux mots ? Comme on le dit drôlement en français, si le mot n'y est pas, mais bien l'« idée », ou mieux encore

1. É. Balibar, « Note sur l'origine et les usages du terme "monothéisme" », *Critique* 704-705, 2006, p. 19-45 (ici, p. 26-32).

2. Voir *infra*, chap. III, p. 202, note 2.

3. Voir *infra*, chap. II, p. 81-83.

4. H. Schulz *et al.* (dir.), *Deutsches Fremdwörterbuch*, Berlin, De Gruyter, 1996, t. II, p. 316 et 320. Voir *infra*, chap. I, p. 36.

la « chose », que demander de plus ? Les historiens français de la philosophie moderne et contemporaine en sont encore souvent[1] convaincus, du fait que toute culture philologique leur est étrangère. Il n'est pourtant pas nécessaire d'être un grand lecteur de Saussure pour admettre que, par définition, le signifié ne peut préexister au signifiant. Penser l'« idée » sans le mot est une hérésie linguistique et il en résulte que l'historien de la philosophie ne peut, sans une dangereuse désinvolture, ignorer l'apparition du terme et sa circulation. Le fétichisme littéral est sans doute un danger dont il faut savoir se garder, mais cela n'autorise pas des divagations alors dépourvues de garde-fous. Au reste, une telle négligence se révèle assez piquante lorsque l'analyse prend pour objet un auteur comme Nietzsche, lui-même philologue professionnel et, comme tel, au plus haut point soucieux de la lettre !

Peut-être l'« ascétisme » proprement dit désigne-t-il un problème philosophique que le XIXe siècle élabora en vue de réagir à quelque chose qui demeure à identifier et, en ressaisissant le concept nietzschéen d'ascétisme dans sa modernité, on se trouve mécaniquement dans l'obligation de régresser au-delà. Car il faut bien d'une part se demander de quoi parlaient les philosophes des Lumières quand ils s'en prenaient à ce que nous sommes rétrospectivement tentés de nommer « ascétisme » et qu'ils désignaient autrement, dans le vieux langage de la pénitence. Et il faut bien, d'autre part, se poser la question de savoir comment Nietzsche lui-même a pu concevoir le rapport de l'ascétisme chrétien au vieux concept grec d'*askèsis* dont le savant philologue connaissait parfaitement l'existence. Mais on peut difficilement ne pas suivre encore le fil dans l'autre sens. Les concepts apparaissent, et ils disparaissent. Qu'est donc devenu l'« ascétisme » ? Parce que le mot ne dit souvent plus grand-chose à l'étudiant contemporain et semble un peu archaïque, on doit se demander ce qui l'a éclipsé et

1. Souvent, mais bien sûr pas toujours. Pour ne citer que l'exemple le plus spectaculaire, le *Vocabulaire européen des philosophies*, publié sous la direction de Barbara Cassin en 2004 (Paris, Seuil-Le Robert), témoignait au contraire de la plus grande sensibilité à la lettre des concepts ; et ce n'est certainement pas un hasard si l'impulsion est venue d'une historienne de la philosophie grecque dont la formation était frottée de philologie. Concernant Nietzsche, l'étude de Michèle Cohen-Halimi figurant en première partie de *L'histoire cachée du nihilisme* (Paris, La Fabrique, 2008, p. 13-151) témoigne d'une attention à l'histoire philosophique d'un signifiant dont les effets théoriques sont remarquables.

à la faveur de quelles circonstances il a pu ponctuellement refaire surface. C'est alors sa non-postérité qui motive la recherche. Celle-ci n'a pas l'ambition d'une somme. Elle se présente plutôt sous la forme de coups de sonde, plus ou moins aléatoires, qui s'organisent « autour de Nietzsche ». Au mieux, on peut en attendre la disposition de nouveaux points de repère, voués eux-mêmes à de nouveaux déplacements.

« Mais à quoi bon tout cela ? Où donc voulez-vous en venir ? » Le sais-je moi-même ? Allez donc, laissez-vous faire et avançons un peu, juste *pour voir*…

CHAPITRE PREMIER

À rebours : de l'ascétisme à la pénitence

Nous ne nous interrogerons donc pas sur ce que Nietzsche dit de l'ascétisme sans nous demander d'abord d'où lui vient le fait même qu'il en fasse un objet, et un objet de première importance. Sans doute revendique-t-il sa formation philologique et sans doute l'histoire des signifiants lui fournit-elle un matériau généalogique de premier choix. De toute évidence, le terme grec *askèsis* lui est familier et nous aurons l'occasion d'observer le parti qu'il en tire en toute connaissance de cause. Il pouvait par conséquent considérer, non sans raison, comme allant de soi, que la provenance du concept d'*Asketismus* lui était parfaitement connue et même qu'il en produisait une analyse originale dont l'orchestration achevée figurait dans la dernière dissertation de *La généalogie de la morale*.

Une telle présentation des choses n'est pas fausse, pourtant elle tend à éclipser un problème majeur, et elle l'a éclipsé *aux yeux mêmes de Nietzsche*. Paradoxalement, la familiarité de l'origine grecque a constitué un écran à l'originalité du nouveau substantif – nouveau en allemand comme en français. Bien sûr, de l'ascèse à l'ascétisme, la filiation saute aux yeux. Mais l'histoire de l'étymologie et de ses avatars ne doit pas conduire à un nivellement tel que, de signifiant en signifiant, n'apparaisse plus qu'une succession indifférente étalée sur le même plan. Quelque chose s'est produit au tournant des XVIIIe et XIXe siècles, d'où a résulté l'invention philosophique du concept d'ascétisme. Cela signifie que les philosophes ont éprouvé le besoin de s'emparer d'un vieux mot grec passé dans la langue des théologiens pour signifier autre chose, qui requérait un autre mot : ascétisme/*Asketismus*. Nietzsche est parfaitement conscient de la provenance étymologique de l'ascétisme, mais il demeure tout à fait aveugle à sa provenance philosophique. Il ne se demande jamais quel philosophe, avant lui, s'est soucié de l'« *ascétisme* » *proprement dit* et il se croit dispensé de se le demander parce qu'il inscrit d'emblée le mot dans les profondeurs de la généalogie qui voit naître en Grèce le philosophe du prêtre, comme le papillon de la chenille[1]. Le temps long de l'étymologie, au fond, lui interdit de voir le temps court du concept.

Il faut donc poser la question qu'il n'a pas posée : d'où lui vient ce souci *philosophique* pour l'« ascétisme » – et non simplement pour l'ascèse ? On pourrait naturellement juger l'interrogation sans objet, en adoptant l'hypothèse qu'il s'agit précisément d'une *création* de Nietzsche et qu'il aurait été son introducteur en philosophie : entre la vieille histoire de l'étymologie et l'irruption géniale du concept, il n'y aurait rien ! Encore faudrait-il le démontrer, sans quoi il s'agit d'une pure pétition de principe, d'emblée recouverte par l'insoupçonnable génie de l'auteur. Cette fois, c'est le présent qui fait obstacle : le présent immédiat de Nietzsche auquel s'en tient le scrupuleux et servile exégète qui, soucieux des sources, néglige les angles morts à partir desquels, toujours, un argumentaire se déploie.

Depuis Socrate, il en va ainsi : la difficulté consiste à poser la question, à ouvrir l'espace qui permet de l'énoncer et qui se trouve en l'occurrence encombré par le couplage académique de l'étymologie et de la création, de la lettre archaïque et du concept surgissant. En revanche, une fois la question posée, il n'est pas très difficile d'y répondre. Chacun sait que Nietzsche n'avait pas une culture philosophique très développée au sens universitaire où nous l'entendons, mais qu'il connaissait parfaitement « son » Schopenhauer et qu'il n'en termina jamais de régler ses comptes avec lui, comme avec Wagner.

1. Nietzsche, *GM*, III, 10.

Triomphe d'un concept (Schopenhauer)

Or il suffit de se tourner vers *Le monde comme volonté et représentation* pour y apercevoir la promotion triomphante du concept d'ascétisme. Un texte remarquable peut ici servir de point de départ. Il figure au supplément XLVIII, dans l'édition de 1844 – Nietzsche naît le 15 octobre de la même année. Schopenhauer y évoque la remarquable convergence entre d'une part le brahmanisme et le bouddhisme, de l'autre la tradition mystique européenne, et il poursuit :

> Mais aucune philosophie, en présence d'une telle question, n'a le droit de passer sous silence le sujet du quiétisme et de l'ascétisme [*das Thema des Quietismus und Asketismus*] car le thème en est, en substance, identique à celui de toute métaphysique et de toute morale. Aussi est-ce là un point où j'attends toutes les philosophies, avec leur optimisme, et sur lequel je les somme de se prononcer [1].

Le caractère solennel, voire provocant, de cette déclaration se signale d'abord à ceci que l'ascétisme n'y est pas invoqué à titre seulement moral : il est le centre de gravité, la substance, de toute *métaphysique*. Il se caractérise ensuite par le défi qui le porte : Schopenhauer a pris en charge l'ascétisme *en tant que philosophe*, et a ainsi relayé sur le plan du concept ce que les grandes religions orientales et le christianisme avaient appréhendé correctement, mais seulement sur le plan qui est le leur. Par conséquent, toute philosophie concurrente ne pourra justifier ses prétentions que si elle se montre à son tour en mesure non seulement de rendre raison de cet étrange consensus, mais d'en rendre *mieux* raison que ne le fait le pessimisme. Qui donc pourra produire une analyse plus convaincante à la fois de sa vénérable ancienneté et de sa formidable extension ? C'est ce défi qu'entendra relever Nietzsche. Il prendra Schopenhauer au mot et se présentera comme celui qui précisément, par les moyens de la généalogie, peut interpréter l'ascétisme sur un registre supérieur – justement parce qu'il *l'interprète*, parce qu'il le reconduit aux forces qui l'imposent. Mais dans ces rites paradoxaux, il ne faudra plus alors chercher la révélation d'une vérité héroïque ; il faudra déchiffrer, par la discipline d'une autre ascèse, les signes d'une pathologie terrifiante.

1. A. Schopenhauer, *Le monde comme volonté et représentation*, trad. fr. A. Burdeau modifiée, Paris, Puf, 1966, p. 1384-1385.

Ce qui nous importe pour le moment, c'est qu'en s'exprimant ainsi, Schopenhauer revendique haut et fort la *nouveauté* dudit concept. La philosophie du *Monde* n'est pas seulement une philosophie de l'ascétisme : elle est *la première* philosophie de l'ascétisme. Quelques lignes plus haut, l'auteur condamnait expressément « tous les systèmes européens », comprenons les systèmes philosophiques, pour avoir été incapables de voir dans les diverses formes de dévotion religieuse autre chose que des impostures ou des folies, ce que de fait les Lumières avaient amalgamé sous le terme « superstition ». Au rebours de tous ces systèmes, il faut faire valoir d'autres auteurs, que nous ne devons pas compter parmi les philosophes et qui n'ont produit aucun système, des auteurs qui relèvent d'une autre tradition que Schopenhauer lui-même qualifie de « mystique », et où l'on rencontre plusieurs grandes figures *d'avant* les Lumières, parmi lesquelles Rancé, Pascal ou Madame Guyon. À vrai dire, on peut deviner que cette dernière joue un rôle particulièrement important à ce que, dans le texte dont nous sommes partis, le *quiétisme* se trouve associé à l'ascétisme, comme s'il s'agissait d'un noyau unique, commun aux pratiques des grandes religions orientales et du christianisme bien compris, qui n'est certainement pas celui de la Réforme. Ce couplage peut surprendre dans la mesure où le quiétisme proprement dit se réfère à une réalité historique qui semble beaucoup plus circonscrite que l'« ascétisme » [1]. Mais Schopenhauer a ses raisons et il apparie les deux termes parce que ce sont là, de son point de vue, deux dénominations qui désignent à peu près la même chose, à savoir la « négation du vouloir-vivre » [2].

Que signifie en effet l'ascèse [*die Askesis*] au sens le plus étroit, sinon :

> cette destruction réfléchie de la volonté obtenue par le renoncement [*Versagung*] au plaisir et la recherche de la souffrance, la pénitence

1. D'ailleurs, si l'on cherchait une apologie de l'ascétisme au XVIIe siècle, on s'aventurerait plutôt du côté de Port-Royal en songeant aux deux grands volumes publiés par Robert Arnauld d'Andilly en 1647-1653 sous le titre *Les vies des Saints pères des déserts et de quelques saintes, écrites par des pères de l'Église et autres anciens auteurs ecclésiastiques*.

2. Si l'on préfère : de la volonté de vie – « *Die Verneinung des Willens zum Leben* ». Rappelons que c'est sur ce syntagme que Nietzsche calquera le sien, « *der Wille zur Macht* »…

> que l'on s'inflige et la punition de soi-même [*Selbstkasteiung*] en vue de la mortification [*Mortifikation*] incessante de la volonté [1] ?

C'est donc en toute connaissance de cause que l'ascète se torture, ou plutôt ruine méthodiquement en lui la volonté. Il a compris, ne serait-ce que sur le mode mythique de la religion, que le vouloir a pour objet, par nature, la vie, c'est-à-dire la propagation de l'espèce, et il a compris que ce désir qui le traverse le voue irrémédiablement au malheur. En s'exprimant ainsi, Schopenhauer retrouve l'antique encratisme de Marcion qui se refusait à perpétuer l'œuvre d'un Créateur insuffisant [2]. Dans sa terminologie, ce Créateur se nomme la Volonté et il n'existe plus aucun Dieu qui le surpasserait. L'équation peut alors se formuler très simplement : vivre, c'est souffrir parce que c'est vouloir, donc fatalement s'exposer à la frustration (liée au désir) ou à l'ennui (découlant de la satisfaction).

En retraduisant ainsi le dogme d'un christianisme occulté, Schopenhauer retournait du même coup l'anthropologie d'Helvétius, laquelle décrivait *positivement* le caractère indéfini du désir comme le ressort de l'activité humaine, ce qui maintient l'individu en mouvement :

> Il faut des désirs à l'homme ; il faut pour son bonheur qu'un désir nouveau et facile à remplir succède toujours au désir satisfait. Peu d'hommes reconnaissent en eux ce besoin. Cependant, c'est à la succession de leurs désirs qu'ils doivent leur félicité [3].

A contrario, dans cette perspective matérialiste, l'ennui s'associait à l'arrêt : « L'ennui est une maladie de l'âme. Quel en est le principe ? L'absence de sensations assez vives pour nous occuper » [4]. C'est pourquoi l'équilibre optimal se trouvait alors dans une succession de désirs que le sujet ne satisfait pas trop vite, mais sûrement :

1. A. Schopenhauer, *Le monde ...*, *op. cit.*, § 68, p. 491-492. Sur le terme « *Kasteiung* », voir *infra*, chap. II, p. 83, note 5.

2. E. Norelli, *La naissance du christianisme*, trad. fr. V. Dutaut, Paris, Gallimard, 2019, p. 303 (voir aussi p. 349 et 394). Schopenhauer connaît ces discussions, comme en témoigne le chapitre XLVIII des Suppléments du *Monde ...*, *op. cit.*, p. 1386 q.

3. J.-C.-A. Helvétius, *De l'homme*, II, 20, Paris, Fayard, 1989, tome I, p. 252 ; le texte de 1773 dit bien « ce besoin » et non « ses besoins » comme on le lit dans l'édition Fayard. Ce texte renvoie lui-même à la définition hobbesienne de la félicité (voir l'avant-dernier alinéa du chapitre VI du *Léviathan*). Schopenhauer connaissait Helvétius dont il cite à plusieurs reprises *De l'esprit* dans *Le monde ...*, *op. cit.*

4. J.-C.-A. Helvétius, *De l'homme*, VIII, 7, *op. cit.*, t. II, p. 673.

« Pour être heureux, il faut des désirs, les satisfaire avec quelque peine : mais la peine donnée, être sûrs d'en jouir »[1]. Et c'est encore pourquoi l'ennui, caractéristique du riche oisif, devait susciter diverses stratégies en vue d'occuper l'âme de nouvelles sensations. Or il se trouve, poursuivait Helvétius, qu'on rencontre parmi celles-ci, l'âge aidant et faute de mieux, si surprenant que cela puisse paraître, les pratiques religieuses les plus sévères : « On aime mieux encore macérer que s'ennuyer »[2]. Le paradoxe était alors que la recherche du plaisir peut conduire par défaut à la souffrance volontaire, tout de même préférable à l'ennui.

Schopenhauer corrige ce schéma en frappant de négativité les *deux termes* de l'alternative. Le désir *aussi*, en tant que privation, est un mal, pas moins que l'ennui qui résulte de son soulagement, de sorte que l'homme est pris en tenaille : « La vie donc oscille, comme un pendule de droite à gauche, de la souffrance à l'ennui ; ce sont là en fait les deux éléments dont elle est constituée »[3]. En enfer on souffre, au ciel on s'ennuie. Et si le désir est douleur puisque, par définition, il est manque, on ne peut pas sous-estimer le mal attaché à l'ennui qui, à la longue, « peint sur le visage un véritable désespoir »[4]. L'inférence qu'il faut bien en tirer, c'est que la vie, qui coïncide exactement avec le vouloir, coïncide non moins exactement avec la souffrance, elle est « de part en part un état de malheur »[5]. Et la conclusion imparable de l'inférence, c'est qu'*il faut cesser de vouloir pour cesser de souffrir* : l'ascétisme consiste à briser ce qui en nous veut et, voulant, nous expose sans réserve au désastre par lequel se définit l'existence même.

Le problème moral ne consiste alors pas à savoir si je choisis d'obéir à la loi ou non, car la morale n'est pas affaire de *loi* et toutes les éthiques qui prétendent le contraire, en somme toutes les éthiques européennes antérieures, demeurent tributaires de cet héritage du judaïsme et du sophisme qui a conduit au transfert dans la morale du concept juridique de loi civile[6]. De Moïse à Kant, du Décalogue à

1. J.-C.-A. Helvétius, *De l'homme*, VIII, 7, *op. cit.*, VIII, 8, t. II, *op. cit.*, p. 679.
2. *Ibid.*, VIII, 12 (t. II, p. 687).
3. A. Schopenhauer, *Le monde ...*, *op. cit.*, § 57, p. 394.
4. *Ibid.*, p. 396.
5. *Ibid.*, § 59, p. 408.
6. Voir la très claire critique de Kant figurant au § 4 du *Fondement de la morale*, trad. fr. A. Burdeau, Paris, Aubier-Montaigne, 1978.

l'impératif catégorique, et de l'aveu même de Kant que Schopenhauer prend au mot[1], la filiation est avérée et il ne faut pas craindre de la dire « puante » : *fœtor judaïcus*[2] ! Mais le problème ne consiste pas non plus à savoir s'il faut être ou ne pas être, comme le déclarait Hamlet[3], ce qui revient à dire qu'il ne consiste pas à savoir s'il faut choisir ou non le suicide. Si tentant que cela puisse paraître à l'œil romantique, *cesser de vouloir*, ce n'est pas *vouloir la mort*. Ou pour le dire plus explicitement encore : *vouloir la souffrance* pour *ne plus vouloir* ne signifie pas *vouloir la mort*. Le *distinguo* est de la plus grande importance. Sans doute, l'ascète, à force d'exténuer en lui tout ce qui le contraint à persévérer dans son être lamentable et à perpétuer la souffrance en se reproduisant, peut en arriver à mourir, comme en témoigne la morale des hindous qui prône une « mortification [*Mortifikation*] complète de la volonté poussée finalement jusqu'à la mort volontaire [*zum freiwilligen Tode*] par la faim ou en allant au-devant des crocodiles », ou autres coutumes que l'on est bien tenté de qualifier de « suicidaires »[4]. Mais la « mort volontaire » de l'ascète schopenhauérien n'est pas le suicide de Werther : « Car la négation de la volonté consiste non pas en ce qu'on déteste les souffrances, mais plutôt les jouissances de la vie »[5]. Le suicidaire renonce à la vie parce qu'il la voudrait bêtement heureuse, tandis que l'ascète refuse le vouloir-vivre parce qu'il en a justement discerné la négativité sans appel. Le suicidaire dissipe une simple apparence dont il a méconnu la nature, celle de l'individu qui n'existe que dans l'espace et le temps de la représentation, tandis que l'ascète lamine la volonté elle-même qui s'objective dans l'individu, parce qu'il a su voir en elle la Volonté. Pour confondre la sottise du suicide avec la lucidité de l'ascèse, il faut n'avoir rien compris. Les théologiens, eux, ne s'y sont pas trompés : sans doute sont-ils parfaitement incapables de justifier correctement leur condamnation intuitive du suicide, mais il n'en est pas moins exact que celui-ci est un acte dérisoire qui s'en tient au phénomène individuel, autant dire à l'efflorescence

1. C'est en effet Kant lui-même qui réfère la majesté de la loi morale au Sinaï dans une note de la seconde édition de *La religion comprise dans les limites de la simple raison*, trad. fr. J.-P. Fussler, Paris, Flammarion, 2019 (Aka, VI, 23).

2. A. Schopenhauer, *Le fondement de la morale*, *op. cit.*, § 19, pt. 7.

3. A. Schopenhauer, *Le monde…*, *op. cit.*, § 59, p. 409-410.

4. *Ibid.*, § 68, p. 488.

5. *Ibid.*, § 69, p. 499.

des choses. Finalement, le vrai problème moral n'est ni celui de la loi ni celui du suicide, c'est celui de la volonté et c'est pourquoi la véritable alternative, l'alternative pessimiste, se définit comme celle de « cette vie dont il s'agit de vouloir ou de ne pas vouloir » [1]. L'année même où Schopenhauer publie la troisième édition du *Monde* (1859), Gontcharov crée un personnage pour qui la grande question, « plus profonde que l'"Être ou ne pas être de Hamlet" », se formule « aller de l'avant ou rester là où il se trouvait » [2].

On saisit mieux pourquoi l'éventuelle mort de l'ascète doit être comprise comme un simple dommage collatéral – ce n'est pas elle qu'il veut, c'est cesser de vouloir : « Bien loin que cette espèce de suicide naisse du vouloir-vivre, un tel ascète, aussi parfaitement résigné, ne cesse de vivre que parce qu'il a complètement cessé de vouloir » [3]. Ce n'est pas la passion du désespoir, mais la connaissance « qui a comme consumé et dévoré chez lui la volonté, si bien qu'il ne reste plus en lui la moindre volonté, la moindre soif d'existence individuelle » [4]. Et c'est précisément en ce point que nous retrouvons Madame Guyon à qui Schopenhauer prête la déclaration suivante : « Tout m'est indifférent ; je ne puis plus rien vouloir ; il m'est souvent impossible de savoir si j'existe ou non » [5]. Lorsque Schopenhauer veut dire que l'ascétisme opère comme un calmant, il l'appelle significativement *ein Quietiv* [6] et c'est là, en effet, que l'ascétisme s'accole au quiétisme : l'ascèse, entendue comme mortification, consiste à briser en soi le vouloir-vivre et conduit à l'état d'indifférence décrit par Madame Guyon, c'est-à-dire à la suppression du vouloir. Mais celle-ci se trouve dissociée de la

1. A. Schopenhauer, *Le monde*..., *op. cit.*, § 56, p. 390.

2. I. Gontcharov, *Oblomov*, II, 5, trad. fr. A. Adamov, Paris, Gallimard, 2007, p. 251.

3. A. Schopenhauer, *Le monde*..., *op. cit.*, § 69, p. 502.

4. *Ibid.*, Suppléments, chap. XLVIII, p. 1377.

5. *Ibid.*, § 68, p. 490. Faut-il dire que Schopenhauer prête cette déclaration à Madame Guyon ou qu'il la cite, ce n'est pas clair. Il l'énonce en allemand et entre guillemets – « *Mir ist Alles gleichgültig* ; *ich kann Nichts mehr wollen* ; *ich weiß oft nicht, ob ich da bin oder nicht* » – la présentant comme un propos qu'elle répéterait souvent à la fin de son autobiographie (1720), de sorte qu'il n'est pas facile de localiser l'original et qu'on est tenté d'y voir un artefact, une formule en laquelle le philosophe considère qu'il résume un leitmotiv de l'auteure. La dernière proposition évoque d'ailleurs peut-être plus Schopenhauer que Madame Guyon – l'existence individuelle comme simple apparence phénoménale.

6. Par exemple, A. Schopenhauer, *Le monde*..., *op. cit.*, § 68, p. 490. Burdeau traduit par « calmant » ; dans leur nouvelle traduction, Christian Sommer et ses collaborateurs emploient « *Quiétiv* » (Paris, Gallimard, 2009, t. I, p. 729).

contrepartie positive qui était la sienne dans le discours quiétiste où « ne rien vouloir » se retournait aussitôt en « tout vouloir »[1] : que je ne veuille plus rien *en mon nom propre* signifiait que je me trouvais ainsi à même de vouloir tout *ce que Dieu veut* en et à travers moi. Parmi mille autres citations possibles :

> Comment ne pas comprendre que le désir aperçu, étant un acte et une opération propre, doit mourir avec les autres actes, ou plutôt doit passer en Dieu pour n'avoir plus d'autres désirs que ceux que Dieu donne ?[2]

C'est un échange, une permutation ou, pour parler le langage de Madame Guyon, un « écoulement » réciproque : mes désirs passent en Dieu (*je* ne désire donc plus rien) et ceux de Dieu passent en moi (je désire tout ce qu'*Il* veut). Schopenhauer doit nécessairement refuser la conversion : il s'agit de ne plus rien vouloir, mais personne n'est plus là pour vouloir en nous, parce qu'il n'existe pas de Volonté bonne qui pourrait venir se glisser en lieu et place de la Volonté mauvaise, la seule qui soit. De même qu'il pouvait réactiver l'encratisme de Marcion en le dissociant de tout salut, il retrouve le quiétisme de Madame Guyon en le dissociant de l'effusion divine qui en était l'ineffable revers.

Cela ne signifie pourtant pas qu'il faille écarter l'horizon proprement *mystique* du quiétisme. Au contraire, qui dit ascétisme et quiétisme dit nécessairement aussi mysticisme. Encore faut-il entendre correctement le terme et assigner à ce qu'il désigne la place qui lui revient :

> Le quiétisme, c'est-à-dire le renoncement à tout vouloir, l'ascèse, c'est-à-dire la mortification [*Ertötung*] préméditée de la volonté propre, et le mysticisme, c'est-à-dire la conscience de l'identité de son être propre avec celui de toutes choses ou avec l'essence du monde, se trouvent dans la relation la plus étroite : aussi celui qui professe l'une de ces doctrines est-il amené peu à peu à admettre les autres et cela même contre son propre dessein[3].

On voit que les trois termes font système, c'est-à-dire s'ordonnent au système de Schopenhauer. La mystique renvoie toujours à une

1. Voir M. de Certeau, *La fable mystique I*, Paris, Gallimard, 1987, p. 231-232.
2. *La vie de Madame J. M. B. de la Mothe Guion écrite par elle-même*, Köln, Jean de la Pierre, 1720, t. III, part. III, chap. XVII, p. 21.
3. A. Schopenhauer, *Le monde…*, *op. cit.*, Suppléments, chap. XLVIII, p. 1382.

« expérience », et cette expérience est bien celle d'une « union ». Mais les noces qui se célèbrent ainsi ne mettent pas en jeu l'Époux infiniment bon, seulement la Volonté aveugle : ce dont le mystique fait l'expérience, c'est que l'essence du monde est la volonté, pas la représentation, et que s'évanouit pour lui la distinction du sujet et de l'objet, comme avec le vent l'écume des vagues. Par hypothèse, l'expérience n'est donc pas une connaissance, elle est le seuil où toute connaissance devient impossible. En termes traditionnels, la voie unitive n'est pas contemplative. Il en résulte que la philosophie doit se distinguer rigoureusement de la mystique. C'est pourquoi dans le texte dont nous sommes partis, Schopenhauer met au défi les philosophes de théoriser correctement l'ascèse et le quiétisme, *sans mentionner le mysticisme*. Celui-ci excède sans recours toute philosophie, y compris la sienne. C'est aussi pourquoi en fait Schopenhauer parle beaucoup d'ascétisme – ce qu'on appelait jadis la voie purgative – et bien peu de mystique – sinon pour dire qu'il ne peut pas en parler, mais juste en « indiquer » le lieu, celui d'un « espace vide de connaissance » [1]. C'est là pour nous une première occasion de constater que le couplage orthodoxe des deux termes – combien d'ouvrages, de dictionnaires, de revues, associant dans leurs intitulés « ascétique » et « mystique » [2] – se défait dans le corpus qui est le nôtre : *plus on parle d'ascèse, moins on parle de mystique* et réciproquement. Après tout, lorsque, pour la première fois dans l'état actuel des connaissances, Friedrich Maximilian Klinger emploie en 1803 le terme « *Aszetismus* » (*sic*) en allemand, c'est en l'opposant au mysticisme en même temps qu'à la « vraie religion » :

> Tout noble cœur tient quelque chose d'un mysticisme suprasensible qui est lié à un monde supérieur et s'y maintient. Mais ce mysticisme est aussi différent de l'ascétisme que celui-ci de la vraie religion [3].

On peut peut-être y voir l'effet d'une polarisation qui se serait produite dans le sillage du concile de Trente, lorsqu'il s'est agi de couper l'herbe sous le pied de la Réforme et de valoriser l'activité

1. A. Schopenhauer, *Le monde ...*, *op. cit.*, p. 1379.

2. Voir *infra*, p. 46, note 5.

3. F. M. Klinger, *Betrachtungen und Gedanken über verschiedene Gegenstände der Welt und der Literatur*, Berlin, Verlag der Nation, 1958, p. 50. Au demeurant, le terme n'apparaît qu'à deux reprises dans tout l'ouvrage et il n'est lesté d'aucun poids proprement conceptuel ; c'est un « simple mot ».

de l'exercice contre la passivité de l'abandon[1]. En tout cas, nous n'avons pas fini de constater ce jeu de vases communicants. Pour l'heure, retenons simplement ceci : la promotion philosophique (schopenhauérienne) de l'« ascétisme » *stricto sensu* s'effectue sur le mode d'une réappropriation athée du christianisme catholique. Le terme a pour objet de rendre la pénitence chrétienne à sa vérité spéculative. Il faut revenir aux grandes religions ascétiques par-delà les Lumières, mais y « revenir », ce n'est pas régresser, c'est au contraire *innover* car on peut ainsi en extraire le noyau qui est celui de la vraie métaphysique elle-même.

Introduction d'une grandeur négative (Bentham)

On ne peut toutefois pas s'arrêter là. Le geste schopenhauérien reste inintelligible si on ne lui restitue pas sa préhistoire spéculaire : l'introduction du concept philosophique d'ascétisme s'était effectuée antérieurement, sur un mode essentiellement polémique, dans le contexte décisif de l'utilitarisme.

En effet, l'historien scrupuleux doit régresser en deçà de 1818 et de la référence à Nodier évoquée plus haut[2]. Entre 1782 et 1787, Bentham rédige, directement en français, un texte tout à fait caractéristique de sa manière sur les « délits religieux ». Ce dernier syntagme fait l'objet d'un remarquable détournement et doit être entendu au rebours exact de ce qu'il suggère : il ne désigne pas les délits contre la religion au sens habituel du terme (blasphèmes, sacrilèges), mais les délits qui, *au nom de* la religion, affectent négativement la masse globale de bonheur dans la vie présente – et nulle part, il n'y aura une autre vie pour compenser les dommages

1. C'est Henri Brémond, en 1928, qui a argumenté en ce sens, affirmant la valorisation de ce qu'il appelait péjorativement « ascéticisme » (sans justifier ce choix terminologique) contre la mystique à l'intérieur même de la Compagnie (*Histoire littéraire du sentiment religieux en France depuis la fin des guerres de religion jusqu'à nos jours*, Paris, Armand Colin, 1968, t. VIII, part. IV). Dans un article remarquable, Christian Belin est récemment revenu sur cette thèse en vue de montrer qu'en fait l'ascèse était généralement aussi considérée avec méfiance : « Les avatars de l'ascèse au XVIIe siècle. Un argument de controverse », dans B. Pérez-Jean (dir.), *Les dialectiques de l'ascèse*, Paris, Classiques Garnier, 2011, p. 313-324. En 1984, peu avant sa mort, Michel Foucault présentait ce dualisme comme constitutif du christianisme (*Le courage de la vérité. Cours au Collège de France, 1983-1984*, Paris, Gallimard-Seuil, 2009, p. 307-308; voir *infra*, chap. II, p. 113 et chap. III, p. 184-185).

2. Voir *supra*, introduction, p. 23.

subis dans celle-ci ! Parmi ces crimes, on doit tenir compte des actes par lesquels le croyant diminue le bonheur collectif en diminuant *son propre* bonheur et c'est bien sûr là que nous rencontrons notre objet : ayant employé deux ans auparavant, comme nous le verrons plus loin, le terme anglais « *asceticism* », Bentham le transcrit spontanément en français [*ascétisme*] pour désigner cette sorte de délits qu'il subdivise en ascétisme « dénégatoire » ou « afflictif », selon que l'on se borne à se refuser des plaisirs ou que l'on s'impose carrément des peines – en termes kantiens, on dirait plutôt « privatif » et « négatif ». Il n'est pas sans intérêt de noter que Pascal, dont Nietzsche fera l'illustration navrante de ce que peut le christianisme sur un grand esprit [1], apparaît déjà à Bentham comme le parfait exemple de l'aberration ascétique : « Vertueux et malheureux Pascal qui, dans les angoisses de la maladie, craignis toujours de ne pas souffrir assez ! ». De cette folie, la proscription chrétienne du suicide s'avère être le comble, puisqu'elle tient sa victime « enchaînée dans le gouffre du désespoir » en lui fermant la porte que le bon sens devrait toujours garder ouverte. En sommant le croyant de sacrifier un plaisir ou même de s'infliger une souffrance sans aucun avantage ni pour soi ni pour autrui, la religion fait preuve d'une tyrannie stupéfiante qui revient à « écrire le nom de Dieu en bas du portrait du diable » [2].

Il faut toujours en revenir à Hamlet. Schopenhauer avait reformulé la fameuse alternative dans les termes du quiétisme : vouloir / ne pas vouloir. Bentham la reformule dans ceux de l'eudémonisme : « il n'est guère d'alternative plus rigoureuse que celle d'être heureux ou de ne pas être » [3]. De fait, dès 1780, il avait rédigé, en anglais cette fois, la version initiale de son *Introduction to the Principles of Morals and Legislation* : le chapitre I présentait le principe d'utilité ou principe du plus grand bonheur du plus grand nombre. Or ce principe se déduisait d'une prémisse anthropologique héritée d'Helvétius et qui ne nécessitait aucune justification tant elle semblait aller de soi, à savoir que tout homme est gouverné par la recherche du plaisir et la crainte de la douleur : « La nature a placé l'humanité sous le gouvernement de deux maîtres souverains, la douleur et le plaisir ». Le chapitre II stipulait ensuite le « principe d'ascétisme » qui était

1. Nietzsche, *AC*, § 5.

2. J. Bentham, « Délits religieux », § 51-63, *Revue d'études benthamiennes* 6, 2010, en ligne : doi.org/10.4000/etudes-benthamiennes. 72.

3. *Ibid.*, § 56.

l'inversion pure et simple du précédent : il condamne le plaisir, non pas pour les conséquences dommageables qui pourraient en résulter, mais *en tant que tel*. Cela mérite bien que l'on s'y attarde un peu[1].

Tout commence par le mot : *asceticism*. Sans doute son existence en anglais est-elle attestée au siècle précédent[2], mais il est si peu usité que Bentham, qui n'était pourtant pas effrayé par les néologismes, se sent tenu de rédiger une note, à la fois étymologique et polémique, dont voici les premières lignes :

> (Ascétisme) Ascétique [*ascetic*] est un terme qu'on a parfois appliqué aux moines. Il vient d'un mot grec qui signifie *exercice* [*exercise*]. Les pratiques par lesquelles les moines cherchaient à se distinguer des autres hommes s'appelaient leurs Exercices. Ces exercices consistaient en autant de techniques pour se tourmenter. Par là, ils pensaient s'attirer les bonnes grâces de la Divinité[3].

Le mot apparaît donc comme ésotérique et Bentham en dit trois choses. Primo, on l'associe aux moines, c'est-à-dire à l'institution chrétienne qui constitue la cible privilégiée des Lumières. Ce n'est pas l'anachorète qui est ici visé ; il s'agit somme toute d'une figure à la fois marginale et désuète. La cible se trouve bien plutôt dans l'institution catholique par excellence : de *La Religieuse* de Diderot au *Moine* de Lewis, c'est sur l'homme du couvent qu'on tire à vue[4]. Secundo, « ascétique » se traduit traditionnellement en latin par « *exercitatio* », dans les langues vernaculaires par « exercice », « *esercizio* », « *ejercicio* », « *exercise* », ou en allemand par « *Übung* ». La philologie contemporaine va dans le même sens et précise qu'« *exercitatio* » a pu donner « *exercitium* », ce dernier mot se rapportant fréquemment à « l'énoncé des principes et des pratiques de la vie monastique, surtout dans ses aspects les plus durs comme le jeûne, l'endurance au froid, les veilles », ce dont on ne s'étonnera pas si l'on sait que le latin classique l'avait privilégié pour désigner les

1. L'édition savante de l'*Introduction* par J. H. Burns et H. L. A. Hart dans le cadre des *Collected Works* (Oxford, Clarendon Press, 1996) atteste que les pages commentées ici figuraient dans le texte imprimé (mais non publié) de 1780.

2. Voir *supra*, chap. I, p. 23.

3. J. Bentham, *Introduction aux principes de morale et de législation*, trad. fr. Centre Bentham, Paris, Vrin, 2011, p. 33, chap. II, note a.

4. Le radical grec s'est d'ailleurs introduit en latin à travers le substantif « *asceterium* » pour désigner le couvent dans le Code justinien : voir le *Dictionnaire de théologie ascétique et mystique* publié sous la direction de M. Viller, Paris, Beauchesne, 1937, t. I, col. 939-941.

exercices physiques et militaires [1]. À quoi nous pouvons ajouter que le terme grec s'est trouvé *a contrario* réservé au vocabulaire technique de la théologie et n'a essaimé sous diverses formes dans la langue philosophique qu'au XIXe siècle *dans le sillage précisément ouvert ici*. Tertio, ces pratiques présentent le caractère hautement paradoxal de viser les faveurs divines en se faisant souffrir. Mais Bentham les soustrait au contexte historique qui pourrait leur donner du sens, à commencer par le péché originel, et dans la suite de la note, il leur en substitue un autre, purement artificiel et sophistique, qui revient à dire : le plaisir que Dieu éprouve à nous voir malheureux en cette vie nous garantit celui qu'il éprouvera à nous voir heureux dans l'autre !

S'il s'agissait seulement d'une superstition archaïque, il n'y aurait pas lieu de s'y arrêter au seuil d'un ouvrage consacré aux principes de morale et de législation. Hélas, cette insanité factuelle renvoie à un véritable *principe*, toujours d'actualité :

> Par le principe d'ascétisme [*By the principle of asceticism*], j'entends le principe qui, comme le principe d'utilité, approuve ou désapprouve toute action selon la tendance qu'elle semble avoir d'augmenter ou de diminuer le bonheur de la personne dont on considère l'intérêt, mais de façon inverse puisqu'il approuve les actions dans la mesure où elles tendent à diminuer son bonheur et les désapprouve dans la mesure où elles tendent à l'augmenter [2].

Lorsque Étienne Dumont, en 1802, fournira une adaptation de ce chapitre dans un ouvrage qui fera beaucoup pour la notoriété internationale de Bentham, il emploiera sans hésitation le mot français « ascétisme » : c'est, à notre connaissance, la première occurrence dans un texte imprimé en français [3]. C'est de cette édition que repartira en Allemagne Friedrich Eduard Beneke, qui traduira à son tour « *Ascetismus* » en 1833 [4].

Nous voici donc passés d'une bizarrerie historique à une formulation abstraite. Elle ne présente par elle-même aucune difficulté de compréhension : le principe ascétique évalue les actions

1. J.-F. Thomas, « Sur l'expression lexicale des notions d'ascèse et d'exercice moral et spirituel en latin », dans B. Pérez-Jean (dir.), *Les dialectiques de l'ascèse*, *op. cit.*, p. 38.

2. J. Bentham, *Introduction*..., chap. II, § 3, p. 34.

3. J. Bentham, *Traités de législation civile et pénale*, trad. fr. É. Dumont, Paris, Bossange, Masson et Besson, 1802, tome I, p. 6 : « Chapitre II. Principe de l'Ascétisme ».

4. J. Bentham, *Prinzipien der Gesetzgebung*, trad. all. F. E. Beneke, Köln, H. A. Arend, 1833, p. 7.

morales en fonction du même critère que le principe d'utilité, mais il en retourne l'emploi. Est bonne l'action qui minimise le bonheur individuel ou collectif, mauvaise celle qui l'accroît, par un strict renversement des valeurs. Du même coup, nous comprenons la fonction argumentative du principe, c'est celle d'une contre-épreuve. L'aberration ascétique doit confirmer *a contrario* l'évidence utilitariste. Mais cela n'est possible que si l'on montre que c'est bien, en effet, une aberration et que donc *personne* ne peut en toute rigueur la soutenir. D'où le fait que la critique opérée par Bentham embraye sur la question suivante : *qui* peut donc être identifié comme un partisan du principe de l'ascétisme ?

Première réponse, négative (§ 4) : en tout cas, ce n'est pas « nous ». Le pronom désigne ici tous les sujets rationnels qui approuvent la punition du délinquant, c'est-à-dire qui réprouvent l'acte de celui-ci. Considérons le pire criminel, celui qui non seulement commet un acte épouvantable, mais qui de surcroît y trouve du plaisir. Pourquoi le condamnons-nous ? Si nous étions partisans de l'ascétisme, ce serait parce qu'il éprouve du plaisir. Or c'est avant tout parce qu'il engendre de la douleur. Le fondement de la punition se trouve donc dans le principe d'utilité, pas dans le principe d'ascétisme. CQFD.

Seconde réponse, positive : « nous » ne sommes pas partisans de l'ascétisme si nous justifions rationnellement le châtiment, soit. Mais le problème n'est pas résolu parce qu'il existe de fait des discours qui paraissent bien toutefois condamner le plaisir *en tant que plaisir*. Cette condamnation trouve son origine formelle dans une inférence fallacieuse (§ 9) : sous prétexte que le plaisir peut *parfois* conduire à la douleur, on infère qu'il est *toujours* dangereux et qu'il convient au minimum de l'éviter, voire de carrément poursuivre son contraire. Et la mise en œuvre concrète de ce sophisme se décline sous les deux formes que nous avons rencontrées plus haut, à savoir l'ascétisme dénégatoire (on s'interdit les plaisirs) et l'ascétisme afflictif (on s'impose des peines). À ces deux formes correspondent deux agents sociaux distincts, porteurs de deux discours distincts (§ 5) : les philosophes de la morale [*moralists*] prônent l'ascétisme dénégatoire tandis que les dévots [*religionists*] soutiennent l'ascétisme afflictif.

Entre les deux discours, l'écart est seulement *de degré* : « le parti religieux pousse le principe plus loin que le parti philosophique » (§ 6). C'est pourquoi aussi il pénètre plus loin *dans le corps social* : les philosophes, du simple fait qu'ils philosophent, ne peuvent guère toucher que le public instruit, tandis que les dévots, au moyen de la superstition et de la crainte qu'elle nourrit, parviennent à toucher les masses (§ 7). Mais on comprend alors qu'il s'agit moins d'un antagonisme entre « partis », comme toute l'époque voudrait nous le faire croire, que d'une sourde *complicité* : « une sorte d'alliance [*a kind of alliance*] » (§ 7) contre l'ennemi commun, le partisan de l'utilité. Ce dernier redistribue donc les cartes et renvoie dos à dos les parties prenantes du pseudo-conflit moderne mis en scène par les « Lumières ». Cela dit, bien sûr, compte non tenu des héritiers d'Épicure dont Helvétius illustre brillamment la lignée et que couronne Bentham lui-même – il y a philosophes et philosophes, ceux qui expliquent et ceux qui moralisent.

Mais comme tout s'enracine dans un sophisme et que c'est le principe d'utilité qui est vrai, on ne peut le combattre sans se montrer inconséquent. Philosophes et dévots ne peuvent donc soutenir l'ascétisme qu'au prix d'une irréductible contradiction. De fait, il n'existe pas d'ascétisme *individuel* conséquent (§ 5) : dans le geste même où ils prétendent déprécier l'utilité, tous en confirment l'hégémonie. En effet, les philosophes recherchent la jouissance de la distinction en condamnant la jouissance comme telle et, de leur côté, comme l'avait montré Helvétius [1], les dévots ne s'infligent les pires tourments que par crainte d'en endurer de pires encore (ou par l'espoir de jouissances célestes). Mais il n'existe pas non plus d'ascétisme *collectif* conséquent (§ 8). On ne peut faire de l'ascétisme une politique car il est impossible de *l'institutionnaliser*, que ce soit dans la cité ou dans le monastère.

Les philosophes républicains, à commencer par Rousseau, qui se pâment devant l'austérité des Anciens, Sparte en tête, semblent bien voir l'ordre civique dans le mépris du luxe, l'endurance guerrière et l'aptitude aux privations. Mais ce n'était pas là une fin en soi, c'était un moyen en vue d'une fin : les mesures d'austérité étaient des « mesures de sécurité », c'est-à-dire une mise en œuvre très fruste du principe d'utilité. En 1848, dans le *Manifeste du Parti communiste*, Marx et Engels parleront encore d'« ascétisme universel [*einen allgemeinen Asketismus*] » pour condamner le socialisme utopique,

1. Voir *infra*, p. 58.

après avoir noté que rien n'était « plus facile que de donner une teinte socialiste à l'ascétisme chrétien [*dem christlichen Asketismus*] » [1].

Quant aux dévots, ils semblent bien avoir converti le principe ascétique en une véritable organisation collective : le monastère. Et cela est si vrai que nous retombons sur le sens historique du terme dont faisait état la note philologique liminaire. Mais il faut là encore y regarder de plus près. Si la douleur était par elle-même souhaitable, on pourrait l'imposer sans scrupule dans le cadre cénobitique ; ou, pour le dire autrement, si la douleur était en elle-même un bien, on pourrait l'infliger à autrui sans lui demander son avis. Or, précisément, on le lui demande ! C'est ce dont témoigne l'institution catholique des *vœux* requis pour entrer dans les ordres : « Il était certainement méritoire qu'une personne se flagelle elle-même, mais on eût tenu pour un péché qu'elle l'impose à autrui sans son consentement » ; on retombe alors sur l'ascétisme individuel. Là où Luther, en 1522, dans son *Jugement sur les vœux monastiques*, voyait une hérésie, Bentham voit un aveu : celui du caractère politiquement impossible de l'ascétisme. Nulle part, on n'impose la souffrance parce qu'on y voit un bien et quand cela semble être le cas, c'est toujours en fait pour d'autres raisons (la sottise, la domination, etc.). Par conséquent, le principe d'ascétisme qui préconise le plus grand malheur du plus grand nombre est bien une aberration. CQFD.

En superposant ainsi le monastère à la cité, Bentham se réappropriait l'analogie sibylline qu'avait employée Montesquieu en 1748 pour rendre raison de la vertu républicaine, laquelle analogie supposait *a contrario*, mais en passant seulement, sans qu'il soit facile de savoir comment l'entendre, que l'on puisse jouir *de la contrainte elle-même* comme en témoignent les rigueurs observables dans les monastères : « Leur règle [celle des moines] les prive de toutes les choses sur lesquelles les passions ordinaires s'appuient : reste donc cette passion pour la règle même qui les afflige » [2]. En 1773, D'Holbach avait apparié brutalement les deux termes de la comparaison pour dévaluer le modèle de Rousseau et Mably : « les Spartiates n'ont été que des moines armés par un fanatisme

1. Marx, *Manifeste du Parti communiste*, trad. fr. L. Lafargue, Paris, Éditions sociales, 1973, p. 60 et 67.

2. Montesquieu, *De l'esprit des lois*, V, 2, *in fine*.

politique »[1]. Mais l'analogie était à double tranchant et elle pouvait aussi bien disqualifier le moine en le référant au citoyen ; ainsi Diderot qualifiait-il les jésuites à l'œuvre au Paraguay : « ces cruels Spartiates en jaquette noire en usaient avec leurs esclaves indiens comme les Lacédémoniens avec les ilotes [...] »[2]. Bentham couple à son tour le citoyen héroïque avec le moine austère, mais c'est avant tout pour mettre en évidence le caractère d'une manière ou d'une autre intenable de l'ascétisme et à rebours la justesse du principe d'utilité.

Ainsi s'introduit en philosophie le concept d'ascétisme *stricto sensu* et cela appelle trois remarques complémentaires :

1) C'est une introduction à la fois *négative et marginale* : le concept apparaît en second lieu pour désigner précisément l'envers de ce qui est à promouvoir – l'utilité. Il pointe une morale proprement contre nature, qui ne revêt aucun intérêt pour elle-même car elle ne tient pas debout. Dans le sillage de Marx lui-même, Domenico Losurdo présente de manière suggestive l'apologie schopenhauérienne de l'ascétisme comme la version métaphysique de ce que formulait Malthus dans le langage de l'économie politique, à savoir la crainte capitaliste de la surpopulation, et il y associe Bentham[3] : mais celui-ci a créé le concept philosophique d'ascétisme pour en condamner la pratique et sans faire la moindre allusion à l'industrie.

2) La nature que contredit l'ascétisme est définie par ce que nous pouvons appeler, un peu anachroniquement, le principe de plaisir. L'homme *ne peut pas vouloir la douleur*, sinon par ignorance ou alors par calcul, parce qu'une petite souffrance peut en épargner de plus grandes. Dans les deux cas, en fait, il veut le plaisir.

3) Ce qui se trouve prioritairement visé, c'est bien sûr *le christianisme*, comme en témoigne l'apparition du terme français dans le contexte d'une violente critique des crimes commis contre le bonheur public au nom de la religion. L'« ascétisme » désigne péjorativement ce que les Lumières n'ont cessé de combattre : la valorisation religieuse du sacrifice dont le Christ est l'emblème – le

1. P. H. D., baron d'Holbach, *Système social*, Paris, Fayard, 1994, p. 57, part. I, chap. IV.

2. D. Diderot, *Supplément au Voyage de Bougainville*, I, *Œuvres complètes*, Paris, Hermann, 1975, t. XII, p. 584.

3. K. Marx, *Manuscrits économico-philosophiques de 1844*, III, trad. fr. F. Fischbach, Paris, Vrin, 2007, p. 182 ; D. Losurdo, *Nietzsche, le rebelle aristocratique* [2004], trad. fr. J.-M. Buée, Paris, Delga, 2016, p. 612-613.

sacrifice de la nature en soi, la pénitence, la mortification, l'humilité. Entreprendre d'« écraser l'infâme » pour parler comme Voltaire, c'est rejeter l'« ascétisme » en revendiquant le caractère *sain* (non corrompu) de la nature.

De l'« ascétisme », donc, un philosophe digne de ce nom ne peut que *se défendre*. On en trouve au même moment une subtile confirmation chez le plus célèbre contemporain de Bentham, à savoir Kant, au demeurant fort peu enclin à l'hédonisme. En 1793, Schiller lui fait grief d'avoir exposé l'idée du devoir sous une forme si sévère qu'elle risque bien d'inciter le lecteur à identifier celui-ci à ce qu'il nomme une « sombre et monacale ascèse » [1] et en tire argument en faveur de la « belle âme » où se réconcilient harmonieusement la loi morale et l'inclination, ce dont la « grâce » se présente comme l'expression phénoménale. Un écho de cette critique se fera d'ailleurs entendre chez Nietzsche quand il discernera un relent de la vieille cruauté archaïque dans l'impératif catégorique [2]. La réplique de Kant s'opère dès 1794 dans la seconde édition de *La religion comprise dans les limites de la simple raison* [3] et trouvera sa formulation définitive en 1797, à la fin de la *Métaphysique des mœurs*, dans le dédoublement de l'ascétique [4]. Il convient en effet de distinguer d'un côté la bonne ascétique, l'ascétique morale [*die moralische Asketik*], qui renvoie non au catholicisme, mais au stoïcisme, car elle enjoint de supporter les maux contingents de l'existence et d'écarter les jouissances fantastiques promises par l'imagination religieuse dissociée de la morale ; et, de l'autre côté, la mauvaise ascétique, celle du moine [*die Mönschsasketik*], qu'il faut verser au débit du fanatisme, puisqu'elle ordonne de se punir soi-même, en croyant racheter ses fautes au lieu de les regretter. La première complète la « dogmatique morale » : elle n'expose pas la doctrine, elle concerne la culture effective, c'est-à-dire l'exercice [*Ausübung*] de la moralité [5]. Or celui-ci se caractérise par la joie avec laquelle s'exécute le sujet moral : loin de haïr la loi, il

1. En allemand : « *eine finstere und mönchliche Asketik* » ; F. von Schiller, *Textes esthétiques. Grâce et dignité et autres textes*, trad. fr. N. Briand, Paris, Vrin, 1998, p. 39. La lettre à Goethe du 22 décembre 1798 réitérera l'objection en comparant Kant à un moine expulsé de son ordre, mais « impuissant à en effacer totalement l'empreinte ».

2. Nietzsche, *GM*, II, 6. Voir *infra*, chap. II, p. 89.

3. I. Kant, *La religion…*, *op. cit.*, Aka, VI, 23-24, note.

4. I. Kant, *Métaphysique des mœurs*, II. *Doctrine de la vertu*, § 53.

5. I. Kant, La religion…, *op. cit.*, Aka, VI, 50 ; *Métaphysique des mœurs*, II. *Doctrine de la vertu*, § 49.

« pénètre la nécessité de lui obéir » en toute autonomie, au contraire des règles despotiques induites par l'ascétique monacale [1]. Ce qui commande cette dernière, c'est – encore – une logique de l'ersatz, propre à la superstition proprement dite [2] : au lieu d'accomplir avec résolution mon devoir, je me punis pour mon incapacité présumée à l'accomplir. Si terribles que soient les pénitences que je m'impose, elles visent toujours à esquiver l'obéissance à la loi morale – ce sont en somme, et très paradoxalement, si cruelles qu'elles puissent apparaître à l'œil d'un observateur naïf, des solutions de facilité. Il ne s'agit donc pas ici de savoir quoi substituer à la religion, mais comment *empêcher la religion elle-même de s'imposer subrepticement comme un substitut à la moralité*. Par une étrange perversion du cœur humain, on en arrive en effet à pallier les rigueurs de la loi morale par le sacrifice de soi, lequel apparaît comme empreint de sainteté précisément *parce qu'*il est pénible et inutile : c'est en cela qu'il semble témoigner d'une soumission authentique à Dieu, mais ce qu'il atteste en réalité, c'est une véritable « folie religieuse » [3].

De cet argumentaire, nous pouvons retenir trois choses :

1) Kant emploie le terme « ascétique [*Asketik*] », qui est lui aussi récent (1773) et dont il est l'un des premiers à faire usage [4]. Couplé avec celui de « mystique », on le trouve dans les titres des traités de l'époque [5]. En 1834, le dictionnaire de Jacob Heinrich Kaltschmidt l'aura enregistré [6], contrairement à « *Asketismus* » apparu en 1803 chez Klinger, qui à son tour distinguera « ascétisme religieux » et « ascétisme moral », mais pour les apparier [7]. Se confirme ici que c'est au tournant des XVIIIe et XIXe siècles que surgissent les termes français et allemand.

1. I. Kant, *La religion…*, *op. cit.*, p. 340, Aka, VI, 179, note ; voir aussi *ibid.*, VI, 24, note et VI, 160. À l'appui de sa thèse, Kant invoque Matthieu, VI, 16 et XI, 30.

2. I. Kant, *La religion…*, *op. cit.*, Aka, VI, 76 : « *ersetzen* ». Voir aussi *ibid.*, VI, 83.

3. I. Kant, *La religion…*, *op. cit.*, Aka, VI, 169-170.

4. H. SCHULZ *et al.* (dir.), *Deutsches Fremdwörterbuch*, *op. cit.*, t. II, p. 314 et 318.

5. Voir par exemple le *Versuch einer Geschichte der christlichen Moral, Asketik und Mystik*, publié à Dortmund en 1798 et où l'on peut lire : « *Ascet oder Asket, d.h. ein solcher, der sich in der Tugend übt* [Ascète ou aschète, c'est-à-dire celui qui s'exerce à la vertu] », p. 145.

6. J. H. Kaltschmidt, *Gesammt-Wörterbuch der deutschen Sprache*, Leipzig, Tauschnitz, 1834, p. 51.

7. F. M. Klinger, *Betrachtungen und Gedanken…*, *op. cit.*, p. 430 : à propos de la philosophie stoïcienne, Klinger évoque « l'ascétisme moral en général, avec l'ascétisme religieux qui lui est apparenté ».

2) Pour autant que l'ascétique se trouve immédiatement associée au moine, elle apparaît spontanément à un partisan de l'*Aufklärung* sous un jour négatif, propre à condamner la position de celui qui s'en ferait le défenseur ; un philosophe « éclairé » ne peut pas *ne pas* déplorer le culte chrétien de la mortification.

3) C'est pourquoi Kant ne peut se tirer d'affaire qu'en se réclamant d'une ascétique contre une autre – une ascétique « dans les limites de la simple raison » : en tant qu'*Aufklärer*, il ne peut que reprendre à son compte la dévaluation moderne de l'ascétique ; mais en tant que théoricien de l'impératif catégorique, il doit récuser la recherche du plaisir et inventer un double acceptable de ce qui ne l'est pas en retrouvant l'acception originale du terme, l'exercice : il faut désormais s'exercer joyeusement au respect de la loi morale, et non s'exercer tristement à l'humiliation de soi. Pour le dire autrement : *même Kant* entérine la stigmatisation éclairée des pratiques pénitentielles, ce qui illustre *a minima* combien la valorisation de celles-ci est devenue impossible dans le contexte des Lumières, en terre catholique ou *a fortiori* réformée.

Nous devons toutefois revenir un instant à Bentham et lui accorder le mérite, si c'en est un, d'avoir, pour ainsi dire, par la bande, intronisé le concept d'ascétisme sur le fond d'une assomption du principe de plaisir hérité d'Helvétius. Il n'est alors peut-être pas tout à fait illégitime de risquer une première hypothèse, dont la démonstration reste à faire : pour le siècle suivant, Bentham, ou du moins la prémisse anthropologique à laquelle il suspend sa construction comme à un postulat s'imposant de lui-même, va constituer une sorte de repoussoir, de tiers négatif. En témoignent quelques autorités d'autant plus significatives qu'elles se trouvent par ailleurs tout à fait contradictoires. En 1826, un libéral comme Benjamin Constant ne manquera pas d'assimiler le principe d'utilité à une apologie de l'égoïsme à laquelle il opposera les droits inaliénables de l'individu, comme il leur opposera plus tard le sentiment religieux[1]. En 1838, John Stuart Mill lui-même, tout en revendiquant ouvertement l'héritage utilitariste, révisera à la baisse son fondement hédoniste – l'homme recherchant le plaisir et fuyant

1. B. Constant, « De Monsieur Dunoyer et de quelques-uns de ses ouvrages », dans *De la liberté chez les modernes*, Paris, Livre de poche, 1980, p. 551-554. Et le grand ouvrage des années 1824-1831, *De la religion considérée dans sa source, ses formes et ses développements*, Arles, Actes Sud, 1999, *passim*. Voir *infra*, chap. II, p. 82.

la douleur – et fera grief à Bentham de n'avoir pas su « reconnaître comme un élément de la nature humaine la poursuite de quelque idéal que ce soit pour lui-même »[1]. En 1867 enfin, dans une violente et célèbre, quoique peu équitable, note du *Capital*, Marx verra en Bentham un « génie ès bêtise bourgeoise »[2]. Inversement, Auguste Comte déclare en 1856 que « le nouveau culte [la religion de l'humanité], toujours caractérisé par la réalité et l'utilité, ne comportera aucune dégénération ascétique ni quiétiste »[3] ; ainsi retrouve-t-il le couplage schopenhauérien, mais sur un mode négatif par opposition à l'utile.

Cette hypothèse en suggère une autre. Dans ce contexte, sur un front ouvertement réactionnaire, il était tout à fait prévisible que l'on assistât à une réévaluation *positive* de l'ascétisme, et même à sa promotion philosophique : l'ascétisme ne prouve-t-il pas avec toute l'évidence du fait ancestral que l'homme est un être qui non seulement est capable de renoncer au plaisir, *mais qui peut même vouloir la souffrance* et se l'infliger avec acharnement et méthode ? N'est-il pas le démenti le plus éclatant qu'on puisse opposer à l'hédonisme « vulgaire » d'Helvétius et de Bentham ? Le contre-feu le plus efficace qui puisse parer aux terribles excès que doit immanquablement autoriser la nouvelle légitimation de l'égoïsme ? L'histoire ne manque pas d'humour : Bentham avait appuyé sur Helvétius le principe d'utilité et l'avait ensuite avancé *contre* les tumultes révolutionnaires, lesquels découlaient selon lui des « sophismes » de la Déclaration de 1789[4] ; or c'est rétrospectivement chez Helvétius et Bentham eux-mêmes que l'on voit ce qui doit entraîner la dissolution de tout corps politique. De ce retournement s'ensuit la nécessité de montrer que l'intérêt sensible ne motive pas

1. J. S. Mill, *Bentham*, trad. fr. C. Audard, Paris, Puf, 1998, p. 202. Certes, ce n'est pas de l'idéal ascétique qu'il s'agit et de celui qui prétendrait sacrifier son bonheur sans contribuer ainsi à l'accroissement du bonheur existant dans le monde, il faut dire qu'il « n'est pas plus digne d'admiration que l'ascète [*the ascetic*] juché sur sa colonne » (*L'utilitarisme*, trad. fr. C. Audard, Paris, Puf, 1998, chap. II, p. 48).

2. K. Marx, *Le Capital*, trad. fr. J.-P. Lefebvre, Paris, Puf, 1993, Livre I, sct. 7, chap. XXII, § 5, p. 683.

3. A. Comte, *Discours sur l'ensemble du positivisme*, Paris, Flammarion, 1998, p. 416, conclusion générale.

4. Voir J. Bentham, « Nonsense upon Stilts or Pandora's Box Opened », rédigé en 1795 ; « L'absurdité sur des échasses », trad. fr. J.-P. Cléro et B. Binoche, dans *Bentham contre les droits de l'homme*, Paris, Puf, 2007, p. 17-90.

l'homme exclusivement et de cette nécessité s'ensuit la tentation d'en chercher la preuve dans les matériaux que nous a légués la tradition chrétienne sous les noms de « pénitence », « mortification », « macération », « rigueurs » ou « austérités ». Mais bien sûr, ces matériaux, il va falloir les reconfigurer. L'« *ascétisme » est alors le nom de cette reconfiguration réactionnaire*. Une fois celle-ci opérée avec succès, on ne la discernera plus comme telle et on parlera d'ascétisme pour désigner la pénitence. De là l'embarras que nous éprouvons aujourd'hui à en concevoir la modernité paradoxale : la récurrence est inévitable.

Tout cela, encore fragile, ne pourra acquérir un peu de consistance que si l'on veut bien d'abord poursuivre la régression en deçà de la *Spätaufklärung* ou du *late Enlightenment*, représentés ici par Kant et Bentham, et en revenant aux « Lumières » proprement dites, aux vieilles Lumières, celles de l'*Encyclopédie* et de ceux qu'on appelait alors sobrement les « Philosophes ». Recule encore, vieille taupe !

Avant le concept, les Lumières

Volney est en France un bon représentant des Lumières tardives. En 1787, il publie son *Voyage en Syrie et en Égypte* dans lequel il revient sur les lieux du crime [1] – là où les Pères du désert ont fixé l'image de l'« ascète » ou « exercitant », remise à l'honneur à la fin du siècle précédent. C'est ainsi en effet que les avait nommés l'abbé Claude Fleury au chapitre XXI d'un ouvrage maintes fois réédité et intitulé *Les mœurs des chrétiens* (1682), dans un texte que l'on ne se lassera pas de paraphraser :

> Il y avait des chrétiens qui pratiquaient volontairement tous les exercices de la pénitence sans y être obligés, et sans être exclus des sacrements, mais pour imiter les Prophètes et saint Jean-Baptiste et suivre les conseils de saint Paul, s'exerçant à la piété et châtiant leur corps pour le réduire en servitude. On les appelait Ascètes, c'est-à-dire Exercitants. Ils s'enfermaient d'ordinaire dans des maisons où ils vivaient en grande retraite, ajoutant à la frugalité ordinaire des chrétiens des abstinences et des jeûnes extraordinaires [...] [2].

1. Volney, *Voyage en Syrie et en Égypte*, dans *Œuvres*, t. III, Paris, Fayard, 1998, chap. XXXI, p. 523-526. Les citations ultérieures de Volney renvoient à ces pages.

2. C. Fleury, *Les mœurs des chrétiens*, Paris, chez la Veuve Gervais Clouzier, 1682, p. 152-153.

C'est exactement cent ans plus tard, en 1782, que Nicodème l'Hagiorite et Macaire de Corinthe publieront à Venise les textes grecs de la *Philocalie des Pères Neptiques composée à partir des Écrits des saints Pères qui portaient Dieu et dans laquelle, par une sagesse de vie faite d'ascèse et de contemplation, l'intelligence est purifiée, illuminée et atteint la perfection*, sorte de contre-Encyclopédie où figuraient les textes fondamentaux des Pères du désert[1]. Mais Volney voit les choses en Encyclopédiste et, visitant les couvents du mont Sinaï, il y retrouve la « vie prisonnière et dénuée de jouissance » propre à « tous les moines des pays turcs », notamment les héritiers coptes de saint Macaire et de saint Antoine. Mais il dit simplement les « moines », ignorant ou sans doute plutôt esquivant les termes employés par Fleury. Et après avoir souligné, comme on pouvait s'y attendre, les rigueurs d'un lieu « isolé et sauvage » où lesdits moines mènent une vie « tout entière occupée à des travaux d'utilité ou à des pratiques de dévotion », il fait toutefois état d'un décalage avec les mœurs de jadis en faisant s'exprimer ainsi un supérieur de Mar-Hànnah : « Il est vrai, me dit-il, nous n'avons plus l'austérité des anciens anachorètes, et c'est un peu la raison qui peuple nos couvents ».

Cet aveu est plusieurs fois remarquable. D'abord, il creuse un écart historique et relègue le vocabulaire traditionnel des « austérités » et des « anachorètes » dans un lointain passé auquel s'oppose, dans le couvent même, la « raison » qui peuple désormais celui-ci. Ensuite, cette raison n'est pas n'importe laquelle, c'est celle d'Helvétius : ce que signifie de la sorte le moine, c'est qu'en fait la condition matérielle monastique est privilégiée au regard de la misère ambiante. Fils de paysans, les moines vivent bien mieux que leurs pères – mieux vêtus et mieux nourris, ils boivent du vin et du café. La conclusion s'ensuit implacablement, les moines n'échappent pas à l'impératif hédoniste :

> J'avoue que je fus étonné de tant de franchise et de tant de justesse ; mais je ne sentis que mieux que le cœur humain se retrouve partout avec les mêmes mobiles. Partout c'est le désir du bien-être, soit en espoir, soit en jouissance actuelle ; et le parti qui le détermine est toujours celui où il y a le plus à gagner.

1. Une édition française de Jacques Touraille en deux volumes est disponible aux éditions Desclée de Brouwer-Jean-Claude Lattès (1995). Dans sa postface, le traducteur souligne que « philocalie » (l'amour de la beauté) doit s'entendre par opposition à « philosophie » (t. II, p. 837-838).

Enfin, nous observons une hésitation significative : d'un côté, les choses changent et l'austérité des premiers siècles s'évanouit ; de l'autre, le calcul de l'intérêt commande toujours les conduites. Faut-il comprendre que l'aberration d'un comportement superstitieux par excellence s'efface devant l'irrésistible poussée des Lumières qui pénètrent l'enceinte même de la superstition ? Ou que ledit comportement n'a jamais été aussi aberrant qu'il y paraît aujourd'hui et qu'il a toujours obéi aux injonctions de l'intérêt calculateur ? Ce fut là, nous allons le voir, une ambiguïté centrale du portrait que dressèrent les Philosophes de l'ascète proprement dit.

De même que le *Dictionnaire universel* de Furetière en 1690 ou que le *Dictionnaire* de l'Académie en 1718, le premier tome de l'*Encyclopédie*, en 1751, comporte une entrée « ASCÉTIQUE », dont l'auteur se borne pour l'essentiel à reproduire le texte suscité de Fleury. L'article « ASCÈTES » en reste très proche, mais précise qu'en toute rigueur, l'ascète (l'anachorète) a historiquement précédé le moine, les premiers monastères datant du IVe siècle. Le terme est référé au domaine de la théologie et l'on constate qu'il s'agit bien d'une terminologie technique et neutre, réservée aux premiers siècles du christianisme proche-oriental et qui demeure étrangère au langage des Philosophes. Par ailleurs, on rencontre deux articles de Diderot, qui n'emploie pas les termes, mais qui caractérise polémiquement des personnages que nous qualifierions après coup ainsi. Dans le tome IX, paru en 1766, figure un article « MALABARES, *philosophie des* » qui décrit assez exactement, mais sur un registre très péjoratif, ce dont Schopenhauer fera l'apologie, à savoir un « quiétisme absurde » qui conduit à un « état de stupidité complète » : « ils regardent ce monde comme une illusion, le rien comme l'état de perfection » et « y tendent de toute leur force », travaillant « du matin au soir à s'abrutir, à ne rien désirer, ne rien haïr, ne rien penser, ne rien sentir ». Bref, ils veulent le rien, c'est-à-dire un état où ils ne veulent plus rien. C'est là une forme d'imbécillité dont les vestiges se découvrent partout où il y a de la religion, et pas seulement aux Malabares : qui veut singer l'être éternel, immobile et impassible, ne fait même pas la bête, mais sombre bien au-dessous ! Le tome XIV, paru la même année, inclut une entrée « SARRASINS *ou* ARABES, *philosophie des* », où l'on rencontre le derviche tournant « sur lui-même jusqu'à tomber à terre, sans connaissance, sans sentiment ;

ivre, abruti, étourdi, presque dans un état de mort ». À chaque fois revient le même mot : la vérité de ces conduites autopunitives, c'est l'abrutissement, dans lequel nous devons entendre la régression à l'état de brute et rien d'autre. En 1768, la *Théologie portative, ou Dictionnaire abrégé de la religion chrétienne*, publiée par d'Holbach sous le nom de l'abbé Bernier, ne comporte aucune entrée liée au terme « ascète ». En revanche, divers vocables afférents – par exemple, « Anachorètes », « Austérités », « Expiations », « Pénitence » – sont l'occasion de mettre en évidence la folie de ces pratiques en vertu desquelles le croyant s'inflige à lui-même privations et châtiments [1].

De ce premier coup de sonde, il est possible de tirer une première conclusion importante, d'ordre philologique : les Philosophes ne disposent pas de mot propre pour désigner ce que le siècle suivant nommera « ascétisme ». *Cela ne fait pas concept*. Abandonnant à la théologie le substantif « ascète » et l'épithète « ascétique », ils subsument les comportements que nous dirions « ascétiques » sous la grande catégorie de « superstition », qui les déborde largement et dont ils fournissent des exemples au même titre que l'eucharistie ou l'adoration des oignons.

Nous trouvons de cela un autre exemple lorsque nous voyons d'Holbach demander en 1768 :

> Quels avantages les sociétés ont-elles recueillis de tant de Solitaires, d'inutiles anachorètes, de cénobites austères, de fakirs frénétiques, de talapoins insensés que la crédulité révère partout et que la superstition admire comme des chefs-d'œuvre de vertu ? Que verrons-nous dans ces désespérés et dans leur conduite étrange, sinon une profonde mélancolie nourrie par l'idée d'un Dieu barbare, et peut-être une vanité flattée de l'idée de se distinguer du commun des mortels et d'arracher leur admiration ? [2].

L'énumération signifie qu'*il n'existe pas de nom générique* pour amalgamer ces personnages : là où Schopenhauer pourra dire l'« ascète », l'homme des Lumières aligne des personnages multiples, à la fois inquiétants et burlesques. Bien sûr, c'est aussi un procédé rhétorique très courant à l'époque. Il accumule les

1. Par exemple, à l'entrée « Pénitence », on lit : « c'est-à-dire on se fait bien du mal pour faire du bien à la Divinité ».

2. P. H. T. d'Holbach, *La contagion sacrée ou Histoire naturelle de la superstition*, London, 1768, t. II, chap. XII, p. 102-103).

matériaux livrés par l'observation sous une forme qui autorise le passage à l'universel (« partout ») par l'abstraction des différences jugées insignifiantes : le moine et le talapoin sont permutables. D'Holbach l'emploie ici pour invalider ce qu'il appelle ailleurs les « cruautés religieuses que les hommes exercent sur eux-mêmes »[1]. Et du même coup, on comprend bien qu'il rencontre une énigme. Celle-ci consiste dans l'universalité paradoxale de pratiques qui contredisent la nature pour autant que celle-ci dicte à l'homme la recherche de son bonheur. Plus précisément, une nature non corrompue, une nature saine qu'aucune faute originelle n'altère plus. Dans son grand livre oublié sur les *Origines de l'esprit bourgeois en France*, Bernard Grœthuysen avait sobrement pris acte de ce qu'on pourrait décrire comme un « renversement des valeurs » :

> Mais le profane n'a plus le goût de la mortification, aussi ne comprend-il pas très bien pourquoi on veut lui interdire tant de joies parfaitement innocentes, et l'empêcher de faire ce qui ne nuit à personne, et qui, par conséquent, du point de vue moral, paraît légitime[2].

En un sens, les austérités contredisent cette nature innocente et, à ce titre, ce sont des folies qui attestent spectaculairement à quels excès peut conduire l'enthousiasme superstitieux. Mais en un autre sens, l'universelle folie doit avoir ses raisons. Il faut donc la comprendre. On y parvient en s'aventurant dans deux directions distinctes, toutes deux historiquement prometteuses. La première renvoie à une logique de la spécularité et de l'aliénation : l'ascète se torture car il a fait Dieu à son image – cruel. La seconde obéit à une logique de la feinte et de la domination : l'ascète acquiert du pouvoir pour autant qu'il semble y renoncer et s'impose par la cruauté qu'il exerce sur lui-même.

Ce sont bien les deux pistes explorées par d'Holbach. La première est l'anthropomorphisme : partout, l'homme est le même, à savoir cruel, et partout il se projette en une ou plusieurs divinités cruelles qui exigent de lui des sacrifices, le plus remarquable étant le sacrifice *de soi*. Rien d'étonnant alors à ce que partout il se figure un « Dieu barbare » et se martyrise en conséquence. C'est l'analyse exposée

1. P. H. T. d'Holbach, *De la cruauté religieuse* [1769], Paris, Coda, 2007, sct. III, p. 144.

2. B. Grœthuysen, *Les origines de l'esprit bourgeois en France*, Paris, Gallimard, 1927, p. 150.

dans les trois premiers chapitres de *De la cruauté religieuse*. Dans *La contagion sacrée*, la croyance en un Dieu barbare apparaît en revanche d'autant plus mystérieuse qu'elle contredit l'affirmation de la bonté divine, de sorte qu'il faut chercher ailleurs l'explication : à savoir dans la vanité ou l'orgueil, dans le désir de se distinguer. Comment ne pas voir des hommes surnaturels en « ceux qui paraissent avoir triomphé de la nature et s'être mis au-dessus de ses besoins » ? Finalement, le calcul de ces hommes étranges s'avère rentable : « la vénération des peuples les paye avec usure des maux volontaires qu'ils se font [...] » [1]. En 1750, Voltaire le disait avec plus d'élégance et d'humour. Soit un fakir nommé Bababec qui s'imposait de terribles souffrances, vivant « nu comme un singe », portant au cou un poids de soixante livres et assis sur une chaise garnie de clous : tout cela lui assurait une « très grande réputation ». On l'assura que ses croyances étaient absurdes, que les maux qu'il s'infligeait ne servaient en rien à personne et qu'il vivrait bien mieux en se lavant, en s'habillant décemment, en semant des légumes et en faisant l'aumône. Bababec se rendit à ces raisons, vécut ainsi et s'avoua « cent fois plus heureux qu'auparavant ». Mais cela dura quinze jours seulement car « il perdait son crédit dans le peuple ; les femmes ne venaient plus le consulter ; il [...] reprit ses clous pour avoir de la considération » [2]. La raison raisonnable du Philosophe se brise finalement sur la raison calculatrice du fakir, car on gagne plus à dominer autrui en se torturant soi-même qu'à le servir en bon citoyen. La leçon semble d'allure claire et joyeuse, mais le fond en est inquiétant...

On pourrait évidemment envisager une troisième solution à la même énigme. Elle consisterait à envisager que l'homme puisse éventuellement trouver du plaisir *dans* la souffrance elle-même. Aliénation et domination apparaîtraient alors comme des détours laborieux et inutiles. Si la jouissance et la peine ne sont pas incompatibles, le cas du fakir s'explique aisément : il se fait souffrir *pour* jouir. Mais on ne fait ainsi que déplacer la difficulté et la rendre plus insurmontable encore, puisque l'on se trouve conduit à nier la contrariété notoire des deux termes. Aussi est-il difficile de s'engager dans cette voie sans faire vite marche arrière. En témoigne

1. P. H. T. d'Holbach, *La contagion sacrée*, *op. cit.*, p. 104.

2. Voltaire, *Lettre d'un Turc sur les fakirs et sur son ami Bababec* (dans *Romans et contes*, Paris, Garnier, 1949, p. 477-478).

cette étrange réflexion de Rousseau qui vise à établir que l'on peut inspirer aux enfants n'importe quel goût en exploitant simplement leur amour naturel du jeu :

> Je n'imagine rien dont avec un peu d'adresse on ne put inspirer le goût, même la fureur aux enfants sans vanité, sans émulation, sans jalousie. [...] Dans tous les jeux où ils sont bien persuadés que ce n'est que jeu, ils souffrent sans se plaindre et même en riant ce qu'ils ne souffriraient jamais autrement qu'en versant des torrents de larmes. Les longs jeûnes, les coups, les fatigues, les brûlures de toute espèce sont les amusements des jeunes sauvages ; preuve que la douleur même a son assaisonnement qui peut en ôter l'amertume ; mais il n'appartient pas à tous les maîtres de savoir apprêter ce ragoût, ni peut-être à tous les disciples de le savourer sans grimace. Me voilà de nouveau, si je n'y prends garde, égaré dans les exceptions [1].

On comprend qu'il s'agit de prouver que l'enfant est malléable bien au-delà de ce que l'on peut concevoir ordinairement, sans qu'il soit nécessaire pour autant de le corrompre par la vanité, l'émulation ou la jalousie, autant dire l'amour-propre. Or cette plasticité va fort loin puisque l'enfant peut trouver une sorte de plaisir dans des conduites qui ressemblent vraiment beaucoup à la fois à celles du Spartiate et à celles de l'anachorète. Et cette similitude est troublante : voici que celui qui se trouve deux fois originaire, enfant et sauvage, donc deux fois naturel, deux fois sain, connaît des jouissances qui se superposent aux pratiques héroïques des Anciens comme aux us superstitieux de nos moines. C'est la nature même qui semble brouiller l'antinomie la plus élémentaire et il y a là comme un vertige dont il vaut mieux se garder : la douleur pourrait donc sécréter de la jouissance ? D'où un premier garde-fou : c'est un *jeu*, ce n'est qu'un jeu, il faut que ce soit seulement un jeu pour que les contraires se rencontrent. Et puis un second : en fin de compte, c'est seulement à titre *exceptionnel* que le précepteur d'aujourd'hui peut s'inspirer de ce qui inspire ainsi les petits sauvages. Bref, il ne faut pas s'égarer.

Pour un matérialiste, la question de la jouissance est moins dissuasive et Diderot ne craint pas tant de se perdre. Certes, la grande prémisse selon laquelle plaisir et peine gouvernent l'homme

1. J.-J. Rousseau, *Émile*, II, dans *Œuvres complètes*, t. IV, Paris, Gallimard, 1959-1995, p. 377-378.

doit être reçue et lorsque Helvétius écrit : « Plaisir et douleur sont et seront toujours les seuls principes des actions des hommes », Diderot réplique sobrement : « J'en conviens »[1]. Mais tout de même, ce n'est pas si simple, car l'on ne peut en rester à une opposition aussi abstraite. À deux reprises, le physiologiste observe en effet que l'un peut résulter de l'autre : « Le plaisir et la peine sont deux mouvements différents du diaphragme. Le plaisir peut dégénérer en peine ». Ou encore :

> Pourquoi sommes-nous plus susceptibles de douleur que de plaisir, ou plus sensibles à la douleur qu'au plaisir ? C'est que la douleur agite les brins du faisceau d'une manière violente et destructive, et que le plaisir au contraire ne les tiraille pas jusqu'à les blesser, ou que quand cela arrive, le plaisir se change en douleur[2].

On voit que le rapport est de *succession* : le plaisir ne se trouve pas dans la douleur, il peut se métamorphoser en douleur par l'effet de processus strictement matériels. Au moins une fois, il arrive néanmoins à Diderot de faire un pas de plus et de concevoir un rapport de *simultanéité*. Cela se produit à la contemplation d'un portrait de Madame Greuze par son mari : si « les femmes passent vite devant ce morceau » tandis que « les hommes s'y arrêtent longtemps », c'est que le plaisir qu'ils éprouvent n'est pas trop désintéressé et ce qui les retient, c'est une « expression mêlée de peine et de plaisir » ou plus clairement un « mélange voluptueux de peine et de plaisir », ce qu'on peut encore appeler un « paroxysme plus doux à éprouver qu'honnête à peindre »[3]. L'orgasme se présente comme indécidable, il est l'un *et* l'autre, peine et plaisir. La coïncidence se dit par une conjonction qui est aussi une ellipse : dans la jouissance érotique, il y a de la peine et du plaisir, sans que l'on puisse se prononcer sur le rapport exact des deux termes. La nature de la corrélation, si ç'en est une, demeure

1. J.-C.-A. Helvétius, *De l'homme*, *op. cit.*, t. I, II, 10, p. 191 ; D. Diderot, *Réfutation d'Helvétius*, dans *Œuvres complètes*, t. XXIV, II, 10, *op. cit.*, p. 538.

2. D. Diderot, *Éléments de physiologie*, dans *Œuvres complètes*, *op. cit.*, t. XVII, I, 2, p. 318 et III, 7, p. 486-487. C'est la formulation physiologique d'une thèse formulée par Fontenelle au § 36 des *Réflexions sur la poétique* : « Le plaisir et la douleur, qui font deux sentiments si différents, ne diffèrent pas beaucoup dans leur cause. Il paraît, par l'exemple du chatouillement, que le mouvement du plaisir poussé un peu trop loin devient douleur, et que le mouvement de la douleur un peu modéré devient plaisir », Fontenelle, *Digression sur les Anciens et les Modernes et autres textes philosophiques*, Paris, Garnier, 2015, p. 591.

3. D. Diderot, *Salon de 1765*, n o 115, dans *Œuvres complètes*, *op. cit.*, t. XIV, p. 188.

indéterminée et cela d'autant plus que la description de Diderot se conclut sur une comparaison avec un tableau de Rubens, *La Naissance de Louis XIII*, où le visage de la reine exhibe « le plaisir d'avoir mis au monde un fils et les traces du douloureux état qui a précédé »[1]. On en revient alors à nouveau à la succession de deux états et de deux états bien différents, une satisfaction morale occultant la souffrance physique antérieure. L'accouchement n'éclaire guère l'orgasme dont le caractère hybride reste intrigant.

Ailleurs encore, lorsqu'il répond à Helvétius, Diderot se trouve conduit à faire un nouveau pas supplémentaire et à suggérer – à suggérer seulement – que le pénitent puisse jouir de la pénitence, mais cela entraîne alors une redéfinition du concept de « plaisir ». En effet, si Helvétius a raison d'affirmer que l'homme n'échappe pas à la recherche du bien-être, il se fait de celui-ci une bien pauvre idée en le qualifiant de « physique » ou « sensible ». Sa faute est de le rabattre sur ses formes les plus frustes :

> Hé bien, Mr. Helvétius, tous les projets d'un grand roi, toutes les fatigues d'un grand ministre ou d'un grand magistrat, toutes les méditations d'un politique, d'un homme de génie, se réduisent donc à foutre un coup le matin et à faire un étron le soir. Et vous appelez cela faire de la morale et connaître l'homme[2].

Que l'homme soit un être exclusivement physique n'autorise pas la réduction du plaisir moral au plaisir physique. Il est vrai que l'homme est toujours gouverné par son intérêt ; mais d'une part, il l'est plus ou moins, et d'autre part, cet intérêt se trouve diversement déterminé : « Chacun a sa sorte d'intérêt ; et sa violence n'est pas moins variable que sa nature »[3]. Il faut donc prendre acte d'une double échelle de variation : d'un côté, l'intérêt est plus ou moins vif ou déterminant – il existe des natures lourdes, inertes ; et de l'autre, il s'attache à des objets tout à fait distincts – la jouissance d'une belle femme n'excite pas tous les hommes également, certains trouvent leur plaisir ailleurs et cette jouissance même est équivoque car elle peut être physique ou morale : « N'y a-t-il que du plaisir physique

1. *Ibid.*, p. 189.
2. D. Diderot, *Réfutation d'Helvétius*, II, 7, dans *Œuvres complètes*, *op. cit.*, t. XXIV, p. 529.
3. *Ibid.*, II, notes, p. 616.

à posséder une belle femme ? N'y a-t-il que de la peine physique à la perdre ou par la mort ou par l'inconstance ? »[1].

Dans la forme rudimentaire que lui a conférée Helvétius, le principe de plaisir, si on se permet de l'appeler ainsi, s'avère donc insuffisant. Or cela n'apparaît nulle part avec plus d'évidence que dans le cas des privations religieuses :

> Quel rapport y a-t-il entre l'héroïsme insensé de quelques hommes religieux et les biens de ce monde. Ce n'est pas de coucher avec une jolie femme, de s'enivrer de vins délicieux ; de se plonger dans un torrent de voluptés sensuelles. Ils s'en privent ici-bas ; et ils n'en espèrent point là-haut. Ce n'est pas de regorger de richesse ; ils donnent ce qu'ils en ont, et se sont persuadés qu'il est plus difficile à l'homme riche de se sauver qu'au chameau de passer par le trou d'une aiguille ; ils n'ambitionnent point de poste éminent ; le premier principe de leur morale est le dédain d'honneurs corrupteurs et passagers. Voilà ce qu'il faut expliquer. Quand on établit une loi générale, il faut qu'elle embrasse tous les phénomènes, et les actions de la sagesse, et les écarts de la folie[2].

Helvétius avait bien sûr anticipé l'objection et l'avait résolue tantôt par un simple calcul des plaisirs : « Quel motif détermine l'austère anachorète à jeûner, prendre le cilice et la discipline ? l'espoir du bonheur éternel ; il craint l'Enfer et désire le Paradis »[3] et après Bentham, Freud retrouvera l'argument pour nier que le renoncement ascétique soit un renoncement réel[4] ; tantôt en comprenant la souffrance volontaire comme un moindre mal, c'est-à-dire un mal moindre que l'ennui, un artifice permettant de maintenir une forme d'activité si stérile soit-elle, et c'est ce que niera Schopenhauer[5]. En 1747, dans *La promenade du sceptique*, Diderot retenait la première solution en suggérant que si le chrétien se réjouit de ses souffrances, ce n'est pas parce qu'elles lui procurent par elles-mêmes du plaisir,

1. D. Diderot, *Réfutation d'Helvétius*, II, 7, dans *Œuvres complètes*, *op. cit.*, II, 6, p. 526.

2. *Ibid.*, II, 10, p. 545.

3. J.-C.-A. Helvétius, *De l'homme*, t. I, *op. cit.*, IV, 12, p. 367.

4. Sur Bentham, voir *supra*, p. 42. Sur Freud, voir le texte de 1911 tiré des *Formulations sur les deux principes de l'activité psychique* et cité par J. Le Brun, *Le pur amour de Platon à Lacan*, Paris, Seuil, 2002, p. 290 : « Les religions ont [...] pu imposer le renoncement absolu au plaisir dans cette vie en échange d'une promesse d'un dédommagement dans une existence future. Sur cette voie, elles n'ont pas atteint un dépassement du principe de plaisir ».

5. Voir *supra*, p. 31-32.

mais c'est parce qu'elles lui en promettent au futur, tandis qu'au présent l'habitude les rend insensibles [1]. Une trentaine d'années plus tard, dans la *Réfutation d'Helvétius*, il laisse la question ouverte, mais le lecteur un peu attentif comprend qu'elle doit être renvoyée au grand concept d'« organisation », à cette organisation individuelle dont Helvétius fait cavalièrement abstraction en se donnant d'emblée ce qu'il appelle des hommes « communément bien organisés » [2], c'est-à-dire en effectuant une pétition de principe qui a pour effet spectaculaire d'imputer à l'éducation toutes les différences. En réalité, réplique Diderot, nous devons sans doute admettre, en vue de rendre possible une morale commune, ce qu'il nomme une « identité d'organisation, source des mêmes besoins, des mêmes peines, des mêmes plaisirs, des mêmes aversions, des mêmes désirs, des mêmes passions » [3]. Mais cette « identité » est seulement une « similitude » [4], elle est approximative et elle se décline diversement dans les individus, de sorte que nous pouvons dire aussi : « L'organisation, bonne ou mauvaise, constitue entre les hommes une différence que rien peut-être ne saurait réparer » [5]. Et alors nous comprenons que l'homme, tout en ne cherchant jamais rien d'autre que le « plaisir », puisse le trouver dans ce qui semble le contredire, dans les formes d'un « héroïsme insensé » qui en font, une fois encore, le double fou de l'abnégation patriotique. Celui que le siècle suivant appellera l'ascète ne serait pas ce qu'il est si son tempérament ne le contraignait pas à jouir selon ces modalités paradoxales : il ne constitue donc pas une objection au « principe de plaisir », il en est au contraire la confirmation pour autant qu'on veuille bien étendre celui-ci à tout ce que les aléas de la nature peuvent configurer sous l'apparence d'« individus » dont les dissemblances entre eux, et pour chacun d'entre eux d'un instant à l'autre, ne sauraient être sous-évaluées : « De là ce qui est peine

1. D. Diderot, *La promenade du sceptique*, *dans Œuvres complètes*, *op. cit.*, t. II, p. 91.
2. Voir, dans *De l'homme*, le titre de la section II : « Tous les hommes communément bien organisés ont une égale aptitude à l'esprit ».
3. D. Diderot, *Réfutation d'Helvétius*, II, notes, dans *Œuvres complètes*, t. XXIV, *op. cit.*, p. 607.
4. D. Diderot, *Supplément au Voyage de Bougainville*, V, dans *ibid.*, t. XII, p. 630.
5. D. Diderot, *Réfutation d'Helvétius*, II, notes, dans *ibid.*, t. XXIV, p. 620.

dans un instant devient plaisir dans un autre ; de là ce qui est plaisir pour moi, est peine pour vous [...] »[1].

Lorsque Diderot écrit : « La tête fait les hommes sages ; le diaphragme les hommes compatissants et moraux »[2], nous devinons donc qu'autre chose encore dans leur organisation fait les pénitents, lesquels trouvent par hypothèse du plaisir non pas là où ils trouvaient de la peine à un autre moment, mais bien en même temps. Toutefois, nous devons justement le deviner car Diderot ne le dit pas. Il y a là comme une rétention qui ne peut s'expliquer par la prudence, laquelle éponge à trop bon compte les difficultés. C'est plutôt que le paradoxe est excessif, qu'il définit comme chez Rousseau un seuil sur lequel il faut s'arrêter. De fait, lorsque Diderot décrit dans *La Religieuse* de tels comportements, c'est toujours sous un jour très sombre, celui du christianisme comme répression terrifiante du corps sensible, jamais sous celui de jouissances perverses[3]. Dans une page remarquable, on voit même s'opposer diamétralement la souffrance induite par la discipline et le plaisir du libertinage : à peine la nouvelle supérieure, Madame ***, a-t-elle ordonné à une sœur fautive « de se déshabiller et de se donner vingt coups de discipline » qu'elle se reprend et « lui baise le front, les yeux, la bouche, les épaules » avant de la renvoyer dans sa cellule[4]. L'alternance vaut disjonction : les ténèbres de la macération *ou* les écarts du saphisme. Dans l'enfer des couvents, Diderot voit le plaisir interdit, mais dans le plaisir, il ne voit pas la souffrance.

Pourtant, cela nous conduit à une dernière possibilité : le « libertin » n'est-il pas précisément ce personnage que la singularité de son organisation dispose à faire jaillir la jouissance de la torture ? N'est-ce pas chez lui que le paradoxe trouverait son lieu, si l'on ose dire, naturel ? Et que le moine austère se retourne souvent en moine lubrique, n'est-ce pas l'indice *que ce qu'on ne peut penser dans la pénitence, on le pense ailleurs, dans la débauche ?*

Aux yeux de Rousseau, c'est là bien sûr une bizarrerie si singulière qu'elle ne peut faire l'objet que d'une confession, certainement pas d'une théorie : la sévère Mademoiselle Lambercier lui fait découvrir

1. D. Diderot, *Éléments de physiologie*, III, 1, dans *Œuvres complètes*, t. XXIV, *op. cit.*, p. 460.

2. D. Diderot, *Réfutation d'Helvétius*, II, 15, dans *ibid.*, t. XXIV, p. 578.

3. D. Diderot, *La Religieuse*, dans *ibid.*, t. XI, p. 128-130 et 192-194.

4. *Ibid.*, p. 209.

« dans la douleur, dans la honte même, un mélange de sensualité » dont l'empreinte le marquera durablement [1], mais on ne peut en tirer aucune leçon générale. C'est au contraire l'indice supplémentaire – il n'en manque pas ! – d'une nature décidément exceptionnelle. En revanche, le libertin trouve là matière à dissertation. De son point de vue, il va de soi que la recherche du plaisir fournit le principe de l'analyse : « Qu'est-ce que la raison ? C'est cette faculté qui m'est donnée par la nature de me déterminer pour tel objet et de fuir tel autre, en proportion de la dose de plaisir ou de peine reçue de ses objets [...] », explique à Juliette la Delbène [2]. Mais il se trouve maintenant que l'exercice de la cruauté favorise le plaisir, qu'il faille expliquer cela par la nature de l'homme [3] ou par celle de l'individu et qu'il faille expliquer cette dernière par les bizarreries de l'organisation ou par les acquis de l'habitude : au fond, cela n'a aucune importance, c'est de l'effet qu'il s'agit plus que de la cause ! Et il se trouve encore que la cruauté peut s'exercer sur autrui ou sur soi-même, qu'il « est possible d'arriver au plaisir, soit en voyant souffrir les autres, soit en souffrant soi-même » [4]. La formule est remarquable car elle enregistre un principe de *double réversibilité* : d'une part, la cruauté s'exerce voluptueusement sur soi comme sur autrui ; d'autre part, la douleur se transforme en plaisir. Cette fois, nous y voilà ! La souffrance volontaire se trouve ici explicitement chargée de produire de la jouissance.

L'exemple le plus banal de ce double renversement se rencontre bien sûr dans la flagellation. Active ou passive, elle est également voluptueuse : « je ne demande qu'une grâce à Eugénie, c'est de trouver bon que je la fouette aussi fort que je désire l'être moi-même », s'exclame Dolmancé [5]. Comment cela est possible, c'est ce qu'explique ailleurs Clairwil sur un mode physiologique en décrivant ainsi sa forme passive : « Cette opération donne nécessairement aux parties relâchées une commotion violente, une irritation voluptueuse qui les embrase et fait élancer la semence avec infiniment plus de

1. J.-J. Rousseau, *Confessions*, I, dan *Œuvres complètes*, t. I, *op. cit.*, p. 15.

2. D. A. F. de Sade, *Histoire de Juliette ou les prospérités du vice*, I, dans *Œuvres complètes*, Paris, Cercle du livre précieux, 1966-1967, t. VIII, p. 40.

3. D. A. F. de Sade, *La philosophie dans le boudoir*, III : « La cruauté n'est autre chose que l'énergie de l'homme que la civilisation n'a point encore corrompue [...] », dans *ibid.*, t. III, p. 437.

4. D. A. F. de Sade, *Histoire de Juliette*, II, dans *ibid.*, t. VIII, p. 255.

5. D. A. F. de Sade, *La philosophie dans le boudoir*, V, dans *ibid.*, t. III, p. 463.

vigueur [...] »[1]. Mais ce n'est là que l'illustration d'un principe général en vertu duquel l'habitude retourne le dégoût en jouissance : « il n'y a rien où l'habitude ne nous ploie ; il n'y a pas d'espèce de goût qui ne nous vienne par l'habitude »[2]. Sade associait de la sorte deux modes d'explication, par l'organisme et par l'habitude, qui avaient été opposés en faveur du premier par un médecin allemand, Johann Heinrich Meibom, dans un ouvrage à l'histoire sinueuse intitulé *De Flagrorum Usu in re Veneria, & lumborum renumque officio*, publié en 1643 et traduit en français en 1792 par un nommé Claude-François-Xavier Mercier de Compiègne, sous le titre *De l'Utilité de la flagellation dans les plaisirs du mariage et dans la médecine, Et des fonctions des Lombes et des Reins*[3]. Meibom faisait valoir une causalité strictement mécaniste en vue de remédier à l'impuissance masculine dans le cadre conjugal et c'est dans ce contexte thérapeutique qu'il sexualisait la flagellation. Chez Sade en revanche, le dernier mot semble bien revenir à l'accoutumance aux saletés de la débauche qui confère au libertin une sorte d'invulnérabilité. S'il est vrai que tout ce qui affecte désagréablement, « trouvant une âme différemment préparée, se métamorphose alors en plaisir », la punition devient en effet impossible :

> Et comment les punitions infligées à celui que vous voulez corriger réussiraient-elles à le convertir, puisque à cela près de quelques privations, l'état d'avilissement qui caractérise celui où vous le placez en le punissant, lui plaît, l'amuse, le délecte, et qu'il jouit au-dedans de lui-même d'avoir été assez loin pour mériter d'être ainsi traité ?[4].

1. D. A. F. de Sade, *Histoire de Juliette*, II, dans *ibid.*, t. VIII, p. 275. Le terme « irritation » a son importance, nous le retrouverons plus loin.

2. D. A. F. de Sade, *Aline et Valcour*, « Histoire de Sainville et de Léonore », dans *ibid.*, t. IV, p. 198.

3. On dispose aujourd'hui de l'édition savante de Boris Klein, *D'un usage curieux en médecine. Réflexions sur* De l'utilité de la flagellation *de J.-H. Meibom*, Paris, Classiques Garnier, 2016. Sur l'opposition habitude / organisme, voir p. 134-136 : c'est la formation de la semence dans les reins qui explique que l'échauffement de ceux-ci favorise chez l'homme l'érection et l'orgasme. Un peu plus haut (p. 133), après avoir évoqué le cas d'un homme qui ne pouvait jouir qu'après avoir été fustigé, Meibom note : « et vous n'eussiez pu savoir lequel lui causait le plus de volupté, ou de la volupté elle-même, ou de la douleur qui en était la source et l'agent : à moins que la juste proportion de la seconde ne le conduisît à la perfection des délices de la première ».

4. D. A. F. de Sade, *Les cent vingt journées de Sodome*, part. I, journée 23, dans *Œuvres complètes*, t. XIII, *op. cit.*, p. 280.

La débauche inclura donc toutes les humiliations, notamment scatologiques, auxquelles s'exposera bien volontiers le libertin. C'est en ce sens qu'il est possible de le comparer à « certains malades qui se plaisent dans leur cacochysme »[1]. Lorsque Descartes évoquait l'hydropique qui désirait ce qui ne pouvait qu'aggraver son mal, il le justifiait comme une sorte de raté providentiel, en mettant ce désir au compte des « erreurs » auxquelles est sujette la nature de l'homme « en tant qu'il est composé d'une âme et d'un corps »[2]. Lorsque Nietzsche définira le végétarien comme « un être qui aurait besoin d'un régime fortifiant »[3], ce sera pour illustrer la « décadence », à savoir le processus qui nous conduit à désirer ce qui nous détruit. En invoquant le même cercle, Sade parle de tout autre chose, à savoir de l'heureuse métamorphose de la sanction en jouissance, métamorphose qui semble placer le libertin définitivement hors d'atteinte de la justice humaine. Cela peut aller si loin qu'il peut même rêver de périr comme il fait périr les autres, ainsi qu'en témoigne le personnage d'Amélie : « Devenir l'occasion d'un crime, en expirant, est une idée qui me fait tourner la tête »[4]. Il faut alors rectifier ce dont nous sommes partis : la raison du libertin lui commande sans doute de chercher le plaisir et de fuir la peine, mais le plaisir, justement, il peut le trouver dans la peine.

À mieux y regarder, c'est un peu trop beau pour être vrai. Le libertin fanfaronne. En réalité, le principe de double réversibilité dont il se réclame prend l'eau de toutes parts. D'une part, il n'est pas vrai que je puisse désirer pour moi-même *tout* ce que je désire pour les autres et la même Amélie le vérifiera à ses dépens[5] : « Ce qu'elle m'avait dit sur la manière dont elle voulait finir ses jours n'était, à le bien prendre, qu'un raffinement de délicatesse ; mais il s'en fallait bien qu'elle désirât cette manière de terminer ses jours ». En règle générale, la cruauté demeure asymétrique ; ce dont souffrent les victimes déborde de loin ce à quoi acceptent de s'exposer leurs bourreaux. D'autre part, et corrélativement, *toute* souffrance n'est

1. *Ibid.*, p. 279.

2. R. Descartes, *Méditations métaphysiques*, VI, dans *Œuvres philosophiques*, Paris, Garnier, 1963-1973, t. II, p. 502-503.

3. Nietzsche, *CW*, § 5. Voir *infra*, chap. III, p. 118.

4. D. A. F. de Sade, *Histoire de Juliette*, V, dans *Œuvres complètes*, t. IX, p. 276. C'est le point qu'avait repéré Maurice Blanchot en 1947, dans *Lautréamont et Sade*, Paris, Minuit, 1963, p. 28-30.

5. *Ibid.*, p. 279.

pas susceptible de virer à la jouissance. Dans la déclaration citée plus haut figure une réserve qui l'atteste : « à cela près de quelques privations ». Elle est moins marginale que ne voudrait le suggérer la rhétorique : de l'abstinence, on ne peut faire jaillir aucune sorte de satisfaction – Sade en savait personnellement quelque chose ! C'est même tout le contraire, puisque l'excès est la clef de la débauche. Finalement, pour employer la terminologie de Bentham, l'ascétisme dénégatoire est irréversible car le libertin ne veut jamais la privation ; mais aussi en partie l'ascétisme afflictif : il peut bien désirer pour lui-même le fouet ou la merde, jamais la castration ou la roue. Il est des supplices qui ne se métamorphosent pas en voluptés, quelque chose comme de *pures souffrances*, réfractaires à toute transmutation, et il en est beaucoup. Midas transforme en or tout ce qu'il touche, Juliette ne peut pas transformer en jouissance tout ce qui la touche : l'asymétrie est patente.

Nous devons donc conclure que certaines irritations – certaines seulement –, produites en fonction d'un protocole méticuleusement calibré, peuvent favoriser l'orgasme et c'est là une caractéristique du libertinage. Assurément, il faut l'insérer dans le complexe des causes à forte teneur critique susceptibles d'expliquer le succès de la pénitence. Il est vrai qu'en me faisant souffrir moi-même, je plais à une divinité cruelle qui m'en récompensera plus tard, et j'obtiens dès maintenant un pouvoir sur autrui qui compense avantageusement ce que je m'inflige ; mais il faut encore dire que je me donne ainsi un plaisir détourné, quand bien même je ne me l'avouerais pas. En 1700, l'abbé Jacques Boileau, auteur d'une *Histoire des flagellants*, sous-titrée *Le bon et le mauvais usage des flagellations parmi les chrétiens*, s'attachait à délégitimer l'usage de la discipline en arguant d'abord de ce qu'elle était une innovation récente étrangère au christianisme primitif – on ne peut la faire remonter au-delà du XIe siècle –, et en retournant ensuite la thèse de Meibom. La discipline « d'en haut », celle qui s'applique aux épaules et au dos, s'étant avérée dangereuse pour l'appareil optique, on lui a préféré la discipline « d'en bas » qui s'applique aux reins et aux fesses, mais on est ainsi tombé de Charybde en Scylla : en effet, s'il est vrai que le fouet stimule la jouissance de l'honnête époux, il doit nécessairement exciter le pénitent honteux « au plaisir brutal de la chair », de sorte que les « cruelles flagellations » deviennent les « sources de l'impudicité » et les « productions d'une volupté désordonnée »[1]. Parmi les innombrables autorités avancées par l'abbé Boileau, on notera celle de l'humaniste italien Cœlius Rhodiginus qui avait évoqué au XVIe siècle le cas d'un homme dont « on ne pouvait décider lequel il souhaitait le plus avidement, ou le fouet, ou le coït » et qui ajoute : « C'est, si je ne me trompe, le seul homme qui ait souffert en même temps de la peine et goûté du plaisir, puisqu'au milieu de la douleur il sentait des chatouillements agréables, et que par ce moyen, il assouvissait ou enflammait la démangeaison de la chair »[2]. En 1792, l'argument devient ouvertement anticlérical et c'est Mercier de Compiègne, le traducteur de Meibom, qui écrit :

> Je serais tenté de croire que ces flagellants, animés d'abord d'un saint zèle et du désir de se mortifier, ont employé la fustigation dans la vue de mater leur chair et de faire pénitence ; mais dupes peut-être de ce même zèle, et la nature ne perdant jamais ses droits, ils ont continué avec une espèce de fureur, cette douce torture qui les dédommageait du plaisir que leur solitude leur défendait ; car enfin, c'était toujours un plaisir goûté physiquement, même à l'insu du moral[3].

Les Lumières dénoncent ainsi le libertin dans le pénitent et le langage de la dévotion se traduit dans celui de la débauche, de telle sorte que les instruments requis pour l'intelligibilité de la seconde servent à comprendre la première. Bien plus tard, en 1909, un romancier allemand lecteur de Nietzsche, Hans Heinz Ewers, se plaira à décrire ce qu'on pourrait appeler des orgies ascétiques au cœur dégénéré des Alpes italiennes, où la fureur de l'expiation s'exprime dans des pratiques communautaires dont la nature équivoque est suggérée avec insistance, pour ne pas dire complaisance[4]. Mais le remède préconisé par Meibom pour remédier aux défaillances conjugales

1. Abbé J. Boileau, *Histoire des flagellants*, Grenoble, Jérôme Millon, 1986, chap. X, p. 209 et chap. VII, p. 150. Sur le contexte théologique dans lequel intervient Boileau, on peut lire avec intérêt P. Vandermeersch, *La chair de la passion. Une histoire de foi : la flagellation*, Paris, Cerf, 2002, chap. VII : « La sexualisation de la flagellation ».

2. *Ibid.*, chap. X, p. 210-211.

3. B. Klein, *D'un usage curieux en médecine*, *op. cit.*, p. 127.

4. Ce roman a été « adapté » en français par Marc Henry et Charlette Adrienne sous le titre *L'Apprenti Sorcier*, Paris, Christian Bourgois, 1991 ; voir notamment p. 164-170 et p. 266-279.

était contemporain du cartésianisme et les prédicateurs du Grand Siècle s'étaient déjà inquiétés à juste titre de la confusion virtuelle entre le moine scrupuleux et l'époux défaillant.

Les voluptés de la pénitence

Il y avait pour le chrétien comme une sombre menace dans le fait qu'une pratique telle que la flagellation, destinée à mortifier les sens, puisse au contraire les stimuler. Cela pouvait en effet fournir un argument *contre* la tradition pénitentielle qui s'autorise de la première épître aux Corinthiens, IX, 27 : « Je meurtris mon corps au contraire et le traîne en esclavage, de peur qu'après avoir servi de héraut pour les autres, je ne sois moi-même disqualifié » [1]. En 1697, Fénelon y voit de fait une objection erronée aux maximes des saints : lorsque l'on prétend que les « austérités corporelles ne font qu'irriter la concupiscence, et qu'inspirer à l'homme qui les pratique une complaisance de pharisien », on parle « en ennemi de la Croix de Jésus-Christ » [2]. La même année, Bossuet, alors même qu'il s'en prend aux « faux mystiques de nos jours » au premier chef desquels il compte Fénelon, ne dit pas autre chose :

> Contre cette doctrine apostolique, confirmée par la tradition de tous les siècles, on a osé dire que l'austérité met les sens en vigueur loin de les amortir ; qu'elle émeut les sens et irrite la passion loin de l'éteindre ; qu'elle peut bien affaiblir le corps, mais non jamais émousser la pointe des sens [...] [3].

Le verbe « irriter », présent chez l'un comme chez l'autre, est celui-là même qu'employait Sade pour décrire les avantages de la fustigation et ce dernier aurait sans doute malicieusement déchiffré ici l'aveu embarrassé que la mortification *vivifie* la sensibilité de celui qui se l'impose. De fait, nous devons ici comprendre que les austérités menacent toujours de produire l'effet inverse de celui qu'elles visent et cela se vérifie aussi bien pour ce que Ignace de Loyola appelait la

1. *La Bible de Jérusalem*, Paris, Cerf, 1986, p. 1656.

2. F. de Fénelon, *Explication des maximes des saints*, dans *Œuvres*, Paris, Gallimard, 1983, t. I, art. XV « Faux », p. 1049).

3. J. B. Bossuet, *Instruction sur les états d'oraison où sont exposées les erreurs des faux mystiques de nos jours : avec les actes de leur condamnation*, Paris, J. Anisson, 1697, livre V, § 37, p. 175.

« pénitence extérieure » que pour la « pénitence intérieure »[1] : non seulement elles peuvent stimuler les sens au lieu de les étouffer, mais elles peuvent aussi exciter l'orgueil au lieu de l'humilier. Selon Bossuet, le pieux saint Bernard pratiqua de « continuelles mortifications », mais il savait pertinemment que l'acte ne suffisait pas : « comme les bonnes œuvres n'ont de mérite qu'en tant qu'elles viennent de Jésus-Christ, elles perdent leur prix sitôt que nous nous les attribuons à nous-mêmes »[2]. De même Fénelon constate-t-il que l'on « nourrit l'amour-propre de bonnes œuvres et d'austérités » en se racontant « à soi-même secrètement ses mortifications, ses victoires sur son goût, ses actions de justice, de patience, d'humilité, de désintéressement »[3]. L'homme est si corrompu qu'il trouve ce qui l'excite dans ce qui le mortifie et ce qui le flatte dans ce qui l'abaisse. Voici qu'à nouveau la torture préméditée de soi, au physique comme au moral, se retourne en son contraire, mais cela caractérise maintenant une nature universellement dégradée plutôt qu'une nature saine, aléatoirement diversifiée par l'organisation et l'habitude. Dans cette sournoise inversion, il faut deviner le Démon.

On ne pourra toutefois pas tirer parti de cette menace pour contredire la nécessité de la pénitence. Il reste incontestable que, cette nature corrompue, *il faut* l'épurer par la souffrance. Et donc que, cette souffrance, il faut *la vouloir* : Fénelon dit fort bien que se déclarer chrétien, c'est imiter Jésus-Christ, revendiquer la Croix et par conséquent redéfinir la vertu par la « violence que l'on se fait », en se mortifiant « dans l'esprit après s'être mortifié dans le corps »[4]. Bossuet demande non moins clairement : « Ignorez-vous que le nom de chrétien signifie un homme souffrant ? »[5]. On ne peut pas se dire chrétien sans vouloir la souffrance.

1. Ignace de Loyola, *Exercices spirituels*, trad. fr. E. Gueydan, Paris, Desclée de Brouwer, 2008, première semaine, p. 84-85.

2. J. B. Bossuet, « Panégyrique de saint Bernard [de Clairvaux] », dans *Œuvres*, Paris, Gallimard, 1950, p. 502-503.

3. F. de Fénelon, « Sur la prière du Pharisien », dans *Œuvres*, *op. cit.*, t. I, p. 644. Voir encore « De la véritable et solide piété », II : « Très souvent même le dérèglement de notre esprit fait que nos œuvres de surérogation nous inspirent une confiance téméraire » (*ibid.*, p. 862).

4. F. de Fénelon, « Sur la violence qu'un chrétien se doit faire continuellement pour acquérir la béatitude », dans *ibid.*, t. I, p. 582.

5. J. B. Bossuet, « Panégyrique de saint François d'Assise », *Œuvres*, *op. cit.*, p. 275.

Il est vrai que l'on ne peut pas non plus se dire chrétien sans vouloir *la mort*. Dans un panégyrique de saint Martin, le R. P. oratorien Jean-François Senault souligne avec la plus grande insistance que le chrétien non seulement ne craint pas la mort, mais la désire : « Car le premier effet que la grâce produit dans les âmes des chrétiens, c'est le désir de la mort » [1]. Cette disposition n'est pas propre au saint, elle est « commune à tous les fidèles », elle « entre dans la définition » du chrétien « qui ne pense qu'à la mort et qui la regarde comme la fin de sa servitude » [2]. C'est de lui seulement que l'on peut dire qu'il est « un genre d'hommes distingués de tous les autres par le désir qu'ils ont de mourir » [3].

De l'un à l'autre, du désir de souffrir au désir de mourir, la prédication ne fait certes pas de saut : il faut savoir souffrir pour pouvoir mourir *sans crainte du Jugement*, dans l'espoir de la béatitude. Mais nous comprenons bien que nous ne devons pas rabattre la recherche de la douleur sur l'aspiration à la mort : la purification est une chose, la délivrance en est une autre. Et même il convient de ne pas pousser trop loin la première par amour de la seconde. Naturellement, par définition, la pénitence suscite la douleur, elle fait mal, elle ne saurait même faire trop mal ; mais c'est seulement *sous réserve* qu'elle ne mette pas la vie en danger. Ignace de Loyola effectuait clairement la dissociation :

> Ce qui paraît plus opportun et plus sûr pour la pénitence, c'est que la douleur soit sensible dans la chair, et ne pénètre pas jusqu'aux os, de manière à causer de la douleur, mais non une maladie. Pour cela, il semble qu'il convienne plutôt de se meurtrir avec de fines cordes qui causent une douleur superficielle, que d'une autre manière qui provoquerait une maladie interne notable [4].

Se dessine ainsi comme un art de la mortification qui optimise la douleur sans menacer la vie. Le distinguo est décisif et il faut le garder présent à l'esprit malgré le piège que nous tend la langue : se mortifier n'est pas se faire mourir, mais faire mourir son amour-propre, s'humilier – comme en allemand « *ertöten* ». D'où la rituelle mise en garde qui rappelle au pénitent qu'il ne doit pas aller « trop

1. J.-F. Senault, *Panégyriques des saints*, Paris, Pierre le Petit, 1660, vol. III, p. 495.
2. *Ibid.*, p. 496.
3. *Ibid.*
4. Ignace de Loyola, *Exercices spirituels*, *op. cit.*, semaine 1, p. 72.

loin ». Celle-ci signifie bien sûr que ce qui est bon pour l'un ne l'est pas pour l'autre et lorsque saint François de Sales évoque l'usage de la haire qui « mate puissamment le corps », c'est en s'adressant au profane et en précisant qu'elle « n'est pas pour l'ordinaire propre ni aux gens mariés, ni aux délicates complexions, ni à ceux qui ont à supporter d'autres grandes peines » [1]. Un bon demi-siècle plus tard, Bossuet ne dit pas autre chose dans son panégyrique de sainte Thérèse d'Avila : « Non, je ne vous dis pas, Chrétiens, que vous abandonniez vos richesses ni que vous macériez votre corps par de longues mortifications » – tout en ajoutant aussitôt : « Heureux ceux qui le peuvent faire dans l'esprit de la pénitence ! » [2]. Mais qu'il s'agisse de l'homme du monde destiné à la vie active ou du moine retiré dans le cloître, l'essentiel demeure que l'on doit désirer la souffrance et aussi désirer la mort sans confondre les deux. Or la question de savoir *comment nouer ces deux désirs* a constitué un enjeu décisif : nous avons vu que Schopenhauer présentait le désir de souffrance comme conduisant éventuellement à la mort sans que celle-ci soit désirée pour elle-même, et nous verrons que Nietzsche décrit le désir de souffrance comme procédant de la vie elle-même se défendant contre la maladie. Bref, on peut vouloir souffrir pour être en état de mourir ; mais on peut vouloir aussi souffrir jusqu'à en mourir ; et l'on peut encore vouloir souffrir pour vivre quand même. À chaque fois se trouvent réarticulées les deux aspirations, sans que jamais elles ne coïncident.

Toujours est-il que si la souffrance ne doit pas être voulue au même titre que la mort, elle doit être voulue. C'est pourquoi, quand on n'a pas, pour ainsi dire, la chance de se trouver exposé à la persécution des méchants, il est bon de se persécuter soi-même. Le pénitent est le martyr de lui-même : « Ô nouveau genre de martyre, où le martyr patient et le persécuteur sont également agréables ; où Dieu, d'une même main, soutient celui qui souffre et couronne celui qui persécute ! » [3]. La mortification du corps est bien sûr nécessaire, mais elle le cède en importance à l'abaissement de l'esprit et, comme dit Tertullien, « La pénitence, c'est la science

1. François de Sales, *Introduction à la vie dévote*, Paris, Seuil, 1962, III, 23, p. 191.

2. J. B. Bossuet, « Panégyrique de sainte Thérèse [d'Avila] », dans *Œuvres*, *op. cit.*, p. 450-451.

3. J. B. Bossuet, « Panégyrique de saint François de Paule », dans *ibid.*, p. 346.

d'humilier l'homme »[1]. Partout, on voit la sainteté s'acquérir à force de rigueurs inouïes, physiques et morales : ce qui transporte les amis de Dieu, c'est l'horreur de l'amour-propre qu'ils sentent en eux-mêmes et par où « ils deviennent inventifs à se tourmenter »[2]. Cette inventivité s'expose naturellement dans le panégyrique qui montre comment « les Saints ont vaincu le Démon et le péché », comment « ils ont dompté leurs passions » et « méprisé les honneurs et les voluptés »[3]. Ainsi se constitue un genre qui devient l'effroyable galerie des violences que le chrétien *se* fait : les supplices au pronominal procèdent des « désirs pressants » de rompre ses chaînes et d'un « généreux amour des souffrances »[4].

S'il faut souffrir pour être en état de bien mourir, c'est qu'il ne faut pas désirer la souffrance pour elle-même, mais *en vue* d'un plus grand bonheur, la béatitude, de sorte que l'eudémonisme traditionnel reste sauf – la souffrance ne peut être une fin, même le dévot le plus fervent souhaite son bonheur. Lorsque Hegel semble dire le contraire dans les années 1820 en affirmant que, dans le cas du martyre (et de l'ascète qu'il amalgame), « c'est la *douleur* et la conscience intentionnelle et la sensation de la douleur qui sont la fin visée proprement dite », c'est pour conclure que ce qui le condamne, c'est d'ignorer le monde profane et d'avoir en fait pour seule fin le « salut de *son* âme », sa « félicité » égoïste[5]. En 1841, Pierre Leroux aura cette formule décisive : « Aimer à souffrir, vouloir souffrir pour rien, c'est insensé »[6]. Nous avons vu qu'en 1773, Helvétius trouvait là une confirmation de ce que le plus sévère pénitent ne peut se soustraire à la recherche du plaisir[7], la preuve que l'on *ne peut pas* vouloir autre chose que ce dernier. Le constat vaudra évidemment critique et derrière le mépris ostentatoire des jouissances réelles, on ne découvrira que l'espoir de jouissances purement imaginaires.

1. J. B. Bossuet, « Panégyrique de sainte Thérèse [d'Avila] », dans *Œuvres*, *op. cit.*, p. 346-347.

2. *Ibid.*, p. 342-343.

3. J.-F. Senault, *Panégyriques des saints*, *op. cit.*, t. I, préface (non paginée).

4. J. B. Bossuet, « Panégyrique de sainte Thérèse [d'Avila] », dans *Œuvres*, *op. cit.*, p. 434.

5. G. W. F. Hegel, *Cours d'esthétique*, trad. fr. J.-P. Lefebvre et V. Schenk (modifiée), Paris, Aubier, 1996, t. II, p. 155-156.

6. P. Leroux, *Sept discours sur la situation actuelle de la société et de l'esprit humain*, Paris, L'auteur, 1841, I, 11, p. 113.

7. Voir *supra*, p. 32.

Presque exactement un siècle plus tôt, en 1672, Malebranche admettait volontiers que l'homme, débauché ou pénitent, quand il semble aimer ou au contraire haïr son corps, en réalité n'aime rien d'autre que le plaisir – le plaisir présent ou le plaisir futur :

> Pensez-vous que les débauchés aiment leur corps, lorsqu'ils ruinent leur santé ? N'est-ce pas plutôt qu'ils aiment le plaisir présent dont ils jouissent dans leurs débauches ? Ceux qui mortifient leur corps, l'aiment-ils lorsqu'ils le déchirent, le haïssent-ils ? Vous ne le pensez pas. Qu'aiment-ils donc autre chose que le plaisir dont ils espèrent de jouir un jour ? Que haïssent-ils au contraire, sinon les douleurs éternelles qu'ils appréhendent de souffrir ? [1]

Mais le constat était alors apologétique : il attestait que le corps en lui-même n'est que l'« occasion » du plaisir, lequel a pour cause Dieu à qui il revient exclusivement de pouvoir nous rendre heureux. Pour l'oratorien comme pour le fermier général, la souffrance ne peut pas être voulue pour elle-même, mais seulement pour le plaisir qu'elle permet d'espérer. Simplement, la thèse est réversible : elle appuie tantôt le théocentrisme, tantôt le matérialisme, selon que la jouissance à venir est posée ou non comme réelle.

Il est néanmoins impossible d'en rester là, à ce rapport somme toute platement instrumental entre souffrance et plaisir, comme si la première se réduisait à un simple moyen en vue d'un objectif qui lui restait extérieur. Car il est vrai aussi qu'il lui arrive de muter spontanément en son contraire. La souffrance n'advient alors pas en vue d'une volupté ultérieure, elle *devient* elle-même jouissance. C'est dans la souffrance elle-même que l'on trouve alors de quoi jouir. Mais la raison n'en est pas qu'il faudrait revenir à l'objection dont nous étions partis et qui arguait du risque de voir les rigueurs de la pénitence exciter paradoxalement les sens qu'elles étaient censées amortir. C'est l'effet d'une autre alchimie qu'il faut maintenant invoquer, une alchimie en vertu de laquelle la vertu chrétienne se voit récompensée dès cette vie par ce que François de Sales appelle au début du siècle une « conversion ». Nulle erreur n'est en effet plus commune que celle qui consiste à ne voir dans les pratiques pénitentielles que leur décourageante âpreté :

1. N. de Malebranche, *Conversations chrétiennes*, I, dans *Œuvres complètes*, Paris, Vrin, 1958-1990, t. IV, p. 26.

> Regardez les abeilles sur le thym : elles y trouvent un suc fort amer, mais en le suçant, elles le convertissent en miel, parce que telle est leur propriété. Ô mondains, les âmes dévotes trouvent beaucoup d'amertume en leurs exercices de mortification, il est vrai, mais en les faisant, elles les convertissent en douceur et suavité [1].

La métaphore est ici souveraine et François de Sales ne dit rien de *ce qui* commande cette mystérieuse transmutation. Une quarantaine d'années plus tard, en 1653, Bossuet en dévoile un petit peu plus à cet égard :

> La pénitence n'est amère que pour un temps ; après, toute son amertume se tourne en une incroyable douceur. Elle mortifie les appétits déréglés, elle fait goûter les plaisirs célestes, elle donne une bonne espérance, elle ouvre les portes du ciel [2].

L'inversion semble ici s'expliquer pour une part *négativement*, par le fait que le chrétien trouve dans les austérités ce qui le soustrait aux violences des mauvais appétits. Le bonheur du pénitent se trouve alors dans la suppression des peines induites par la recherche des plaisirs sensuels. En un texte au plus haut point paradoxal, Nicole explique que « nous exerçons cette cruauté sur nous-mêmes quand nous n'avons pas soin de mortifier nos sens et que nous leur accordons ce qu'ils nous demandent » : il faut donc complètement renverser la perspective, voir la cruauté là où l'on voyait la jouissance et la jouissance là où l'on voyait la cruauté, car « quelle plus grande cruauté, et quel procédé plus digne d'ennemis envenimés que d'empoisonner sans cesse leur propre corps, et de lui préparer sans cesse des tourments infinis et éternels ? » [3].

Mais en faisant intervenir les plaisirs célestes (Bossuet) ou les tourments infinis (Nicole), on suggère une autre interprétation du même retournement, où c'est l'horreur des supplices à venir qui colore *rétrospectivement* les voluptés d'aujourd'hui, comme les jouissances de la béatitude semblent refluer sur les douleurs propres au dévot [4]. Ainsi se découvre une sorte de zone grise où l'on ne sait

1. François de Sales, *Introduction à la vie dévote*, I, 2, *op. cit.*, p. 20-21.

2. J. B. Bossuet, « Panégyrique de saint Bernard [de Clairvaux] », *Œuvres*, *op. cit.*, p. 313.

3. P. Nicole, *Continuation des essais de morale. Seconde partie, tome premier*, Paris, Guillaume Desprez et Elie Josset, 1687, p. 534.

4. S'il avait eu connaissance de telles analyses, Theodor Reik y aurait certainement vu la description en termes théologiques du mécanisme masochiste qui transforme

plus bien comment dissocier les eaux du fleuve d'avec celles de l'océan qui le remontent et où les affects se trouvent marqués au coin d'une troublante indécision. Le nouveau plaisir qui émerge dans la peine ne prend plus sa source dans la victoire sur les anciens appétits ; il est la pâle esquisse de l'ineffable volupté qu'anticipe le pénitent. L'opérateur de l'inversion, c'est alors l'espérance.

Mais on peut en trouver encore ailleurs le ressort. Lorsque Madame Guyon s'adresse à Fénelon le 25 décembre 1688, elle le discerne dans la satisfaction que l'on éprouve à humilier celui que l'on hait, c'est-à-dire soi-même :

> Le pur amour se hait soi-même : c'est pourquoi il fait son plaisir de sa douleur. [...]
> Entrez dans une complaisance et une joie de votre humiliation. Dieu ne perd rien de ses droits. Le soleil ne se salit point lorsqu'il darde ses rayons sur le fumier. Courage ! Vous ne serez jamais heureux que lorsque vous saurez aimer votre boue et votre misère. [...]
> Ô bonheur infini de l'humiliation et de n'être rien ! [1]

Le plaisir sort alors de la douleur pour autant que tout dans le moi est haïssable : si celui qui souffre est absolument abject, comment ne pas se réjouir de le voir absolument abaissé ? C'est au dégoût de soi, à ce qu'ailleurs Bossuet nomme la « sainte haine » qu'éprouvent les saints pour eux-mêmes [2], qu'il faut alors accorder l'étrange pouvoir de métamorphoser la douleur en volupté. Mais il est vrai qu'à trop s'aventurer en ce sens, à chercher son bonheur dans le fait de « n'être rien », on voit revenir le danger qui semblait tout à l'heure conjuré et l'on s'expose au risque de vouloir non plus seulement la souffrance, mais son propre anéantissement. Virtuellement, on ne désire alors plus la souffrance pour être en état de mourir, ni la mort pour les délices qu'elle promet, on désire la mort pour elle-même, parce que *l'on se hait*. C'est ce qui fait écrire à Marlène Zarader en une formule

graduellement la succession peine-plaisir en une simultanéité : voir *Le masochisme*, trad. fr. M. Ghyka, Paris, Payot, 1971, p. 240-241.

1. J.-M. Guyon, *Correspondance*, Paris, Champion, t. I, 2003, p. 243. Voir J. Le Brun, *Le pur amour de Platon à Lacan*, *op. cit.*, p. 147.

2. J. B. Bossuet, « Panégyrique de saint François [de Paule] », dans *Œuvres*, *op. cit.*, p. 342. Ailleurs, Bossuet s'arrête sur « la force de ce mot, *haïr* » pour expliquer que les choses de ce monde ne sont pas seulement dignes de mépris et qu'il « faut tout haïr, en tant qu'il peut s'opposer à notre salut », *Méditations sur l'évangile*, Paris, Firmin-Didot, 1881, « La dernière semaine du Sauveur », 10e jour, p. 113-114.

lapidaire : « Tel fut le destin de Madame Guyon : elle voulait aimer jusqu'à la mort, elle a fini par ne plus aimer que la mort » [1].

Mais il faut enfin remarquer que ce qui est vrai du chrétien l'était sans doute plus encore de son modèle. Le Christ lui-même a trouvé délicieux son calvaire et l'ambivalence tourne à l'oxymore :

> Ne diriez-vous pas, Chrétiens, que, selon le sentiment de ce Père [Tertullien], toute la vie du Sauveur était un festin, dont tous les mets étaient des tourments ? Festin étrange, selon le siècle, mais que Jésus a jugé digne de son goût. Sa mort suffisait pour notre salut ; mais sa mort ne suffisait pas à ce merveilleux appétit qu'il avait de souffrir pour nous. Il a fallu y joindre les fouets, et cette sanglante couronne qui perce sa tête, et tout ce cruel appareil de supplices épouvantables ; et cela, pour quelle raison ? C'est que ne vivant que pour endurer, « il voulait se rassasier, avant que de mourir, de la volupté de souffrir pour nous » [...] [2].

La « volupté de souffrir » se comprend alors en ce qu'elle déborde la mort, en ce qu'elle l'excède : mourir suffisait assurément pour notre salut, et pourtant cela ne pouvait satisfaire le Christ qui voulait encore souffrir – mais pour quoi au juste ? Parce que souffrir était voluptueux dès lors que c'était souffrir « pour nous » : la jouissance du sacrifice ne gît pas dans ce dont le sujet se trouverait libéré, dans ce qu'il pourrait espérer ou dans ce qu'il devrait haïr ; elle est tout entière abnégation. L'éclatante conversion de la peine en plaisir démontre alors à la fois l'irréductibilité de la souffrance à la mort, et la jouissance en laquelle elle se métamorphose du fait qu'elle advient pour l'autre, *par amour*. Finalement, on ne comprend plus très bien si le Christ a tant souffert *pour nous* ou s'il a souffert *pour éprouver la volupté de souffrir* – pour nous qui n'en avions pas besoin si sa mort suffisait à nous racheter...

L'éradication des mauvais désirs, l'anticipation des jouissances célestes, la satisfaction de se voir humilié, le bonheur enfin de tout endurer pour un autre que soi : autant de variations sur un même thème, celui de la conversion des rigueurs de la pénitence en délices paradoxales. Il est permis de penser que ces modulations diverses importent moins que ce dont elles prétendent rendre compte, à

1. M. Zarader, *Cet obscur objet du vouloir*, Lagrasse, Verdier, 2019, p. 80.
2. J. B. Bossuet, « Panégyrique de sainte Thérèse [d'Avila] », dans *Œuvres*, *op. cit.*, p. 448-449.

savoir : que l'homme peut et doit vouloir la souffrance qui n'est pas la mort, mais qui se transforme en plaisir s'il la veut pour la bonne cause. Cela peut se lire en deux sens contradictoires. On peut y voir le fait qu'il est impossible de vouloir la souffrance pour elle-même et le retour triomphal du plaisir dans les formes les plus spectaculaires de sa dénégation. On peut y voir au contraire le brouillage de l'antinomie et l'insuffisance du principe de plaisir : n'est-il pas finalement faux que l'homme recherche le plaisir et fuit la peine, puisqu'il trouve celui-là dans celle-ci ?

Mais nous n'avons pas encore tout à fait fini de nous perdre dans les méandres de cette étrange anthropologie. Car lorsque Madame Guyon parle du « pur amour » qui « se hait soi-même », on sait qu'elle entend ce qui a inspiré Schopenhauer, l'anéantissement de la volonté propre [1]. Celle-ci, par hypothèse, est une « volonté maligne, vide de tout bien et pleine de tout mal », de sorte qu'il lui faut, pour être bonne, se perdre dans l'autre volonté, celle de Dieu : « Qu'est-ce qu'une bonne volonté ? C'est l'avoir conforme au vouloir divin, et l'avoir même perdue dans ce divin vouloir » [2]. Ce schème des vases communicants distingue ceux que Bossuet nomme péjorativement les « nouveaux mystiques » [3], l'épithète valant anathème puisque le « nouveau » contredit par nature le gage de la vérité, à savoir la tradition. Or ce désaccord engage la légitimité des pratiques pénitentielles.

Dans le principe, la nécessité de la « voie purgative » ne devrait pas faire problème. En 1694, Fénelon argue de l'autorité de saint Clément d'Alexandrie pour lui reconnaître sa juste place :

> La purgative répond à cet état de foi où notre auteur dit que l'âme est occupée de la crainte et de la résistance à ses passions ; la voie illuminative ou effective répond à cet état d'espérance, où l'on s'anime aux vertus et aux bonnes œuvres ; enfin, la voie unitive ou contemplative répond à la gnose, où notre auteur veut que l'âme soit, par habitude, dans la charité et dans la contemplation perpétuelle ;

1. Voir *supra*, p.34.

2. Voir la lettre à Fénelon du 25 décembre 1688, déjà citée, dans J.-M. Guyon, *Correspondance*, *op. cit.*, p. 242.

3. J. B. Bossuet, *Instruction sur les états d'oraison*, *op. cit.*, livre V, § 37, p. 175.

> c'est alors qu'elle a outrepassé toute purification, et toute œuvre de vertu pénible [1].

Toutefois, il faut bien peser les étapes de cette échelle dont le terme est accessible *dès cette vie* : dès lors que l'on est parvenu à cet état d'union avec Dieu, on peut oublier les préliminaires, à savoir « toute purification et toute œuvre de vertu pénible ». Ce n'est donc pas un hasard si saint Clément « n'a point parlé des purifications, par lesquelles le simple fidèle devient gnostique » et s'il « montre seulement qu'on parvient à l'apathie par le "grand exercice véritable et pur" », sans expliquer « en détail en quoi consiste cet exercice » [2]. C'est sur la fin du parcours qu'il convient de se concentrer. Fénelon lui-même, évidemment, ne nie pas la vertu de la pénitence et la douceur du recueillement dans la prière doit bien être comprise comme le « premier attrait sensible » – mais le premier seulement – dont résulte que « l'âme se tourne à la mortification et à l'oraison » [3]. Néanmoins, c'est un fait qu'à de nombreuses reprises, il en dévalue l'efficace. « Se renoncer », cela ne s'opère pas par « des réflexions pénibles et par une contention continuelle ; c'est seulement en s'abstenant de se rechercher et de vouloir se posséder à sa mode qu'on se perd en Dieu » [4]. Là se trouve le point décisif : *le principe même de l'abandon contredit toute violence préméditée sur soi-même.* Il faut apprendre à marcher sans s'arrêter ni se retourner : règle simple par laquelle on « ne s'appuie que sur Dieu », en se gardant de multiplier « les pratiques extérieures qui pourraient gêner les personnes fort occupées et nuire à leur santé » [5]. En s'exprimant ainsi, Fénelon ne se contente pas de dire que la pénitence ne doit pas aller trop loin ; il suggère que le principe de la souffrance volontaire est incompatible avec le renoncement à tout vouloir propre. Ce qui se présentait comme un enchaînement – la purification d'abord, la contemplation enfin – se transforme en une concurrence – la pénitence *ou* l'abandon. On en trouve l'expression *a contrario* dans

1. F. de Fénelon, *Le gnostique de saint Clément d'Alexandrie*, Paris-Orbey, Arfuyen, 2006, chap. IV, p. 52-53 ; l'ouvrage a été publié en 1930 seulement.

2. *Ibid.*, chap. XVII, p. 206.

3. F. de Fénelon, « Nécessité de la purification de l'âme par rapport aux dons de Dieu, et spécialement aux amitiés », dans *Œuvres*, *op. cit.*, t. I, p. 606).

4. F. de Fénelon, « Sur le renoncement à soi-même », dans *ibid.*, t. I, p. 620.

5. F. de Fénelon, « Discours sur la dissipation et la tristesse », dans *ibid.*, t. I, p. 575-576.

une formule étonnante qui figure en 1752 dans la traduction par Robert Arnauld d'Andilly d'un ouvrage de saint Jean Climaque (VIIe siècle) où on lit que la pénitence, sous les formes drastiques qui s'observaient dans les déserts du Proche-Orient au VIe siècle, pouvait être décrite comme « des actions et des paroles capables de faire violence à Dieu : des mortifications et des humiliations assez puissantes pour fléchir en peu de temps sa miséricorde »[1]. Faire plier Dieu par la violence qu'on exerce sur soi-même, ce n'est certes pas accomplir sa volonté !

La réalité de cette tension s'atteste chez Fénelon lui-même. Comment parvenir à concilier les deux termes de cette nouvelle alternative ? En faisant valoir les mortifications *involontaires* distribuées généreusement par la Providence :

> Je crois qu'il suffira de recevoir toutes les croix que nos fonctions et les engagements journaliers nous présenteront ; il y en aura assez et Dieu ne nous en laissera jamais manquer. C'est le pain quotidien. Pour les mortifications qui seraient au-delà des bornes de nos devoirs et que nous irions chercher par ferveur, je crois qu'il faut s'en défier, cette ferveur est souvent trompeuse et indiscrète[2].

S'exposer sans crainte aux épreuves voulues *par Dieu*, sans se les imposer soi-même, sans les vouloir soi-même pour soi-même : voilà comment accorder les rigueurs de la pénitence avec l'abandon au vouloir divin ; voilà comment « se renoncer » en un double sens, à la fois parce que l'on renonce à vouloir les plaisirs de ce monde et parce que l'on renonce à vouloir tout court. Que le pur amour tende ainsi à minorer l'importance de la discipline pénitentielle en vue du salut au profit d'une exposition sans réserve au présent, c'est ce dont Bossuet avait parfaitement conscience :

> l'abrégé des erreurs du quiétisme est de mettre la sublimité et la perfection dans des choses qui ne sont pas, ou en tout cas qui ne sont pas de cette vie, ce qui les oblige à supprimer dans certains états, et dans ceux qu'on nomme contemplatifs, beaucoup d'actes essentiels à la piété et expressément commandés de Dieu [...][3].

1. Saint Jean Climaque, *L'échelle sainte ou les degrés pour monter au ciel*, V^e degré, trad. fr. R. Arnauld d'Andilly, Paris, Pierre le Petit, 1758, p. 109.

2. F. de Fénelon, « Sur la mortification », dans *Œuvres*, *op. cit.*, t. I, p. 763.

3. J. B. Bossuet, *Instruction sur les états d'oraison*, *op. cit.*, livre I, § 13, p. 19.

L'orthodoxie doit se méfier de ces mystiques qui prétendent connaître dans ce monde ce qui est réservé à l'autre et qui, de ce fait, mésestiment l'indispensable, à commencer par l'humiliation calculée du corps et de l'esprit. Le quiétisme « éteint même l'esprit de mortification et d'austérité expressément enseigné par ces paroles de saint Paul : "Je châtie, je mortifie, je flétris mon corps, je réduis en servitude mon corps" (I Cor., IX, 27) et le reste qui est connu » [1]. Corrélativement, il en arrive à nier l'espérance qui accompagne naturellement la pénitence : « c'est un mal évident de ne point désirer, de ne point demander, de ne point rendre grâce, de ne point agir, d'attendre que Dieu nous pousse [...] » [2]. Le vrai chrétien doit *vouloir* en son nom propre pour la très simple et excellente raison qu'il doit vouloir *son salut* ! Pas de doute, la nouvelle mystique dévalue l'ascétique [3].

Nulle part peut-être ne peut-on l'observer plus clairement qu'en ce remarquable texte qui date de 1690 :

> Mais aussi, d'un autre côté, ce n'est point la multitude des vues ni des pratiques dures, ce n'est point la gêne et la contention qui font le véritable avancement. Au contraire, il n'est question que de ne rien vouloir, et de tout vouloir sans restriction et sans choix, d'aller gaiement au jour la journée, comme la providence nous mène, de ne chercher rien, de ne rebuter rien, de trouver tout dans le moment présent, de laisser faire celui qui fait tout, et de laisser sa volonté sans mouvement dans la sienne [4].

D'un côté, on voit ici s'afficher en pleine lumière *l'opposition* entre volonté répressive et abandon de la volonté. Mais de l'autre côté, on voit aussitôt ce rapport faire place à une *identification* entre « ne

1. J. B. Bossuet, *Instruction sur les états d'oraison*, *op. cit.*, livre V, § 37, p. 175. Ou encore au livre X, § 11, p. 405 : « Un des plus mauvais caractères du quiétisme est d'avoir affaibli le remède souvent nécessaire de la mortification [...] ».

2. *Ibid.*, livre X, § 2, p. 381.

3. Dans la lettre de la terminologie fénelonienne, elle tend même à *l'absorber*. Quand Fénelon, paraphrasant Fleury (voir *supra*, p. 49), évoque les ascètes proprement dits ou « exercitants », c'est-à-dire les Pères du désert, c'est en les assimilant à des mystiques. Citant François de Sales qui avait écrit : « que "le désir du salut est bon" mais qu'"il est encore plus parfait de ne rien désirer" », Fénelon commente : « Parler ainsi, c'est répéter ce que les saints mystiques ont dit après saint Clément et après les Ascètes sur la cessation des vertus et qui a grand besoin d'être expliqué avec une précaution infinie » (F. de Fénelon, *Explication des maximes des saints*, art. XXIII « Vrai », dans *Œuvres*, *op. cit.*, t. I, p. 1080 ; la citation de François de Sales renvoie au *Traité de l'amour de Dieu*, IX, 9).

4. F. de Fénelon, « Sur les fautes volontaires », dans *Œuvres*, *op. cit.*, t. I, p. 573.

rien vouloir » et « tout vouloir ». Et l'on peut alors risquer la mise en perspective suivante : la coïncidence quiétiste s'est historiquement métamorphosée en une *nouvelle opposition*, dont Schopenhauer et Nietzsche figurent les deux termes. La double injonction – ne rien vouloir *et* tout vouloir, c'est-à-dire ne rien vouloir en son nom propre car on veut tout ce que veut Dieu – fait place à une disjonction : ne rien vouloir *ou* tout vouloir. Schopenhauer retient la première formule qui devient ne plus *rien* vouloir et ne s'accompagne d'aucune contrepartie positive puisque l'éradication de la volonté propre ne fait plus qu'un avec la condamnation de la Volonté tout court. Nietzsche retient la seconde qui devient vouloir que *tout* revienne éternellement à l'identique. Fénelon ne se serait assurément retrouvé ni chez l'un ni chez l'autre, mais il y a là, pour nous, l'indication de ce vers quoi il est temps de revenir.

CHAPITRE II

Les équivoques de l'ascétisme

Ascétisme *versus* pénitence

Nous disposons maintenant d'un arrière-fond sur lequel, petit à petit, commence à mieux se détacher l'analyse que Nietzsche fait de l'ascétisme – en quelque sorte, une troisième dimension qui permet de l'arracher aux paraphrases et de la percevoir en relief.

Cette perspective s'étage sur deux niveaux bien distincts. Il existe d'abord une question que l'on pourrait qualifier d'*anthropothéologique* (comme on dit « ontothéologie ») et formuler comme suit : l'homme peut-il vouloir la souffrance autrement que sur le mode instrumental d'un vulgaire calcul des plaisirs ? Peut-il la *cultiver*, l'accroître volontairement, sans que ce soit sur le modèle platonicien du malade docile au régime du médecin parce qu'il « est avantageux de supporter cette souffrance pour être en bonne santé »[1] ? Si oui, faut-il comprendre qu'il serait en mesure de vouloir la souffrance pour elle-même ou parce qu'elle est voulue par un Autre que lui à qui il s'en remet ou encore parce que certaines circonstances la font tourner en plaisir et rendent indémêlables les deux affections ?

Sur un autre plan, la difficulté est *philologique*. Paradoxalement, le concept d'ascétisme surgit *après coup* : après qu'a été élaboré, débattu et stabilisé le vocabulaire traditionnel ajusté aux pratiques religieuses, et en particulier chrétiennes, qui ont modelé le rapport conflictuel à soi désigné par le terme « pénitence » et ceux qui lui ont

1. Platon, *Gorgias*, 478 c, trad. fr. M. Canto, Paris, Flammarion, 1987, p. 202.

été associés – mortification, austérité, macération, rigueurs [1]. À une terminologie théologique succède un concept philosophique que l'on voit apparaître fugitivement et *a contrario* chez Bentham, mais dont Schopenhauer va s'emparer pour en faire la pierre de touche de toute métaphysique et de toute morale. La question est alors la suivante : qu'est-ce donc qui change lorsqu'on parle d'« ascétisme » plutôt que de « pénitence » ? Quel besoin a-t-on pu éprouver qui a fait surgir un nouveau signifiant, là où se trouvait disponible un lexique au fond déjà significativement pléthorique ? Pourquoi donc *en rajouter* ainsi ?

Avant d'aller plus loin, il faut tout de même compliquer la description qui vient d'être faite. Il n'est pas possible d'affirmer que le signifiant « ascétisme » a relayé le signifiant « pénitence », comme si l'apparition du premier avait *ipso facto* entraîné la disparition du second. Le surgissement d'un terme dans une langue, outre que l'on ne peut jamais le dater que par provision, ne dit pas qu'il s'y installe. Dans le cas présent, si l'on voit « ascétisme » apparaître en français au tournant des années 1800, il ne semble guère avoir pris. Joseph de Maistre, dont *Les soirées de Saint-Pétersbourg* paraissent l'année de sa mort, en 1821, emploie exclusivement l'adjectif « ascétique », à quatre reprises, pour qualifier les auteurs qui ont traité des choses spirituelles, par exemple Fénelon [2]. Dans l'ouvrage monumental qu'il publie de 1824 à 1831, *De la religion considérée dans sa source, ses formes et ses développements*, Benjamin Constant ne cesse de revenir aux diverses fonctions qu'il faut accorder à la pénitence dans le cadre de ce que nous serions tentés de nommer aujourd'hui une anthropologie comparée, mais il recourt toujours au langage que lui a transmis la théologie sans jamais faire intervenir le nouveau noyau sémantique [3]. C'est aussi en 1831 que l'on voit enregistré « ascétisme » dans le *Supplément au Dictionnaire de l'Académie française contenant environ 11 000 mots nouveaux*. En 1834, lorsque Benjamin Laroche traduit la *Déontologie* de Bentham, il emploie parfois, pour rendre l'anglais « asceticism », le français « ascétisme », mais le plus souvent

1. Ou en allemand notamment « *die Buße* » pour la pénitence, et « *die Kasteiung* », « *die Ertötung* », « *die Mortifikation* » pour la mortification (voir *infra*, p. 83, note 5).

2. J. de Maistre, *Œuvres*, Paris, R. Laffont, 2007, p. 460, 537, 539 et 602.

3. Sous aucune forme : ni « ascétisme », ni « ascétique », ni « ascète ». On peut en dire autant de l'ouvrage posthume *Du polythéisme romain considéré dans ses rapports avec la philosophie grecque et la religion chrétienne*, paru en 1833.

« ascéticisme », indice que l'usage n'est pas fixé [1]. Lorsque Sismondi, en 1835, décrit saint Antoine en parasite analphabète et les moines qui, sur son exemple, faisaient vœu « de pauvreté, de solitude, de prières, de saleté et d'ignorance », il ne parle pas d'ascètes [2]. Et lorsque Taine consacre un compte rendu à un ouvrage allemand sur le bouddhisme paru en 1857, il use à plusieurs reprises des termes « ascète » et « ascétique », mais jamais « ascétisme » [3]. Le mot figure en revanche dans le second tome du *Système de politique positive*, publié par Comte en 1852, qui associe régulièrement l'« ascétisme contemplatif » au « quiétisme affectif », tous deux « inhérents aux croyances catholiques » [4]. Enfin, dans la gigantesque somme de Renan, *Les origines du christianisme*, dont la parution s'échelonne sur vingt ans (1863-1883), le terme « ascétisme » semble se répandre au fil du temps : présent à deux reprises dans le premier volume, *La vie de Jésus*, il figure en douze occurrences dans le dernier, *Marc-Aurèle et la fin du monde antique* (1882) et il constitue une entrée de l'index général paru l'année suivante. Tout cela, naturellement, ne prouve rien, mais suggère qu'il faut attendre la seconde moitié du siècle pour voir le terme s'acclimater.

En allemand, la situation ne semble pas très différente. En 1807, dans *La phénoménologie de l'esprit*, Hegel emploie le verbe substantivé « *das Kasteien* » que Jean Hyppolite et Jean-Pierre Lefebvre traduisent tous deux par « mortification » [5]. Lorsque plus tard, dans le *Cours d'esthétique*, il condamne la « fausse ascétique [*die falsche Asketik*] », c'est sur un registre kantien, ou luthérien si l'on préfère, en visant les mortifications monacales [6] et les *Leçons sur la philosophie de la religion*, si elles rencontrent fréquemment le

1. Bentham, *Déontologie ou science de la morale*, trad. fr. B. Laroche, Fougères, Encre marine, 2006, p. 23, 34, 91, 216, 245 et *passim*.

2. S. de Sismondi, *Histoire de la chute de l'Empire romain et du déclin de la civilisation de l'an 250 à l'an 1000*, Bruxelles, N.-J. Gregoir-V. Wouters et C°, 1842, t. I, chap. III, p. 50-51.

3. Voir le chapitre correspondant des *Nouveaux essais de critique et d'histoire* paru en 1862.

4. A. Comte, *Système de politique positive*, Paris, Carilian-Gœury et V. Dalmont, 1852, vol. 2, p. 45 et 110. Voir *supra*, p. 48.

5. G. W. F. Hegel, *La phénoménologie de l'esprit*, IV, trad. fr. J. Hyppolite, Paris, Aubier-Montaigne, 1941, t. I, p. 191 ; trad. fr. J.-P. Lefebvre, Paris, Aubier, 1991, p. 174. « *Die Kasteiung / das Kasteien* » renvoie au latin « *castigare* » (punir, réprimer, corriger), tandis que « *die Ertötung* » inclut expressément la mort, « *der Tod* », et correspond plus littéralement à « mortification » (de même « *das Absterben* » inclut le mourir, « *sterben* »).

6. G. W. F. Hegel, *Cours d'esthétique*, *op. cit.*, t. II, p. 108.

sacrifice [*das Opfer*], le renoncement [*der Verzicht, die Entsagung*] et la pénitence [*die Buße*], ne mentionnent pas l'ascétisme proprement dit. Dans la première édition du *Monde* de Schopenhauer, en 1819, on rencontre l'adjectif « *asketisch* », mais jamais le concept « *Asketismus* », qui n'apparaît qu'en 1844 et ne figurera finalement qu'en trois occurrences. En 1834, la sixième édition du *Kleines Wörterbuch der deutschen Sprache* de Johann Christoph Adelung revue par Karl Benjamin Schade recense « *Ascet* » et « *Ascetik* », mais pas « *Ascetismus* »[1]. De même, comme nous l'avons vu, le *Gesammt-Wörterbuch der deutschen Sprache* de Jacob Heinrich Kaltschmidt, paru la même année lui aussi à Leipzig, mentionne « *Ascet* », « *Ascetik* » et « *ascetisch* », mais il ignore encore « *Ascetismus* »[2]. En 1836, David Strauss emploie « *Ascet* » à deux reprises dans *La vie de Jésus*, ni « *Ascetik* » ni « *Ascetismus* ». Plus frappant : en 1841, Feuerbach, dont la vigoureuse offensive vise pourtant le christianisme comme négation de la réalité sensible, fait usage seulement de l'adjectif dans le syntagme — « *das asketische Leben* [la vie ascétique] »[3]. Max Stirner, trois ans plus tard, ne l'emploie jamais dans *L'unique et sa propriété*. À la fin des années 1860, Feuerbach engage sa dernière entreprise sous le titre *Éthique : l'eudémonisme*, qu'il laissera inachevée, et il continue de s'en tenir à l'usage de l'épithète en évoquant « *der asketische Buddhist* [le bouddhiste ascétique] » ou « *die asketische Selbstpeinigung* [la torture ascétique de soi] »[4] ; ces formules résonnent péjorativement dans un contexte où il s'agit comme par hasard de faire valoir l'héritage d'Helvétius contre Schopenhauer[5]. Nietzsche lui-même ne semble pas employer « *Asketismus* » avant le long résumé de l'ouvrage d'Eugen Dühring, *La valeur de la vie*, qu'il rédige en 1875, ouvrage qui livre une critique de Schopenhauer à

1. J. C. Adelung, *Kleines Wörterbuch der deutschen Sprache*, 6e éd. par K. B. Schade, Leipzig, Weigand, 1834, p. 25.

2. Voir *supra*, chap. I, p. 46.

3. Voir L. Feuerbach, *L'essence du christianisme*, trad. fr. J.-P. Osier, Paris, Gallimard, 1992, p. 303 et 313.

4. Je retraduis littéralement les formules que le lecteur français retrouvera un peu différemment dans L. Feuerbach, *Éthique : l'eudémonisme*, trad. fr. A.-M. Pin, Paris, Hermann, 2012, p. 51 et 69.

5. Voir *ibid.*, p. 38 où l'éloge d'Helvétius est tout à fait explicite (Helvétius a très bien vu que la recherche du plaisir commande « toutes nos pensées et toutes nos actions » ; *a contrario*, p. 87, Schopenhauer est rejeté au motif que « c'est l'instinct du bonheur qui est à la base de la pitié ».

laquelle il refuse de souscrire [1]. Faut-il en inférer que le terme ne s'est pas bien acclimaté en milieu hégélien et qu'il parvient plutôt à Nietzsche dans le sillage de Schopenhauer ? C'est tentant.

Tout cela sous réserve d'erreurs possibles et de compléments nécessaires. Mais nous demandons pourquoi il a pu paraître souhaitable d'installer peu à peu dans la langue un signe qui semble ne rien dénoter d'autre que ce que désignait fort bien le vieux concept de pénitence : les pratiques auxquelles il est fait référence sont exactement les mêmes. Nous avons déjà commencé de répondre dans ce qui précède. Une première fois, en suggérant que l'ascétisme aurait surgi comme la réfraction philosophique du vieux problème de la pénitence, réfraction survenue vers 1800 en vue de réagir à quelque chose qui restait alors à identifier. Une seconde fois, en faisant l'hypothèse que ce « quelque chose » aurait été l'assomption hédoniste du principe d'utilité : l'ascétisme se présenta initialement comme la preuve par le fait que l'homme ne peut pas *ne pas* rechercher le plaisir et fuir la peine. Mais il se retourna aussitôt en son contraire : il devint la preuve par le fait que l'homme peut rechercher la souffrance et écarter le plaisir. Nous pouvons le redire ici autrement : le durcissement matérialiste de l'hédonisme, spectaculairement formulé par Helvétius et adopté par Bentham à titre d'évidence fondatrice, a conduit les philosophes, au tournant des années 1800, à faire valoir les pratiques pénitentielles précisément pour l'invalider.

L'« ascétisme » a été le produit de cette appropriation. Ce fut pour ainsi dire la pénitence en tant qu'elle s'inscrivait désormais dans un champ où la question était de savoir si l'homme pouvait vouloir non seulement autre chose que le plaisir, mais aussi la souffrance. Le retournement avait sa nécessité idéologique et il faudrait ici paraphraser Gavroche : « C'est la faute à Helvétius, c'est la faute à Rousseau ! ». D'un côté, en posant la recherche du plaisir comme *le* ressort moral, n'avait-on pas d'avance légitimé tous les débordements [2] ? D'un autre côté, en affirmant au contraire que la grandeur du citoyen se trouvait dans la vertu comprise comme l'aptitude à sacrifier son intérêt à la patrie, n'avait-on pas justifié

1. Nietzsche, *FP*, été 1875, 9 [1]. Dühring lui-même emploie seulement et assez rarement « *die Ascese* ».

2. Voir la référence à Constant, *supra*, chap. I, p. 47.

par avance la résorption terroriste de l'homme dans le citoyen [1] ? Les deux propositions de l'antinomie se présentaient rétrospectivement comme deux chemins qui avaient conduit au même abîme la France, et toute l'Europe avec elle. Si l'on voulait effectivement « terminer la Révolution », la nécessité s'imposait donc de faire valoir contre l'hédonisme d'Helvétius un autre sacrifice de soi, non civique. Au lieu, le regard tourné vers Rome, de proclamer avec emphase que l'homme peut sacrifier l'objet de son désir, on posa *qu'il peut faire de la souffrance cet objet lui-même*. C'est ainsi que prospéra la négation ascétique. Le nouveau concept désignait des pratiques religieuses, sans être un concept religieux. C'était plutôt le nom d'un litige massif qui engageait l'existence en l'homme d'un « amour de la douleur » [2] susceptible de brouiller violemment les prétentions de l'égoïsme rationnel sans verser dans la sanglante nostalgie républicaine.

Or le fait de porter la discussion sur ce terrain entraînait une conséquence majeure. Puisque ce qui est en jeu concernait ce qui gouverne l'homme – l'amour du plaisir ou autre chose –, l'ascétisme désignait la religion en tant qu'ensemble de *conduites* et même il tendait à *dissocier* la conduite du dogme qui la justifie. Quand Bentham invoquait l'« ascétisme », il le faisait en déconnectant les comportements qu'il désigne des croyances qui lui sont liées. L'ascétisme était par lui-même le nom d'un « principe », le plus grand malheur du plus grand nombre. Certes, ce principe était solidaire de la religion des moines, mais sa formulation et sa réfutation s'opéraient sans aucun détour par l'existence de Dieu, l'immortalité de l'âme et le péché originel dont on pouvait désormais faire complètement abstraction : l'ascétisme surgissait ainsi comme *la pénitence soustraite à la théologie*. Quand Schopenhauer le promouvait avec fracas en sens inverse, c'était pour y découvrir une vérité métaphysique qui ne se trouvait justement pas dans son écorce mythologique : le chrétien ou le bouddhiste ont bien raison de nier le vouloir-vivre, mais les raisons qu'ils donnent de cette négation, c'est à Schopenhauer lui-même que revenait le mérite de les avoir énoncées sous la forme du concept. En ce sens, l'ascétisme, c'était la religion considérée indépendamment de ses dogmes, *dans la vérité*

1. C'est le sens de la fameuse conférence prononcée par Constant en 1819, *De la liberté des Anciens comparée à celle des Modernes*.

2. B. Constant, *De la religion…*, *op. cit.*, liv. XI, chap. v, p. 452.

immanente aux conduites qu'elle ordonne et dont elle ne pouvait rendre compte correctement par elle-même. C'est précisément pourquoi il s'agissait d'un concept *philosophique* : l'ascétisme désignait alors le lieu où le philosophe se saisissait du sens réel (non théologique) de la religion. La vérité ne s'exposait pas en toute transparence dans la lettre ou le dogme nus comme le chrétien pourrait le prétendre ; elle ne se présentait pas à l'envers, dans le reflet de l'homme, comme le soutenait Feuerbach ; elle ne se déchiffrait pas subtilement dans le mythe, comme inciteraient à le croire Bacon et Vico – ce mythe que Schopenhauer interprétait après coup pour y retrouver une vérité à laquelle il avait accédé par une autre voie. Bref, la vérité devait être moins cherchée dans la *représentation* que dans le sacrifice effectif de soi.

Nietzsche lui-même repartira de là. Dans le fragment de 1875 évoqué un peu plus haut, il déclare :

> J'ajouterai que la formation de l'ascétisme [*Askenthentum*] nécessite peut-être une *erreur* intellectuelle (concernant l'âme et le corps, le corps en tant que siège des affects, comme chez Platon) ; mais cette erreur ne concerne que la *représentation* [*Vorstellung*] de la manière dont l'homme se délivre du vouloir-vivre ; mais l'instinct [*Trieb*] qui pousse en général à s'en délivrer n'a rien à faire avec cela, ne doit pas être dérivé de l'intellect[1].

Il semble que nous soyons ici devant le seul texte où, à deux reprises, il emploie ce terme plus récent, « *das Askenthentum* », en concurrence avec « *der Asketismus* » dont on compte quatorze occurrences dans l'ensemble de l'œuvre et « *die Asketik* » qui figure treize fois[2]. Cette instabilité terminologique est en elle-même significative, d'une part, peut-être, de ce que la langue allemande, moins soucieuse d'orthodoxie académique, s'accommode plus facilement de la pluralité des usages ; mais aussi, d'autre part, et sûrement, de ce que le concept proprement nietzschéen sur lequel il faudra revenir est celui de l'« idéal ascétique [*das asketische Ideal*] ».

Nous comprenons aussi que cet idéal devant se concevoir moins par référence à ses alibis dogmatiques qu'à quelque chose

1. Voir *supra*, p. 85, note 1.

2. Ce recensement inclut les écrits philologiques (en cours de traduction aux Belles Lettres sous la direction d'Anne Merker et de Paolo D'Iorio) où, sauf erreur de ma part, aucun de ces trois termes ne figure.

de l'ordre d'un instinct, la lutte contre l'infâme ne pourra plus se présenter comme ayant pour cible principale ce qu'on nommait « superstition ». À vouloir toujours dénoncer les fourvoiements de l'intelligence, à ironiser inlassablement sur l'Immaculée Conception ou la multiplication des pains, on manque le site où se forme réellement l'ascétisme : le dualisme platonicien se présente ici comme le prototype d'une « erreur intellectuelle » qui fait *diversion*. L'instance qui commande les souffrances du moine se loge en un ailleurs instinctif qu'il s'agit désormais de circonscrire et de neutraliser par d'autres outils que le seul entendement. Les nouvelles Lumières sont donc encore « nouvelles », en ce qu'elles ignorent les fantasmes superstitieux pour s'attacher aux forces obscures dont ils détournent l'attention. Il s'agit de transformer des conduites plutôt que d'invalider des croyances ; ou plus exactement : il s'agit de transformer des conduites sans penser naïvement qu'on y parviendra en transformant les croyances dont elles ne sont issues qu'en apparence.

Réévaluer l'ascétisme

C'est en 1865, à Leipzig, que Nietzsche a découvert l'ouvrage de Schopenhauer qu'il entend dix ans plus tard défendre contre Dühring. De cette découverte, il a laissé ailleurs une description dont il ressort que ce qui l'avait d'emblée saisi, c'était précisément le problème ascétique qu'alors il ne nomme toutefois pas ainsi : « Dans ce livre, chaque ligne criait le renoncement [*Entsagung*], la négation, la résignation. Ici je trouvai un miroir dans lequel je pouvais voir se refléter, avec une épouvantable grandeur, le monde, la vie et mon propre cœur »[1]. Et cet enthousiasme du lecteur produit sans attendre ses effets :

> Tandis que je portais toutes mes qualités et mes efforts devant le tribunal de mon propre mépris, j'étais devenu la proie d'une haine amère, injuste et sans limite à mon propre égard. Je ne négligeai pas non plus les tortures corporelles. Deux semaines d'affilée, je me contraignis à ne pas me coucher avant deux heures du matin, tout en me levant à six heures. Une grande excitation nerveuse s'empara de

1. Nietzsche, *Écrits autobiographiques, 1856-1869*, trad. fr. M. Crépon, Paris, Puf, 1994, p. 152.

> moi et qui sait quel degré de folie elle aurait atteint, si les séductions de la vie, de l'orgueil, et la contrainte d'études régulières ne s'y étaient opposées [1].

S'énonce ici le récit d'une *tentation ascétique* à laquelle résista heureusement le narrateur. Récit *inversé* puisque c'est le « monde » qui le soustrait avec bonheur aux exercices de la pénitence, intérieure comme extérieure, lesquels se sont avérés physiologiquement périlleux : les séductions de la vie, l'orgueil et les exigences universitaires sont ce qui le sauve des charmes malsains du renoncement. Mais ce récit est instructif encore en ce qu'il suggère que le fils de pasteur *découvre* dans Schopenhauer cette valorisation catholique de la mortification dont l'avait écarté une éducation luthérienne qui voyait là ce que nous avons nommé plus haut des « solutions de facilité » et ce qu'il considérera lui-même ainsi explicitement plus tard [2]. Schopenhauer avait condamné la Réforme justement parce qu'elle avait condamné ainsi le catholicisme : « Le protestantisme, par l'exclusion de l'ascèse [*die Askese*] et de ce qui en est le centre, le côté méritoire du célibat, a renoncé proprement à la substance intime du christianisme et ne peut être regardé ainsi que comme un rameau détaché de ce tronc » [3]. Par-delà sa culture familiale et scolaire, Nietzsche rencontre un autre christianisme qui lui est alors présenté comme plus authentique, qui l'enthousiasme, à vrai dire brièvement – deux semaines de telles privations, cela demeure raisonnable ! – et contre lequel il se reprend aussitôt. Mais au fond, il en retirera la conviction *que c'est là en effet le vrai christianisme* [4] et il reprochera alors à la Réforme non pas d'avoir renoncé au renoncement au profit d'un fade rationalisme, mais d'en avoir au contraire reconduit la cruauté sous des formes plus subtiles, dont Kant offre un exemple notoire : « l'impératif catégorique sent la cruauté » [5].

1. *Ibid.* Michèle Cohen-Halimi a attiré l'attention sur ce texte dans *L'action à distance. Essai sur le jeune Nietzsche politique*, Caen, Nous, 2021, p. 48-51.

2. Voir *supra*, chap. I, p. 46. Nietzsche, *HTH*, § 139 : « Sous bien des rapports, l'ascète cherche lui aussi à se rendre la vie facile [...] ».

3. A. Schopenhauer, *Le monde...*, *op. cit.*, Suppléments, chap. XLVIII, p. 1396 (trad. modifiée).

4. L'ami Franz Overbeck justifiera cela en 1873 dans sa critique historique du protestantisme libéral : voir *Über die Christlichkeit unserer heutigen Theologie*, Leipzig, Naumann, 1903, p. 85-87.

5. Nietzsche, *GM*, II, 6. Voir *supra*, chap. I, p. 45 et *infra*, chap. III, p. 176.

À peine trois ans plus tard, en 1868, Nietzsche porte la critique au cœur du dispositif, sur le concept même de « volonté » : cette dernière n'est finalement pas plus claire que la chose en soi kantienne et relève d'une simple « intuition poétique » dont on ne peut de fait parler qu'en lui associant des prédicats issus du monde phénoménal[1] ; l'examen laisse alors de côté la négation du vouloir-vivre. On ne s'étonnera pas qu'en 1874, l'éloge consacré par la troisième des *Considérations inactuelles* à « Schopenhauer éducateur » soit sensiblement paradoxal. D'un côté, Schopenhauer mérite le titre de « philosophe », car il a retrouvé l'exigence grecque d'une « vie philosophique » offerte au regard de tous[2]. C'est en cela qu'il joue le rôle d'un « éducateur » et qu'il l'emporte avec éclat sur Kant. Celui-ci, en 1784, au seuil de sa célèbre *Réponse à la question : qu'est-ce que les Lumières ?*, s'en était bien pris à la paresse qui nous empêchait de *penser* « par nous-mêmes »[3] – mais justement, il en était resté là et il n'avait pu être lui-même autre chose qu'un « grand penseur [*ein großer Denker*] » ou, si l'on préfère, un simple « savant »[4]. Schopenhauer aussi a stigmatisé la « paresse » de ses contemporains : « Si le grand penseur méprise les hommes, c'est leur paresse qu'il méprise [...] »[5] ; mais c'est alors celle qui nous empêche d'*être* nous-mêmes et le grand penseur n'est ainsi plus seulement un grand penseur, mais un « homme réel [*ein wirklicher Mensch*] » dont la nouvelle devise nous enjoint : « Sois toi-même ! »[6]. Il ne peut plus être question de scinder le savoir servile du professeur stipendié par l'État et l'existence héroïque du penseur indépendant.

D'un autre côté, le geste même par lequel Nietzsche dessine le portrait du philosophe comme vivant en philosophe, comme foncièrement *un*, le conduit à *dédoubler* Schopenhauer en deux figures distinctes, d'une part l'*auteur d'une doctrine* dont la propagation a été laborieuse et d'autre part l'*exemple d'un idéal* dont la production ne doit plus être laissée au hasard : « Mais ce qui s'est opposé dès le

1. Nietzsche, cahier P I 6, dans *Œuvres*, « Bibliothèque de la Pléiade », Paris, Gallimard, 2000, t. I, p. 744-749.

2. Nietzsche, *CIN*, III, 3, *OPC*, II / 2, p. 29.

3. I. Kant, *Réponse à la question : qu'est-ce que les Lumières ?*, Aka, VIII, 35.

4. Nietzsche, *CIN*, III, 7, *OPC*, II / 2, p. 80.

5. Nietzsche, *CIN*, III, 1, *OPC*, II / 2, p. 18.

6. Nietzsche, *CIN*, III, 1 et 7, *OPC*, II / 2, p. 18 et p. 80. Michèle Cohen-Halimi a justement rapproché l'opuscule kantien de 1784 et la troisième *Inactuelle* de 1874 : *L'action à distance. Essai sur le jeune Nietzsche politique*, *op. cit.*, p. 58-59.

début à la propagation de la doctrine, ce qui entend en définitive faire échouer par tous les moyens cette renaissance du philosophe, c'est, pour le dire en deux mots, l'insanité de la nature humaine actuelle »[1]. Or cette dissociation conduit naturellement Nietzsche à découvrir en Schopenhauer *deux formes distinctes de renoncement*.

Sur le plan de la doctrine, le concept de « volonté » se trouvant hypothéqué, Nietzsche lui substitue en général la « nature » et il faut accorder qu'elle vise à « se délivrer d'elle-même » dans la « culture ». Ses trois grands représentants sont le philosophe, l'artiste et le saint, soit ce que la seconde *Inactuelle* appelait les forces « supra-historiques »[2] et que Nietzsche tend à subsumer sous la catégorie de « génie ». De ces trois personnages, le plus admirable est certainement le « Saint, juge de l'existence »[3]. À travers eux, la nature se découvre comme vouée à la souffrance et c'est pourquoi on retrouve l'abnégation comme dissolution du moi, meurtre en soi de la volonté propre dont Schopenhauer avait trouvé à l'abbaye de la Trappe ou en Inde l'illustration admirable et dont il n'avait donc pas eu tort de se prétendre le « premier maître philosophique »[4].

Mais sur le plan de l'exemple, ce que nous devons admirer, c'est tout autre chose car, comme le dira un texte ultérieur, « un éducateur ne dit jamais ce qu'il pense lui-même [...] »[5]. Ce dont il importe de faire l'éloge, ce n'est pas de ce que Schopenhauer a dit de la nature se délivrant d'elle-même à travers le saint, mais du courage dont il a témoigné en suivant son chemin sans se laisser intimider par l'opinion publique. Du même coup, c'est une autre ascèse qui se rencontre : l'ascèse du philosophe qui combat en lui les terribles pesanteurs de ce que nous appellerions maintenant la « conjoncture » et que Nietzsche nomme l'« esprit du temps » ou l'« esprit du siècle »[6]. C'est celui-ci qui empêche d'être « véritablement soi-même » : triompher en soi *du présent*,

1. Nietzsche, *CIN*, III, 7, *OPC*, II / 2, p. 78.

2. Nietzsche, *CIN*, III, 5, *OPC*, II / 2, p. 55-57 ; II, 10, *OPC*, II / 1, p. 166 : les forces supra-historiques sont alors l'art et la religion, mais le § 4 de la quatrième *Inactuelle* définira expressément la philosophie comme ayant elle aussi pour objet « de savoir dans quelle mesure les choses sont d'une espèce et d'une forme invariables » (*OPC*, II / 2, p. 111).

3. Nietzsche, *CIN*, III, 7, *OPC*, II / 2, p. 81.

4. Nietzsche, *CIN*, III, 3 et 4, *OPC*, II / 2, p. 36 et 47.

5. Nietzsche, *FP*, juin-juillet 1885, 37 [7].

6. Nietzsche, *CIN*, III, 8, *OPC*, II / 2, p. 94.

c'est être « inactuel » et « nous éduquer *contre* notre temps »[1]. Le renoncement acquiert alors une tout autre signification : on ne combat plus en soi la souffrance induite par la nature (ou la volonté), mais la vulgarité de l'aujourd'hui. Et on ne combat pas *le soi* en vue de le dissoudre, on combat au contraire *en soi* ce qui fait obstacle à la réalisation *du soi* voulu par une nature qui parvient rarement à son but, à savoir la production de génies. L'apologie de Schopenhauer tend ainsi à dédoubler l'ascétisme : d'un côté, la négation du vouloir-vivre qui se phénoménalise dans l'individu ; de l'autre, la négation de la sottise déposée en nous par l'effet d'un temps auquel il convient de s'arracher. On demande toujours au philosophe de se montrer héroïque, mais ce n'est pas du tout le même héroïsme.

Quatre ans plus tard, Nietzsche ne va pas se contenter de distinguer plus ou moins clairement la doctrine et l'exemple, il va franchement les *opposer* :

> Tout le monde devient *dévot*, on met de côté le Schopenhauer en chair et en os, d'esprit voltairien, pour lequel son quatrième livre n'aurait eu aucun sens.
> Ma méfiance pour le système *dès le début*. C'est sa *personne* qui passa pour moi au premier plan, le *type* du philosophe, œuvrant à l'avancement de la civilisation. La *vénération générale*, elle, en opposition avec moi, s'attacha à ce qu'il y avait d'*éphémère* dans sa doctrine, à ce qui *n*'avait *pas* marqué sa vie. *Pour moi*, la seule influence durable fut celle du philosophe – mais j'étais, *moi*, empêché par la superstition du *génie*. Fermer les yeux[2].

Il est ici très clair que la métaphysique schopenhauérienne, du fait même de son triomphe, est à son tour devenue air du temps et que l'admiration qu'on lui porte se résorbe en une piété massive. Le philosophe, par définition « inactuel », n'en tiendra donc pas compte et ce qui l'attirera, c'est bien l'auteur lui-même, par où il ne faut pas entendre une individualité psychologique, mais le « type », c'est-à-dire l'attitude par laquelle on se donne les moyens tout à fait matériels de ne pas rester tributaire de l'opinion. L'adhésion grégaire à des thèses philosophiques qui fonctionnent au fond comme des dogmes religieux est une chose ; l'appropriation productive d'un

1. Nietzsche, *CIN*, III, 3-4, *OPC*, II / 2, p. 38-40.
2. Nietzsche, *FP*, été 1878, 30 [9].

certain rapport au savoir et aux institutions qui l'encadrent est autre chose : l'exemple joue ainsi désormais *contre* la doctrine.

Rétrospectivement, Nietzsche s'accuse de ne pas avoir bien discerné ce conflit parce que le concept schopenhauérien de « génie » lui faisait écran et il est vrai que celui-ci opérait quatre ans plus tôt comme une suture entre les deux registres, autrement dit comme un facteur de confusion : le génie était à la fois celui par qui la nature luttait contre elle-même et celui qui luttait contre le présent. Il faudra maintenant admettre que le philosophe *n'est pas* un génie – pas plus que l'artiste ou le saint – mais un travailleur laborieux[1] : en lui, la nature ne se délivre de rien du tout ! Par conséquent, il faudra aussi admettre que la théorie de l'ascétisme figurant au livre IV du *Monde* est sans objet : il ne suffit pas de dire la « nature » au lieu de la « volonté », en lui attribuant au fond la même vocation, celle de surmonter la souffrance qui la définit intrinsèquement en se niant elle-même ; il faut redéfinir la nature et la volonté à nouveaux frais. Mais Schopenhauer dissocié de l'ascétisme et faisant courageusement bande à part, au rebours d'une humanité vaniteuse et sotte, c'est un peu Voltaire[2], l'auteur de *Bababec* auquel Nietzsche dédie la même année *Humain, trop humain* : nouvelles Lumières encore, derrière cette fois le masque inattendu de Schopenhauer qui se reconnaissait pourtant mieux en Rancé !

De fait, *Humain, trop humain* comporte une vive critique de l'ascète (§ 136-144) qui consomme le renversement du rapport à Schopenhauer. Cette dévaluation brutale met en œuvre les deux grandes lignes argumentatives qui se retrouveront dix ans plus tard lorsqu'il s'agira d'interpréter l'ascétisme au sens que lui a conféré le type sacerdotal. Mais elle s'inscrira alors dans un autre contexte qui les débordera largement et que Nietzsche désignera du nom original de « généalogie ».

En 1878, l'approche inverse purement et simplement le point de vue adopté quatre ans plus tôt. Nous avons vu comment les *Considérations* disposaient sur un même axe positif la religion, la philosophie et l'art, puissances « supra-historiques » en ce qu'elles détournent le regard du devenir. Nous devons ajouter maintenant

1. Nietzsche, *HTH*, § 161-165.

2. Dans un autre fragment un peu antérieur, Nietzsche écrivait déjà : « Le Schopenhauer en chair et en os n'a rien à voir avec le métaphysicien. Il est voltairien pour l'essentiel, le 4ᵉ <livre> lui est étranger » (printemps-été 1878, 27 [43]).

qu'elles définissaient la science *a contrario*, en la frappant d'une double tare : le savant dissout tout être dans le devenir et il éparpille l'intelligence au gré de l'érudition. Comme le dit la seconde *Inactuelle* : « toutes les bornes sont arrachées et l'homme est submergé par le flot de ce qui a jamais été. Toutes les perspectives sont prolongées à l'infini, aussi loin qu'il y eut un devenir » [1]. Au fond, la science pèche en ce qu'elle est antiplatonicienne : détruisant toute éternité, elle détruit du même coup tout paradigme qui permettrait de hiérarchiser les objets d'étude et c'est pourquoi *elle nivelle en même temps qu'elle historicise*. On peut appeler l'indispensable étalon qu'il faut opposer à cela volonté, vie ou nature, cela ne change pas grand-chose à l'affaire. Les deux premiers paragraphes d'*Humain, trop humain* mettent l'argument cul par-dessus tête. Ils se réclament au contraire des sciences en général, et de la chimie en particulier, pour instaurer une « philosophie historique » qui entend bien réinsérer toute chose dans le devenir en dehors duquel il n'y a rien. Le § 136 en tire les conséquences pour l'étude de l'ascèse chrétienne comme vestibule de la sainteté : ce sont précisément les hommes de religion, les métaphysiciens, et même les artistes quand ils se mêlent de théorie, qui déclarent à tort l'énigme ascétique définitivement insoluble car d'origine surnaturelle ; en revanche, l'homme de science la postule rationalisable sur le modèle de l'analyse chimique, c'est-à-dire susceptible d'être décomposée en ses éléments, lesquels sont en l'occurrence des « pulsions singulières [*einzelne Antriebe*] ». L'argumentaire suivant répartit ces pulsions sur deux grands axes qui sont distingués au § 140 et qui renvoient à deux schèmes auxquels Nietzsche ne cessera de recourir ultérieurement.

Le premier (§ 137-138) est celui de la *réversion* : l'ascèse retourne contre soi une violence qui pourrait aussi bien se tourner vers l'extérieur. Cela suppose que la fin dont se réclame l'ascète (le salut) soit en réalité secondaire ou contingente : ce qui le contraint, c'est prioritairement la nécessité tout à fait impérieuse de décharger [*entladen*] ou de soulager [*erleichtern*] ce qui se nomme ici « émotion [*Emotion*] » ou « affect [*Affekt*] ». Que la décharge s'effectue vers le dehors ou vers le dedans, c'est là une détermination seulement occasionnelle. Plus tard, en 1887, dans un texte extraordinaire, *Le gai savoir* (§ 360) élargira ce distinguo en une véritable théorie de

1. Nietzsche, *CIN*, II, 4, *OPC*, II / 1, p. 115.

l'action humaine et dissociera la « cause de l'agir » d'avec la « cause de telle et telle façon d'agir ». La première se concevra alors comme un « quantum de forces accumulées » qui demandent à être investies [*verbraucht*, *aufgebraucht*] – ici ou là, peu importe [*irgend wozu*] ; la seconde comme un « petit hasard », quelque chose d'« insignifiant » que l'on appelle naïvement un but ou une fin [*Zwecke*]. Le sophisme ordinaire consiste alors à substituer la modalité (contingente) de la satisfaction à la satisfaction elle-même (la décharge) : on prétend que l'action vise une fin qui lui est extérieure, mais elle n'a pas d'autre fin qu'elle-même. On agit d'abord pour agir. Ainsi se consommera triomphalement la critique des causes finales sur lesquelles s'était constituée la philosophie moderne : jusque dans ce qui pouvait apparaître comme son retranchement le plus intime, l'action humaine, il faut nier que la fin soit une vraie fin. Par nature, l'action est *téléologiquement indéterminée* – apothéose historique d'une téléophobie sur laquelle pourra embrayer Freud. En attendant, en 1878, l'ascèse n'apparaît plus que comme la canalisation fortuite d'une énergie qui réclame impérieusement de se dépenser, tout en restant par nature plutôt indifférente à la forme institutionnelle dans laquelle s'effectue cette dépense.

Une telle argumentation suscite évidemment aussitôt une difficulté que l'on peut formuler ainsi : est-ce vraiment « par hasard »[1] que l'affect se satisfait comme ceci ou comme cela ? Et cette question en suscite aussitôt une autre : est-il vraiment « indifférent » que l'affect se satisfasse comme ceci ou comme cela[2], et n'y a-t-il donc pas lieu de *hiérarchiser* les deux déterminations ?

Or il se trouve que, parmi les raisons qui orientent la violence [*Gewalt*] vers le dedans plutôt que vers le dehors, on rencontre avant tout le *défaut* : « Certains hommes ont en effet un besoin si intense d'exercer leur puissance, et leur passion de dominer que, par manque [*in Ermangelung*] d'autres objets, ou parce qu'ils y ont toujours échoué par ailleurs, ils finissent par s'aviser de tyranniser certaines parties de leur propre personne [...] »[3]. Cela suggère que la réversibilité du processus n'est pas strictement arbitraire : le désir de domination se tourne spontanément vers l'extérieur, et ne se

1. Nietzsche, *HTH*, § 138, dit « *zufällig* » ; le § 360 du *Gai savoir* évoque « *diese kleine Zufälle* ».

2. Nietzsche, *GS*, § 360, dit d'ailleurs « presque indifférent [*fast gleichgültig*] ».

3. Nietzsche, *HTH*, § 137.

retourne sur l'agent moral que par impossibilité d'y parvenir, donc faute de mieux. Tout commence donc par un manque, mais celui-ci n'est pas platonicien, ce n'est pas un vide qui demande à être rempli [1], c'est l'absence d'un objet sur lequel décharger une force accumulée : réplétion *versus* expulsion. Cela conduit inévitablement le sujet à s'assujettir à lui-même, à se scinder en une instance despotique et une instance serve. Cette structure duelle explique comment l'humiliation a pour envers la vanité [2], de même que la douleur a pour envers une sorte de volupté [*Wollust*] qui en est indissociable. En me faisant violence, je jouis donc de me dominer [3], mais de quel ordre est au juste cette jouissance ? En invoquant l'orgueil, Nietzsche ne dit rien qui ne l'ait déjà été par les prédicateurs, lesquels étaient parfaitement conscients que le pénitent pouvait se flatter de ce qui l'humilie et s'en attribuer à lui-même tout le mérite [4]. C'est pourquoi il lui faut invoquer aussitôt autre chose, à savoir le soulagement d'une tension [*eine Spannung zu erleichtern*] qui doit bien se libérer d'une manière ou d'une autre, comme ceci *faute de* pouvoir le faire comme cela. Le coup de génie du christianisme fut à cet égard de diviniser le sacrifice de soi en imaginant un Dieu qui s'immole lui-même et dont l'ascète répète inlassablement le chemin de croix avec les moyens du bord. C'est ainsi qu'on parvint à faire apparaître comme « morale » au plus haut point l'introversion de la violence dont Nietzsche pose toutefois qu'elle fut *seconde* et qu'elle n'advint que *par suite d'une impuissance*.

Mais un autre schème se trouve convoqué pour rendre compte du même phénomène (§ 141) : c'est celui de l'*excitation* [*Reiz*]. La perspective tend alors à se renverser : il ne s'agit plus de soulager une tension, mais au contraire de stimuler ce que Nietzsche appelle encore « volonté de vivre [*Lebenswillen*] ». Le problème initial auquel il s'agit de répondre a complètement changé : ce n'est pas l'impossibilité d'orienter contre autrui le désir de domination, c'est la nécessité de vivifier ce désir lui-même, qui est victime d'une forme

1. Platon, *Philèbe*, 31 d-32 a et 34 e-35 a.

2. *HTH*, § 137 dit « Eitelkeit » ; le § 138 dit « Stolz ».

3. L'héroïne très aliénée du film de Carlo Mirabella-Davis, *Swallow* (2019), qui souffre de « pica » et qui ingère secrètement toutes sortes d'objets parfois extrêmement dangereux, explique à sa thérapeute qu'elle parvient ainsi à « reprendre le contrôle » sur son existence.

4. Voir *supra*, chap. I, p. 67.

d'épuisement [*Ermüdung*] – Nietzsche parle encore de « torpeur [*Dumpfheit*] » ou d'« ennui [*Langenweile*] ». Le mal ne se trouve plus dans la résistance supérieure du dehors, mais dans l'érosion intime du dedans. *Et donc il ne se trouve plus dans l'impuissance à dominer autrui, mais dans l'impuissance à vouloir le dominer*. Historiquement, cela s'illustre au mieux par l'Empire romain finissant : la cruauté des jeux du cirque n'excite plus. Il faut donc redonner le goût de la cruauté, rendre à nouveau la vie un peu intéressante. Et la solution se trouve dans l'ascèse, par laquelle le sujet se transforme en un champ de bataille et se fait la guerre à lui-même, une guerre sans issue en ce monde. De ce point de vue, ce qu'a inventé le christianisme, ce n'est pas la divinisation du sacrifice de soi, c'est la diabolisation de la sensualité, c'est-à-dire le péché qui conduit le croyant à trouver en lui un ennemi infatigable que l'on ne peut jamais vaincre que ponctuellement. Il est indispensable qu'aucune victoire définitive ne soit possible, au moins en cette vie, car l'objectif réel (vital) n'est pas que l'homme se moralise, mais qu'il soit au contraire convaincu de son immoralité foncière afin *d'entretenir l'excitation* du combat. Ce que Nietzsche retrouve cette fois, c'est le constat dont s'étaient déjà inquiétés les prédicateurs quand ils avaient observé que les techniques pénitentielles pouvaient irriter les sens au lieu de les émousser[1] : mais, demande-t-il, n'était-ce donc pas justement *leur but* ? Ce qu'il retourne encore, c'est la citation de Calderón que Schopenhauer avait vigoureusement approuvée jadis et selon laquelle « la plus grande faute de l'homme est celle d'être né »[2] : Nietzsche y voit au contraire le « paradoxe le plus absurde », le témoignage d'un « intolérable christianisme superlatif » qui conduit à son terme la haine de soi jusqu'à déplorer l'existence même. Ce qu'il réinvente enfin, vraisemblablement sans le savoir et certainement en raison d'un héritage stoïcien commun, c'est la thèse même qu'avait formulée Diderot en 1774 dans le *Supplément au Voyage de Bougainville* dont le sous-titre était : *Dialogue entre A et B sur l'inconvénient d'attacher des idées morales à certaines actions physiques qui n'en comportent pas*, par où se trouvait dénoncée la culpabilisation religieuse d'une sexualité « innocente ». C'est ainsi, écrivait Diderot, qu'on a introduit dans l'homme naturel un « homme artificiel, et il s'est élevé dans la

1. Voir *supra*, chap. I, p. 66.
2. A. Schopenhauer, *Le monde ...*, *op. cit.*, Suppléments, chap. XLVIII, p. 1370.

caverne une guerre continuelle qui dure toute la vie »[1]. On a presque le sentiment que Nietzsche traduit Diderot en déclarant à son tour au § 141 :

> Toute chose naturelle à laquelle l'homme attache [*anhängt*] l'idée de mal, de péché (comme il est encore habitué à le faire dans le domaine érotique), accable, attriste l'imagination, donne un regard fuyant, met l'homme en conflit avec lui-même, le rend incertain et méfiant ; même ses rêves en prennent un arrière-goût de conscience torturée.

En effet, c'est toujours le christianisme qui contraint l'homme à se torturer lui-même en « attachant » un jugement moral à un acte innocent. C'est toujours la *représentation* elle-même qu'il s'agit de corriger et non l'*objet* de la représentation et il faut la corriger parce qu'elle a des effets bien réels et tout à fait désastreux sur le *sujet* lui-même qui devient pécheur en croyant l'être : « Il est facile de voir pourquoi les hommes deviennent plus mauvais en décrétant mauvaise leur inévitable part naturelle et en la sentant par la suite toujours telle »[2]. La croyance est en ce sens performative, Nietzsche y reviendra souvent.

Mais Nietzsche n'est pas Diderot en raison de trois déplacements du plus grand intérêt. En premier lieu, la représentation culpabilisatrice ne surgit pas *ex nihilo*, elle ne doit pas s'appréhender comme un artifice arbitraire et absurde qui viendrait contrarier la nature ; elle procède d'une ou de plusieurs pulsions qu'elle exprime en les occultant et c'est pourquoi on ferait fausse route en focalisant la critique sur les préjugés de la superstition : au lieu de faire saillir l'insanité des dogmes chrétiens, il faut découvrir la nécessité physiologique qui les commande[3]. En second lieu, ce qui conduit Nietzsche à déprécier la cruauté exercée sur soi, c'est qu'elle est exercée *sur soi* et non pas qu'elle est *cruauté* [*Grausamkeit*] ; l'Encyclopédiste n'aurait certainement pas concédé ce point puisque de son point de vue, *toute* cruauté, celle du cirque comme celle du désert, lui semblait contredire la sociabilité naturelle. En troisième lieu, et conséquemment, la dépréciation de la violence ascétique

1. D. Diderot, *Supplément au Voyage de Bougainville*, V, dans *Œuvres complètes*, *op. cit.*, t. XII, p. 637.

2. Nietzsche, *HTH*, § 141.

3. Voir *supra*, p. 88.

est elle-même ambivalente. Sans doute sommes-nous autorisés à parler de « dépréciation », car s'acharner ainsi contre soi-même, diaboliser sa nature, se torturer continuellement, cela s'évalue par contraste avec le cours premier, sinon naturel, de la cruauté qui était transitif. Mais enfin, dans toute cruauté, il y a de la vie, et par conséquent, il faut concéder à l'ascèse chrétienne une positivité, celle de l'excitation : « Si ce sentiment n'avait pas été *agréable* [*angenehm*] à l'homme, pourquoi aurait-il formé pareille imagination, s'y serait-il si longtemps attaché ? » [1]. En elle, nous ne devons ni admirer l'héroïsme du saint ni railler l'imbécillité du dévot ; nous devons diagnostiquer l'inquiétant remède apporté à une sorte d'apathie [2]. L'ascétisme est au fond « pathogène », au double sens où il produit du pathos là où il n'y en avait plus et où il génère de la pathologie, de la maladie, pour en soigner une autre. Cette ambiguïté se manifeste phénoménologiquement par le couplage de la jouissance [*Lust*] et de la souffrance : « telle fut la dernière *jouissance que l'Antiquité inventa* une fois devenue elle-même insensible au spectacle des combats de bête et d'homme » – jouissance du spectacle présenté par l'ascète, mais aussi de l'ascète lui-même.

Quand Nietzsche résume ensuite ses analyses (§ 142) en évoquant une « espèce rare de volupté [*Wollust*] », « celle-là même peut-être où toutes les autres viennent s'enchevêtrer en un même nœud », il désigne le plaisir lié à l'exercice de la cruauté sur soi, lequel est lié à l'exercice de la cruauté tout court, qui n'a lui-même rien de rare. Cette sorte de déviation est alors présentée comme susceptible de se manifester sous des formes diverses et contradictoires : le désir de puissance, la fierté de se dominer, l'indolence rendue possible par l'obéissance aux rituels ou enfin le besoin de se combattre pour combattre quelque chose. Dans cette énumération se juxtaposent, sous le nom chimique d'« éléments », à la fois des ressorts et les pratiques qui s'ensuivent, puisque l'on rencontre aussi bien la monotonie passive de l'obéissance que l'acharnement spectaculaire contre soi. Il ne s'agit pas du tout de simplifier les choses, mais au contraire de souligner la *complexité* des facteurs qui rentrent en composition dans la production du phénomène ascétique. L'unité apparente du phénomène est trompeuse car d'une part, il

1. Nietzsche, *HTH*, § 141.
2. C'est ainsi que Roberto Rovini traduit « Dumpfheit » au § 140.

procède de mobiles différents et d'autre part, il se présente sous des formes distinctes. Durant une dizaine d'années, Nietzsche ne cessera d'explorer ce paysage bigarré, infiniment plus équivoque que Schopenhauer n'avait bien voulu le faire croire.

Il faut quand même rendre à César ce qui lui appartient. Schopenhauer avait sans doute mal résolu le problème, mais il avait eu l'immense mérite de le poser et, à y réfléchir de plus près, ce problème est double : non seulement l'homme peut vouloir la souffrance, mais des peuples entiers ont valorisé au plus haut point l'homme qui veut la souffrance, de sorte que l'espèce rare est devenue la norme. Or, si cela a été possible, ce n'est pas seulement en raison de ce qu'*a été* l'ascétisme et qui vient d'être décomposé, mais aussi en raison de ce qu'il *signifie* [*bedeutet*] pour le profane (§ 143). Et ce n'est pas du tout la même chose : l'ascétisme a été foncièrement mécompris et cette mécompréhension *a par elle-même puissamment contribué à son triomphe* – « c'est justement ce qui lui a valu cette force extraordinaire avec laquelle il a pu s'emparer de l'imagination d'époques et de peuples entiers ». À vrai dire, outre le profane (le spectateur), le saint lui-même s'appréhende comme témoignant par le fait d'une puissance surnaturelle : « Lui-même ne se connaissait pas [...] ». L'analyse se referme ainsi sur elle-même : lorsqu'on déclare miraculeux les phénomènes de l'ascète et du saint, on renonce à les comprendre ; et en renonçant à les comprendre, on les baigne dans une lumière radieuse qui nourrit le pouvoir de fascination qu'ils exercent. Et ce pouvoir irradie au-delà de Dieu lui-même : « jusqu'à notre époque qui ne croit plus en Dieu, il y a encore assez de penseurs qui croient au saint ».

On mesure ici la distance prise par rapport à Schopenhauer ! Celui-ci avait déjà dissocié l'interprétation ascétique (ou mythologique) de l'ascétisme d'avec son interprétation philosophique, mais l'écart se creuse désormais tout autrement. Il ne s'agit plus d'accorder au métaphysicien le privilège d'énoncer sur le mode rigoureux du concept ce que le théologien justifiait maladroitement sur le registre du mythe – et qu'il avait entièrement raison de justifier[1]. Il s'agit d'abord de mettre le philosophe historique en situation d'exhiber

1. Nietzsche, *HTH*, § 110 : « la science n'avait plus qu'à la [la religion] dépouiller de son vêtement dogmatique pour tenir la “vérité” sous une forme désormais non mythique ».

les véritables et peu glorieux motifs que travestit le théologien[1]. Il s'agit ensuite de montrer que cette méconnaissance est constitutive du phénomène en soi : le saint ne peut pas s'interpréter lui-même autrement qu'il ne le fait, parce que c'est en s'interprétant ainsi et en imposant cette interprétation qu'il se trouve en mesure d'apparaître comme l'homme moral par excellence. Il s'agit enfin de comprendre que la négation de Dieu n'entraîne pas la négation du saint et que celui-ci survit fort bien à celui-là.

L'opération schopenhauérienne visée par Nietzsche pourrait donc se définir encore ainsi : sauver le modèle du saint en le soustrayant à la dogmatique chrétienne. Et sur cette pente, nous pourrions en arriver à compléter la réponse à la question qui a ouvert ce chapitre : après tout, l'irruption de l'« ascétisme » n'a-t-elle pas signifié la volonté de préserver la pénitence du reflux religieux ? La philosophie n'a-t-elle pas mis en avant l'« ascétisme » pour écarter le grand problème du siècle précédent ? Au lieu de s'épuiser à demander : « comment trouver un substitut à la croyance chrétienne ? », ne pouvait-il pas paraître plus simple de dire : « laissons-là la croyance et conservons la pratique » ? L'héritier des Lumières n'y trouvait certainement pas son compte puisqu'il prétendait en finir une fois pour toutes avec le dévot ; le réactionnaire catholique non plus puisqu'il entendait sauver l'eau du bain (le dogme) avec le bébé (la pénitence) : ni Voltaire ni Maistre, donc. Mais cela pouvait justement apparaître à certains comme un *compromis* tentant : en procédant ainsi, on évacuait les préjugés de la religion, tout en retenant l'éthique concrète qui s'y trouvait jusque-là associée ; on cédait sur la critique de la superstition, mais on y soustrayait les conduites qu'ordonnait celle-ci. C'est sous cette forme triomphante que Nietzsche rencontra la philosophie moderne et c'est pourquoi il put juger que *c'était là* qu'il fallait porter le fer. Il le paya d'une coûteuse cécité au regard de tout ce qui était en train de transformer le monde dans lequel il s'efforça d'ailleurs de *ne pas* vivre. Mais on doit lui concéder que ce ne fut pas sans quelques brillantes contreparties dont la fortune fut équivoque.

1. Nietzsche aime à citer la formule latine : « *pudenda origo !* » (voir *A*, § 42 et 102).

L'orbite du prêtre

En 1878, le renversement de l'interprétation schopenhauérienne est donc consommé. Durant une dizaine d'années, la critique de l'ascétisme va se poursuivre et irriguer les ouvrages ultérieurs par divers canaux dont nous ne suivrons pas les tracés. En 1887, elle trouve sa somptueuse orchestration dans la troisième dissertation de *La généalogie*. Les analyses que nous venons de reconstituer se voient alors relogées au cœur d'un dispositif qui ne les renie pas, mais qui les enrichit largement. Trois transformations majeures s'ensuivent.

a) *Le prêtre éclipse désormais le saint*. En 1878, Nietzsche rapporte l'ascète au saint parce que celui-ci est le héros (catholique) schopenhauérien. En 1887, l'ascétisme est l'œuvre du prêtre qui brillait jadis par son absence, c'est lui qui devient la cible. Ce recentrage ramène Nietzsche aux Lumières et il est caractéristique, nous l'avons vu plus haut[1], de tout récit « généalogique » : par définition, en son point médian, intervient toujours le type sacerdotal comme la figure maléfique qui tire profit d'un conflit préexistant. De fait, le saint [*der Heilige*] mentionné au § 1 de la troisième dissertation ne réapparaîtra guère qu'au début du § 8 pour dire précisément que le philosophe n'en a que faire : « que leur importe le saint ! »[2].

b) *L'horizon sur le fond duquel s'effectue l'examen est maintenant le « nihilisme »*. On ne peut pas résoudre l'énigme ascétique si on ne la réfère pas à la volonté de néant qui s'inscrit au croisement de deux alternatives : d'une part, ne rien vouloir / vouloir le rien ; d'autre part, vouloir le rien/vouloir tout. La première antinomie est tout à fait explicite. Elle constitue l'aphorisme qu'il s'agit d'interpréter[3] et qui encadre la dissertation ; il se présente d'abord sous la forme suivante « *elle* [la volonté humaine] *a besoin d'un but* – et elle veut

1. Voir *supra*, introduction, p. 20.

2. Sans doute rencontrera-t-on aussi la sainteté [*die Heiligkeit*] à deux reprises (§ 17 et 21), mais ces occurrences pèsent bien peu au regard du prêtre [*der Priester*].

3. Nietzsche, *GM*, avant-propos, *in fine* : « Dans la troisième dissertation de ce livre, je propose un modèle de ce que j'appelle, dans un tel cas, "interprétation [*Auslegung*]". Cette dissertation est précédée d'un aphorisme dont elle est elle-même le commentaire ».

plutôt encore vouloir *le rien* que *ne rien* vouloir »[1] ; et *in fine* sous celle-ci : « Et pour répéter à la fin ce que j'ai dit au début : l'homme veut plutôt encore vouloir *le rien* que ne *rien* vouloir »[2]. La seconde antinomie est implicite et oppose la volonté que tout disparaisse à la volonté que tout revienne toujours à l'identique ; la négation de tout ce qui arrive à l'affirmation de tout ce qui arrive ; la fin de toutes choses à leur répétition indéfinie ; le nihilisme à l'éternel retour[3].

Ne rien vouloir, vouloir le rien, vouloir tout : ces trois syntagmes configurent ce que peut devenir la volonté. Il n'est pas seulement indispensable de les distinguer, il faut les *hiérarchiser* sur une échelle ascendante qui va de la plus grande négation à la plus grande affirmation de la volonté. Ne rien vouloir – en 1853, Bartleby meurt de ne rien vouloir, de la négation indéterminée : « *I would prefer not to* ». Vouloir le rien – en 1880, deux des protagonistes des *Frères Karamazov* s'expriment ainsi : « Aliocha : Pourquoi faire le mal ? Liza : Bah, pour qu'il ne reste rien nulle part ! Ah, comme ce serait bien s'il ne restait rien du tout ! »[4]. Vouloir tout – en 1882, à « la question posée à propos de tout et de chaque chose : "veux-tu [*willst du*] de ceci encore une fois et d'innombrables fois ? " », question qui doit horrifier le chrétien, c'est-à-dire celui qui vit dans l'espoir que précisément cela ne reviendra pas et qui attend avec impatience la fin des temps, il faut être en mesure de répondre affirmativement « et *ne désirer plus rien* [*nichts mehr verlangen*] que cette dernière, éternelle confirmation »[5].

1. *Ibid.*, III, 1 : « *er braucht ein Ziel*, und eher will er noch *das Nichts* wollen, als *nicht* wollen ». Je retraduis littéralement la redondance de l'original, qui dit bien qu'il s'agit de vouloir (ne pas) vouloir.

2. *Ibid.*, III, 28 : « lieber will noch der Mensch *das Nichts*, als *nicht* wollen … ». Même remarque.

3. Non seulement ces deux antinomies doivent être dissociées l'une de l'autre, mais nous devons bien sûr encore les distinguer toutes deux de la troisième combinaison rencontrée plus haut (*supra*, chap. I, p. 79) chez Fénelon sous la forme paradoxale : « ne rien vouloir = vouloir tout » et dont nous avions alors dit qu'elle s'était historiquement transformée en une alternative dont les deux termes se fixèrent chez Schopenhauer (ne rien vouloir) et Nietzsche (vouloir tout).

4. F. Dostoïevski, *Les frères Karamazov*, trad. fr. A. Markowicz, Arles, Actes Sud, 2002, t. II, liv. XI, chap. III, p. 451.

5. Nietzsche, *Le gai savoir*, § 341 (trad. modifiée). *Humain trop humain*, § 71 ou *Aurore*, § 38 rappelaient comment les Grecs avaient (à juste titre) dévalué « l'espérance », vertu chrétienne s'il en est.

c) *La religion n'a plus le monopole de l'ascétisme*[1]. Dès lors que le chimiste cède la place au généalogiste, le problème doit se poser autrement : la décomposition en éléments fait place à un modèle agonistique et si l'ascétisme implique toujours une lutte contre soi, il ne peut plus exister que comme l'objet instable de luttes entre divers types. Tout à fait caduque devient alors la prétention de lui accorder *un* sens univoque : « Une “chose en soi”, aussi inepte qu'un “sens [*Sinn*] en soi”, une “signification [*Bedeutung*] en soi” »[2]. Établir comment se rapportent ces sens les uns aux autres et les évaluer, c'est procéder à leur « généalogie ».

Dès lors qu'il s'agit non pas de l'ascétisme comme réalité empirique, mais des significations labiles qui lui sont imprimées par force, on parlera plutôt d'« idéaux ascétiques ». Le titre de la troisième dissertation, « Que signifient les idéaux ascétiques ? », désigne l'irréductible pluralité de ces appropriations conflictuelles. L'ascétisme devient un idéal ascétique lorsqu'une volonté de puissance typique s'en empare et en altère à la fois l'existence matérielle et la justification qu'il en donne : « La forme est fluide, le “sens [*Sinn*]” l'est encore plus… »[3]. Et l'ascétisme *n*'existe *que* dans des appropriations de ce genre. C'est pourquoi le premier paragraphe procède à une *énumération* comparable à celle qui avait été proposée à propos du châtiment[4] : la généalogie exclut la définition et tend *a contrario* à cataloguer les idéaux successifs, hors desquels ne subsiste aucune essence.

La présente liste mentionne l'artiste, le philosophe et le savant, la femme, l'être mal conformé, le prêtre et le saint. D'une part, elle n'est pas exhaustive, mais l'on ne s'étonnera guère de l'absence de toute réflexion sur ce que peut signifier l'ascétisme pour les types de l'entrepreneur ou du prolétaire ; Marx s'était posé la question en 1844 et avait suggéré en passant l'apparition d'un ascétisme original, un

1. Ce point a été aperçu par Peter Sloterdijk qui en a inféré le pompeux projet d'une « ascétologie générale » dont nous ne dirons rien de plus ici, sinon qu'elle est en effet si générale qu'on y trouve un peu tout et n'importe quoi, « paysans, ouvriers, guerriers, scribes, yogis, athlètes, rhéteurs, artistes de cirque, rhapsodes, savants, virtuoses d'un instrument ou mannequins », de sorte que l'on voit mal ce qu'il est possible d'en tirer (*Tu dois changer ta vie. Une anthropotechnique*, trad. fr. O. Mannoni, Paris, Pluriel, 2018, p. 48-62 et 161).

2. Nietzsche, *FP*, automne 1885-automne 1886, 2 [149].

3. Nietzsche, *GM*, II, 12.

4. *Ibid.*, II, 13. Comp. Platon, *Hippias majeur*, 287 e-289 d.

ascétisme industrieux et productif, et Weber effectuera en 1905 une percée mémorable en définissant le rapport entre éthique protestante et capitalisme [1]. Mais Nietzsche, à force d'inactualité, ne pouvait pas se poser la question. D'autre part, cette liste est délibérément désordonnée. En réalité, l'analyse qui suit en privilégiera quatre – et pas n'importe lesquels, soit dans l'ordre d'apparition : l'artiste, le philosophe, le prêtre, le savant. Nous retrouvons ainsi le quatuor auquel nous avons déjà eu affaire sous deux formes successives qui faisaient tantôt valoir les trois premiers contre le quatrième, tantôt le quatrième contre les trois premiers [2]. En 1881, *Aurore* (§ 41) les avait présentés sous une troisième forme, en les alignant sur l'axe unique de la vie contemplative sans hiérarchisation *d'emblée* assignable, et il en va de même ici. Quant au saint, nous avons déjà eu l'occasion de noter son éclipse ultérieure. Pour ce qui est de l'« être mal conformé », c'est-à-dire l'homme ordinaire d'aujourd'hui, nous le rencontrerons aux § 13-14. Enfin, en ce qui concerne la femme, elle ne réapparaît guère qu'anecdotiquement aux § 8, 17, 18 et 25 : la première fois pour dire que le philosophe l'écarte ; la seconde sous la figure hystérique de sainte Thérèse de Lisieux dont les extases sont dénoncées comme très peu spirituelles ; la troisième pour dire que son statut cumule celui d'une esclave productive et celui d'une prisonnière ; la quatrième pour déplorer son émancipation. On peut voir là bien sûr un témoignage parmi d'autres de ce que Nietzsche n'a jamais tenu sur les « femmes » un discours fort consistant, voire en est resté à une misogynie assez fruste. Mais on peut aussi se demander si on n'a pas affaire à un refoulé qui effectuera métaphoriquement son retour *au cœur même de l'analyse* lorsqu'il s'agira de nommer l'exercice même de la volonté de puissance…

1. K. Marx, *Manuscrits économico-philosophiques de 1844*, *op. cit.*, III, p. 180 : « Cette science de l'admirable industrie [la science économique bourgeoise, BB] est en même temps la science de l'*ascèse* [*Askese*] et son véritable idéal est celui du grippe-sou *ascétique* [*asketisch*] mais *prolifique*, et de l'esclave *ascétique* mais *productif* ». Sur Weber, voir *infra*, chap. III, p. 146.

2. Voir *supra*, p. 91 et 93-94.

Le prêtre

Si l'on revient maintenant aux quatre grands représentants de la vie contemplative, ou si l'on préfère de la « culture », dont les apparitions successives scandent l'analyse, l'un d'entre eux doit être à son tour privilégié – négativement privilégié – et nous l'avons déjà identifié : le prêtre. C'est toujours là, avons-nous noté, que l'enquête généalogique trouve son véritable foyer. Nietzsche ouvre d'ailleurs le § 11 en déclarant qu'avec le prêtre, il s'agit d'« attaquer sérieusement [*ernsthaft*] » le problème et en répétant aussitôt que « l'affaire devient réellement "sérieuse" [*ernst*] ». En règle générale, il s'exprimera d'ailleurs à l'encontre du pluriel figurant dans l'intitulé de cette dissertation, comme si l'« idéal ascétique » n'existait en fait qu'au singulier et comme si ce singulier était celui du christianisme. Par exemple, quand il dit que « l'idéal ascétique [...] ne fut jamais et nulle part une école de bon goût [...] » (§ 22) ou quand il demande si l'on peut trouver chez les philosophes et les savants les « *adversaires* recherchés de l'idéal ascétique » (§ 24) : il semble alors suggérer qu'en réalité celui-ci a pour seule forme et pour seul sens ceux que lui confère la volonté de puissance sacerdotale ... C'est pourquoi il peut paraître légitime de ne pas respecter l'ordre d'exposition et de prendre brutalement le texte par le milieu (§ 11-22), *in medias res*, là où les choses deviennent « sérieuses ».

Les indices qui viennent d'être relevés se trouvent aussitôt corroborés à deux égards. En premier lieu, le type sacerdotal peut être dit *prototypique*. Sans doute la vie contemplative elle-même est-elle seconde pour autant qu'elle procède d'une dégénérescence de la vie active : c'est le déclin de la force guerrière qui conduit à valoriser la méditation au rebours de l'action, de même que le pur et l'impur s'entendent d'abord au sens physique, et seulement ensuite au sens spirituel[1]. Mais si l'on se demande quelle est « la plus ancienne race de natures contemplatives », il faut répondre que ce n'est pas l'artiste, le savant ou le philosophe, mais avant tout le metteur en scène des puissances divines et l'explorateur des superstitions[2]. Si le pur et l'impur s'interprètent désormais moralement, c'est d'abord le fait d'une « aristocratie sacerdotale » et si le philosophe a pu naître, c'est

1. Nietzsche, *A*, § 42 ; *GM*, I, 6.

2. Nietzsche, *A*, § 42 ; l'énumération du § 41 commence par le prêtre. Notons que « sacerdotal » traduit l'allemand « priesterlich » ; en français, nous n'avons pas d'adjectif associé au substantif « prêtre ».

après coup, « sous les types *préétablis* [*die früher festgestellten Typen*] de l'homme contemplatif, sous les traits du prêtre, du sorcier, du devin, de l'homme religieux tout court » – le brahmane est alors pris comme exemple [1]. Bref, la vie est active avant d'être contemplative, mais la vie contemplative est d'abord sacerdotale. En second lieu, le prêtre *a triomphé* : ce sont « les natures soi-disant *religieuses* qui constituent la majorité des contemplatifs et par conséquent en représentent l'espèce la plus courante » [2] ; c'est pourquoi quand Nietzsche écrit que « la terre est *l'étoile ascétique* par excellence » [3], il faut entendre « ascétique » au sens sacerdotal ; et c'est pourquoi ce qu'on nomme « civilisation [*Cultur*] » évoque une maison de fous [4] ! La cité de l'homme est hélas devenue celle de Dieu.

Si cela est exact, le problème devient celui de savoir comment expliquer cette sombre hégémonie. Or la réponse va se dédoubler en fonction de la grande ligne de fracture qui organisait déjà l'analyse de 1878. Le prêtre va tirer profit de deux pathologies différentes que nous pouvons maintenant nommer avec deux mots repris au français : *das Ressentiment* et *die Depression* – ne faut-il pas voir là, du point de vue de Nietzsche, le signe que la langue allemande est mal armée pour déchiffrer l'actualité ? Nous allons donc avoir affaire à deux analyses successives convoquant deux étiologies distinctes. De ce fait apparaît le paradoxe suivant : tandis que, d'un côté, l'idéal ascétique pris en son sens sacerdotal tend à écraser les équivoques constitutives de tout idéal, de l'autre côté, il se révèle lui-même équivoque. D'un côté, le prêtre tend à monopoliser tyranniquement le sens, de l'autre, il déploie habilement la stratégie ascétique sur plusieurs fronts. C'est qu'il faut prendre garde à ce que signifie être « malade ». Le critère de la « santé » se trouve bien sûr dans la volonté de puissance. Il y a d'une part ceux qui exercent transitivement la puissance sous ses formes les plus offensives, sans aucune sorte de mauvaise conscience – en ce sens, le plus épouvantable et le plus avéré criminel peut être dit « innocent », comme en avait témoigné Dostoïevski [5] ; et d'autre part, ceux qui n'y parviennent pas et qui de ce

1. Nietzsche, *GM*, I, 6 et III, 10.
2. Nietzsche, *A*, § 41.
3. Nietzsche, *G*, III, 11.
4. Nietzsche, *A*, § 41 ; *GM*, III, 11 et 14.
5. F. Dostoïevski, *Les Carnets de la maison morte*, trad. fr. A. Markowicz, Arles, Actes Sud, 1999, p. 33-34. Nietzsche, *GM*, II, 14.

fait dévaluent l'extériorisation de la puissance, l'effectuant alors sous des formes biaisées, pathologiques, *ou* ne l'effectuant plus du tout. L'impuissance a plusieurs effets [1]. Pour le dire encore autrement, il existe *deux* problèmes (le ressentiment et la dépression) auxquels il y a *une* réponse (l'idéal ascétique sacerdotal). Le symptôme requiert en fin de compte un art très subtil de l'interprétation : a-t-on affaire à l'ascétisme du prêtre ou à celui du philosophe ou à un autre encore ? Et s'il s'agit de celui du prêtre, faut-il y voir une parade au ressentiment ou à la dépression ?

a) Dans un premier temps (§ 11-16), nous retrouvons un objet généalogique antérieur : le *ressentiment* comme produit de la vengeance empêchée, obstruée [2]. Le malade est alors cette figure de l'impuissance dont procède la haine et sa plus belle incarnation littéraire se trouve encore chez Dostoïevski, dans le narrateur des *Carnets du sous-sol* dont on comprend que Nietzsche ait pu le découvrir avec enthousiasme [3]. Or cette situation n'a rien d'exceptionnel, bien au contraire : « Qu'on jette un coup d'œil dans les coulisses de toutes les familles, de toutes les corporations, de toutes les communautés : partout [*überall*] la lutte des malades contre les bien-portants [...] »(§ 14). C'est pourquoi on peut dire que « presque partout [*fast überall*] » règne une atmosphère d'asile d'aliénés. C'est pourquoi encore « la morbidité est tellement normale [*normal*] chez l'homme » [4] que la santé devient l'exception qui confirme la règle. Autrement dit, l'extension, pour ne pas dire l'universalité, de la cause explique celle de l'effet : le conflit endémique des malades contre les bien-portants suscite tout naturellement la réplique sacerdotale.

Mais ce constat ne fait que reculer la difficulté et la question se transforme alors ainsi : *en quoi* l'ascétisme est-il un remède

1. La série de contresens effectués par Max Scheler sur ce point commence par l'affirmation que l'ascétisme selon Nietzsche a pour seule origine le ressentiment. Et le point d'arrivée se trouve, comme on pouvait s'y attendre, dans la thèse selon laquelle l'ascétisme chrétien s'origine ailleurs, dans la compréhension que les valeurs chrétiennes ont une tout autre source que la vie, celle-ci pouvant le cas échéant leur être sacrifiée par l'effet d'un libre choix comme en témoigne le Christ (voir *L'homme du ressentiment*, trad. anonyme, Paris, Gallimard, 1958, p. 96-102).

2. Nietzsche, *GM*, I, 10 et *HTH*, § 60.

3. Nietzsche, lettres à Köselitz du 13 février et à Overbeck du 23 février 1887. Le lecteur contemporain rencontre une version *trash* assez impressionnante du sous-sol dostoïevskien dans le roman d'Hubert Selby Jr., *La Geôle* publié en 1971 (trad. fr. J. Lanturle, Paris, Albin Michel, 1972).

4. Nietzsche, *GM*, III, 14.

au ressentiment plébéien ? L'argument de Nietzsche (§ 14-16) est difficile à suivre car il met en jeu une *double ambivalence* où l'opportunisme sacerdotal s'illustre magnifiquement.

D'un côté, le prêtre est celui qui se tient sur le seuil, sa fonction est prophylactique, il a pour charge d'éviter la contamination des natures dites « bien-portantes » (des puissants) par celles qui ne le sont pas. Le garde-malade [*der Krankewärter*] est ici un garde-frontière, il est censé garantir l'étanchéité des deux populations. Or cette vocation présuppose une nature elle-même hybride : le garde-malade doit *lui-même* être malade, sans pourtant l'être *au même titre* que ceux qu'il neutralise. Il est malade en tant qu'il est impuissant à faire la guerre, à agir, et que cela le conduit à dévaluer l'action ; mais en même temps, il procède du guerrier, c'est un aristocrate, un prédateur, et non un « faible », c'est-à-dire un plébéien, un débiteur, un vaincu[1] – c'est pourquoi il fait finalement la guerre aussi, mais une « guerre de ruse (d'"esprit") plutôt que de violence » (§ 15). Telle est la première ambivalence du prêtre. C'est elle qui le destine à jouer le rôle d'un protecteur *dans les deux sens* : protecteur des natures saines contre le ressentiment des malades qu'il s'agit de mettre « hors d'état de nuire » ; protecteur des malades, défenseur de son troupeau contre « les bien-portants [...] et contre l'envie qu'inspirent les bien-portants ». Somme toute, tout se passe comme s'il s'adressait ainsi au puissant : « tu peux compter sur moi pour contenir les désirs de la plèbe » ; et à sa brebis : « je serai ton bouclier contre la tyrannie des puissants ». Ainsi joue-t-il double jeu.

Mais, de l'autre côté, précisément parce que le prêtre est un prédateur, il ne peut pas ne pas tirer parti, et un prodigieux parti, de la position ambiguë qui lui revient. De même que c'est un malade pas comme les autres, c'est un « prédateur d'un type nouveau ». Il va se révéler hybride en un nouveau sens : censé protéger les uns contre les autres et vice-versa, il va assurer son emprise sur les uns *et* les autres. C'est un Janus deux fois *bifrons* : protecteur des uns et des autres, corrupteur des uns et des autres. La formule capitale est la suivante : il est « ce dompteur de bêtes de proie dans l'entourage de qui tous les bien-portants doivent devenir malades, et dociles tous les malades ».

1. Nietzsche, *GM*, I, 6-7.

Sur un front, il infecte les natures saines, les prédateurs, en culpabilisant l'exercice de la puissance, en les rendant honteux de leur agressivité et de leur bonheur. Nietzsche dira l'année suivante : « Le christianisme entend venir à bout de *fauves* : sa méthode consiste à les rendre *malades* [...] »[1]. C'est ici qu'il faut se souvenir de la parabole de l'aigle et de l'agneau : l'aigle va finir par se croire coupable d'exercer sa puissance car on parvient à le convaincre qu'il *pourrait* ne pas l'exercer, comme l'agneau lui en donne l'exemple méritoire[2] – c'est l'invention du libre arbitre, du sujet distinct de sa force. Ce que tu as fait, dit-on au puissant, tu *aurais pu* ne pas le faire : on ne dira jamais assez combien le conditionnel passé est corrosif, c'est le temps du remords. Que de choses n'aurais-je pas dû faire, ou ne pas faire, dont je suis maintenant à jamais coupable et qu'il va me falloir tenter en vain, indéfiniment, de réparer !

Sur l'autre front, le prêtre est une sorte d'aiguilleur : il recourbe le ressentiment[3], en persuadant le malade qu'il est malade par sa propre faute – c'est l'invention du péché, l'« événement majeur de l'histoire de l'âme malade »[4] ; et ainsi il contraint le plébéien à chercher l'ennemi en lui-même. Ce discours était encore celui que Maistre ressassait sur un registre déjà désuet et très réactionnaire, quand il s'exclamait en 1821 : « Que les hommes donc ne s'en prennent qu'à eux-mêmes de la plupart des maux qui les affligent ! »[5]. Libre arbitre et péché se referment alors l'un sur l'autre comme la cause et l'effet : pas de péché sans libre arbitre — mais à quoi bon le libre arbitre si ce n'est pour pécher ! De Maistre à Nietzsche, on mesure alors bien le déplacement. Pour le premier, qui se réfère d'ailleurs souvent à Leibniz, la question demeure celle de *l'origine* du mal, et l'on peut admettre que les *Soirées* sont la dernière grande théodicée proprement dite. Pour le second, le problème devient celui du *sens* de la souffrance, ce qui est tout autre chose. En 1874, lisant Schopenhauer et songeant sans doute à Job, Nietzsche avait déjà transformé la théodicée en un étrange constat psychologique : « la souffrance dépourvue de sens [*sinnlos*]

1. Nietzsche, *AC*, § 22.

2. Nietzsche, *GM*, I, 13.

3. Littéralement, il est celui qui modifie la direction du ressentiment, « der Richtungs-Veränderer des Ressentiment » (*GM*, III, 15).

4. Nietzsche, *GM*, III, 20.

5. J. de Maistre, *Les soirées de Saint-Pétersbourg*, I, dans *Œuvres*, *op. cit.*, p. 477. Maistre ne se lasse pas de reformuler cette thèse sous toutes les formes possibles.

a quelque chose de profondément révoltant »[1]. La question n'est alors plus de savoir comment accorder l'existence du mal à la justice divine, mais d'abord de comprendre comment on a pu rendre plus supportable le mal lui-même en le justifiant, et ensuite de se donner pour horizon l'abandon de toute justification : « L'homme *n'a plus* besoin désormais d'une "justification du mal", il a précisément horreur de "justifier" : il jouit du malheur *pur*, *cru*, il trouve le *malheur dépourvu de sens* [*sinnlos*] comme le plus intéressant » ; c'est ce que Nietzsche nomme « pessimisme de la force », en y voyant une nouvelle « théodicée »[2]. Elle est nouvelle parce qu'il « ne s'agit absolument pas du monde le meilleur ou le pire : Oui ou Non, c'est ici la question »[3]. Et si l'on dit oui, il faut affirmer que « le monde est parfait » et non qu'il est « le meilleur des mondes possibles »[4]. Dans *La généalogie*, Nietzsche répète à deux reprises l'étrange constat de 1874[5] et il comprend maintenant que l'idéal ascétique, en tant qu'interprétation, soulage la souffrance par le fait même qu'il lui donne du « sens », c'est-à-dire qu'il la réfère au péché[6]. Entre faire valoir une justice cachée et donner du sens à ce qui, par soi, n'en a pas, l'écart est manifeste.

Le *double double jeu* du prêtre – protecteur *et* oppresseur, oppresseur des uns *et* oppresseur des autres – typifie ainsi, de toute évidence, la fonction que s'était jadis donnée l'Église : maintenir le pauvre à la place que lui réserve l'ordre providentiel *et simultanément* faire plier l'aristocratie guerrière devant une puissance supérieure. Si le récit ne coïncide pas avec l'histoire des historiens, il en exhibe les ressorts affectifs, la « psychologie » qui est indissociablement une « physiologie », d'où le langage médical. Nietzsche n'invente

1. Nietzsche, *GIN*, III, 5, *OPC*, II / 2, p. 52 (trad.modifiée).

2. Nietzsche, *FP*, automne 1887, 10 [21] (trad.modifiée) ; « pur, cru » est en français dans le texte.

3. Nietzsche, *FP*, mai-juin 1888, 17 [7] (trad.modifiée).

4. Nietzsche, *AC*, § 57.

5. Nietzsche, *GM*, II, 7 et III, 28. Voir le texte exactement contemporain de L. Bloy cité *infra*, chap. III, p. 149, note 3.

6. En 1943, déporté à Auschwitz, Jean Améry se trouvera dans la terrible nécessité de vérifier empiriquement la proposition : « Qu'il s'agisse de marxistes militants, d'exégètes bibliques sectaires, de catholiques pratiquants, qu'il s'agisse d'économistes ou de théologiens hautement cultivés, ou bien d'ouvriers et de paysans peu lettrés : leur foi et leur idéologie leur offraient un point fixe dans le monde à partir duquel ils pouvaient sortir l'État SS de ses gonds » (*Par-delà le crime et le châtiment*, trad. fr. F. Wuilmart, Arles, Actes Sud, 1995, p. 38 ; la résonance nietzschéenne du titre saute aux yeux).

rien, il transfère l'histoire sur un registre original, rhétoriquement inassignable. Certains concepts y sont des personnages et donnent lieu à des « types »[1]. Ils jouent un drame que nous connaissions déjà, mais dont les forces motrices nous étaient jusqu'ici inconnues et se trouvent ainsi révélées. Nietzsche n'est à vrai dire ni un philosophe ni un poète ni un savant ni un prédicateur ni un historien – il est très délibérément tout cela à la fois, tantôt l'un plutôt que l'autre. Les masques sont d'abord des styles disponibles et le lecteur doit faire avec.

b) En quoi l'idéal ascétique soulage-t-il la douleur ? Il semble que nous puissions répondre maintenant : en lui apportant du sens, et pas n'importe lequel, le sens du châtiment. Mais justement, *le sens ne suffit pas*. En langage philosophique, contre Socrate, cela se dit : la connaissance ne suffit pas. En langage théologique, contre Luther : la foi ne suffit pas. Le prédicateur ne se borne pas à interpréter, il ordonne des pratiques : si l'ennemi est en moi, je dois l'y chercher et le neutraliser. Mais on aurait tort de comprendre que la croyance, déjà présente, doit se matérialiser dans les pratiques : comme Pascal l'avait justement aperçu, les pratiques mêmes sécrètent la croyance[2]. Dans la langue de la généalogie, nous devons donc dire ceci : à celui qui ne veut pas, l'ascèse fera vouloir.

De fait, au § 17, Nietzsche effectue un double glissement. Explicitement, il passe du *statut* hybride du prêtre à son inventivité matérielle, aux *techniques* ascétiques, et il les classe sur une échelle qui va d'un extrême à l'autre (§ 17-19) : des privations les plus rigoureuses (de nourriture, de sommeil, d'activité) aux excès les plus violents (cilice, flagellation), en passant par l'« activité machinale », c'est-à-dire l'obsession de la règle imposée par le travail qui détourne l'attention de la souffrance, et par l'« amour du prochain » qui autorise la volonté de puissance à se refaire jour en coalisant les passions grégaires. Nous ne sommes plus en 1872 où l'ascétisme s'ensuivait de l'extase dionysiaque décrite dans le langage de Schopenhauer[3] ; l'expérience mystique occupe désormais

1. En 1881, Nietzsche saluait Thucydide pour avoir écrit une histoire dont les acteurs étaient des types : *A*, § 168.

2. Nietzsche, *A*, § 22 ; B. Pascal, *Pensées*, éd. par Lafuma, n° 418.

3. Nietzsche, *NT*, § 7, *OPC*, I/1, p. 69 : « une propension ascétique à nier le vouloir est le fruit des états dionysiaques ».

le plus bas degré de l'ascèse : l'union à Dieu apparaît comme une sorte de sommeil, d'absence de douleur et au fond d'absence à soi – c'est la version emphatique, orientale, de l'ataraxie épicurienne. L'ascétisme trouve donc sa forme culminante non dans la mystique, mais bien dans les formes exacerbées de torture que l'homme peut s'infliger à lui-même ; non dans l'absence de douleur résultant d'une vie réduite au minimum, mais dans la douleur optimale que l'on peut s'administrer savamment, sans se faire mourir. Au fond, Nietzsche ne s'intéresse guère à la mystique proprement dite et ce qui le préoccupe, c'est plutôt ce que l'on commence alors à nommer « ascétisme » [1], à savoir la matérialité des conduites propres à satisfaire un besoin dont l'identification devient le problème majeur. Il tourne ostensiblement le dos à la vénérable tradition qui évoquait obscurément – et comment aurait-elle pu être limpide ? – l'abandon du sujet à ce que le langage ne peut nommer et, par un geste contraire, il ramène sur le devant de la scène les procédés pénitentiels que ne doit pas non plus occulter la question du « sens », c'est-à-dire du dogme.

S'ouvre ainsi un large éventail de procédés par lesquels le prêtre, à sa manière, sur le fond d'un fallacieux diagnostic, lutte contre la maladie. Mais quelle maladie au juste ? Et l'on s'aperçoit alors que Nietzsche, chemin faisant, substitue au ressentiment autre chose, qu'il appelle la « dépression » et que la tradition théologique nommait l'acédie, laquelle trouvait son remède dans le repentir matérialisé par la pénitence [2]. Celle-ci se caractérise par quelque chose que nous avions rencontré en 1878 et qui est de l'ordre d'une extrême fatigue, d'un épuisement [*Ermüdung*, *Müdigkeit*] : de fait, Oblomov, le héros de Gontcharov (1859), dort beaucoup. À la figure de l'impuissant aigri, haineux, frustré, toujours animé par l'esprit de vengeance, succède le dépressif, l'impuissant *qui ne veut*

1. Selon le principe des vases communicants que nous avons rencontré au chapitre I, p. 37 et que nous retrouverons dans l'autre sens, au chapitre III, avec Bataille (voir *infra*, p. 184-185).

2. « Quand notre âme commence à ne plus désirer les charmes de la terre, alors le plus souvent un esprit d'*acédie* entre en elles, qui ne lui permet pas de se livrer volontiers au ministère de la parole et ne lui laisse pas non plus le clair *désir* des biens futurs. Il disqualifie à l'excès cette vie passagère, parce qu'elle n'a en elle aucune œuvre digne de vertu. Et il déprécie la connaissance elle-même, parce qu'elle a déjà été accordée à beaucoup d'autres, ou qu'elle ne nous promet rien de parfait » (Diadoque de Photicé, *Cent chapitres spirituels*, 58, dans *La Philocalie*, *op. cit.*, t. I, p. 288).

pas se venger parce qu'il ne veut rien du tout. Un nouveau personnage survient ici, qui ne lutte pas, victime d'une pathologie étendue à de « vastes populations » et résultant elle-même de diverses causes physiologiques (inadaptation au climat, régimes alimentaires mal ajustés, maladies contagieuses...) qui évoquent la neurologie de l'époque [1]. Toutes provoquent une « inhibition [*Hemmungsgefühl*] » de la volonté de puissance, mais cette expression doit être appréciée avec prudence car il y a deux modalités possibles de l'inhibition. Puisque la vie *est* volonté de puissance [2], être malade, c'est être dégoûté de la vie, donc de la volonté de puissance. C'est ainsi que le théologien du Grand siècle en arrivait à valoriser *l'impuissance comme telle* en l'appelant un « grand talent » et en déclarant qu'une personne jugée bonne à rien « doit embrasser cet état comme le plus grand don de Dieu » [3]. Mais Nietzsche écrit deux siècles plus tard et il distingue deux variantes de cette inversion. On peut déprécier la volonté de puissance en tant que volonté *de puissance* : on éprouve alors du ressentiment pour tous ceux qui l'exercent sans scrupule, on condamne la *libido dominandi* et on voit dans la cruauté sa forme la plus infâme. Ou on peut souffrir de la volonté de puissance *en tant que volonté* : dans les traits d'Oblomov, nous est-il dit d'emblée, « on eût vainement cherché à lire [...] le moindre signe de volonté » [4]. Dans le premier cas, le dénégateur de la puissance veut une morale de la pitié, une politique de l'égalité, une épistémologie du miroir [5] – encore et toujours ne pas intervenir, ne pas hiérarchiser. Dans le second cas, le négateur de la volonté condamne le « je veux » lui-même, il est schopenhauérien – Oblomov à nouveau : « Regarde ! Aujourd'hui tu atteins l'objet qu'hier encore tu désirais passionnément atteindre, aujourd'hui tu le possèdes jusqu'à l'épuisement, et demain déjà tu rougiras d'avoir désiré cet objet ; et après tu maudiras la vie parce

1. Voir P. Gay, *Freud, une vie*, trad. fr. T. Jolas, Paris, Hachette, 1991, p. 139-140.

2. Nietzsche, *PBM*, § 259.

3. P. Nicole, *Œuvres morales*, Paris, Manucius, 2015, p. 141-142.

4. C'est le premier paragraphe du roman de Gontcharov déjà cité. Plus loin, Oblomov déclarera : « mon âme n'aspire à rien [...] »(I. Gontcharov, *Oblomov*, *op. cit.*, II, 3, p. 230) ou encore « je n'ai ni force ni volonté » (*ibid.*, II, 4, p. 246). *In fine*, le personnage sera comparé aux « ermites des thébaïdes, qui, se détournant de la vie, creusaient eux-mêmes leur tombeau » (IV, 9, p. 526)... mais, de toute évidence, Oblomov n'est pas un ermite.

5. Voir *supra*, introduction, p. 18, et. *infra*, p. 129-129.

que tes vœux se sont accomplis. Voilà où aboutit la vie indépendante, le "je veux" à tout prix ! »[1].

À deux maux, par conséquent, un remède : l'ascétisme. Mais on comprend que celui-ci consiste tantôt à retourner la cruauté contre soi, tantôt à redonner le goût de la cruauté en réassignant un objet à la volonté. Tantôt, quand il s'agit de ressentiment, l'ascétisme *réoriente* ; tantôt, quand il s'agit de dépression, il *réactive*. Et dans ce dernier cas, on comprend qu'il vaut mieux vouloir le rien, c'est-à-dire *vouloir* quand même et faire ainsi preuve d'une vitalité paradoxale, que ne rien vouloir, c'est-à-dire végéter, demeurer captif d'une torpeur accablée. On comprend que l'idéal ascétique trouve paradoxalement « *sa source dans l'instinct de défense et de salut d'une vie en voie de dégénération* qui cherche à subsister par tous les moyens et lutte pour son existence »[2].

De cette analyse en deux temps découle une série de paradoxes qui sont constitutifs de l'idéal ascétique et, à ce titre, qui résument assez bien la grande catastrophe dont le christianisme est le nom. Ils rendent simultanément compte de sa victoire bimillénaire et de l'urgence d'y mettre fin.

Paradoxe 1 : soigner, c'est rendre malade

Nous devons distinguer soigneusement les diverses modalités en fonction desquelles le vouloir-souffrir se loge *au cœur* de la vie elle-même.

En un premier sens, cela doit être dit normal. En effet, pour autant que la volonté veut la puissance, elle veut l'adversité et elle veut la peine qui lui est liée : « La volonté de puissance par conséquent recherche les résistances, le déplaisir [*Unlust*]. Il y a un vouloir de la souffrance [*einen Willen zum Leiden*] au fond de toute vie organique (contre le "bonheur" comme "but") »[3]. De ce point de vue, il est correct de dire que le vivant veut souffrir pour autant qu'il veut exercer sa force. Cela peut conduire les Européens d'aujourd'hui à se créer des monstres pour avoir quelque chose à combattre et échapper à l'ennui[4], mais cela conduit aussi Nietzsche à déclarer : « nous les

1. *Ibid.*, II, 10, p. 315-316.
2. Nietzsche, *GM*, III, 13.
3. Nietzsche, *FP*, été-automne 1884, 26 [275] (trad. modifiée).
4. Nietzsche, *GS*, § 56. Nietzsche dit alors « die Begierde nach Leiden » pour désigner le vouloir-souffrir.

immoralistes et les antéchrists, nous trouvons avantage à ce que l'Église existe ... »[1]. Le désir de la souffrance est alors signe de santé, de vitalité. Et c'est pourquoi il faut critiquer les compatissants, ceux qui veulent abolir la souffrance chez autrui[2]

En un second sens, la souffrance est au contraire caractéristique d'une vie malade. Elle n'est alors nullement voulue, elle est liée à l'impuissance sous une forme ou une autre, volonté défaillante ou vengeance frustrée. Que certaines circonstances interdisent au vivant de vouloir la puissance ou même de vouloir tout court, il en éprouve nécessairement de la peine. Et la peine appelle le remède.

En un troisième sens, la souffrance est ce remède et elle se définit comme la « souffrance volontaire » à proprement parler[3]. En effet, nous savons que le prêtre chrétien traduit le malaise résultant de l'impuissance dans la langue du péché et enferme son auditeur dans le terrible sophisme suivant : si je souffre, c'est que je suis coupable – la souffrance (l'impuissance) comme signe ; mais si je suis coupable, je dois me punir – la souffrance (l'autopunition) comme thérapie. Le cercle ascétique se met ainsi en place : la souffrance comme remède à la souffrance[4]. C'est la redoutable stratégie sacerdotale par laquelle le prêtre accroît son pouvoir – et il lui faut bien l'accroître pour exister. Le prêtre n'est donc pas celui qui trouve le remède dans le mal, mais celui qui trouve le mal dans le remède après avoir, dans certains cas, causé le mal lui-même auquel il fallait apporter un remède. Rendre malade pour soigner et rendre encore plus malade en soignant : « mais il lui faut d'abord blesser pour faire le médecin ; s'employant ensuite à calmer [*stillen*] la douleur que cause la blessure, *il empoisonne en même temps la blessure* [...] »[5]. Le § 145 du *Gai savoir* évoquait déjà les docteurs hindous qui contraignent au végétarisme pour susciter le mal qu'ils peuvent ensuite satisfaire par leur religion. Le § 51 de *L'Antéchrist* parlera, en français, de « folie

1. Nietzsche, *CID*, « La morale, une anti-nature », § 3.

2. Nietzsche, *GS*, § 338, intitulé « La volonté de souffrance [*der Wille zum Leiden*] et les compatissants ».

3. « Das freiwillige Leiden » : *A*, § 18.

4. Dans les années 1820, Constant avait formulé un cercle analogue : « Le sacerdoce qui a fait le mal, parce que ce mal était dans son intérêt, sent qu'il est de son intérêt de fournir le remède » (*De la religion* ..., *op. cit.*, X, 7, p. 426) ; le mal consistait alors dans l'invention de dieux méchants et le remède en l'invention de médiations entre Dieu et le croyant.

5. Nietzsche, *GM*, III, 15.

circulaire »[1]. On peut encore parler d'une sorte de vouloir-mourir ou, plus littéralement, de volonté d'en finir [*der Wille zum Ende*][2].

C'est donc au prêtre que s'oppose maintenant le médecin, et non au cuisinier[3]. Pour le médecin, ce cercle très vicieux doit s'entendre comme une mésinterprétation qui résulte de l'ignorance. Parlant sans cesse de l'« âme » en la dissociant du corps, comprenant ainsi la souffrance dans le langage moral du péché, le prêtre ne peut lui apporter de véritables remèdes : « Il ne combat que la souffrance elle-même, la douleur [*Unlust*] de celui qui souffre, *non* leur cause, *non* le véritable état de maladie, – tel est notre grief le plus profond contre la médication sacerdotale »[4]. Mais il faut prendre garde qu'en s'exprimant ainsi, on présuppose que le prêtre souhaite guérir le malade... Or il veut exactement le contraire : « *rendre* malade est la véritable intention cachée de tout le système des procédures de salut pratiquées par l'Église »[5]. Comment voudrait-il guérir des malades alors que c'est de la maladie qu'il tire sa puissance ? Ainsi comprise, la pratique sacerdotale remplit très bien sa fonction.

C'est si l'on tient compte de ce cercle que l'on comprend comment le « ne rien vouloir » peut se rencontrer à son tour *sous deux jours parfaitement inverses*. Il est d'abord la grande fatigue, l'absence dépressive de volonté résultant de déterminations physiologiques contingentes. Le bouddhisme est né lui aussi pour s'en défendre, mais au lieu de réagir par l'ascèse, c'est-à-dire en l'interprétant par le péché et en le traitant par la violence, il a diagnostiqué un manque d'hygiène et préconisé les remèdes correspondants, une diététique plus raisonnable quoique sur le fond, elle procède d'une identification de la vie à la souffrance et trouve donc la solution dans un art de *ne pas trop* vivre[6]. Or c'est là qu'on voit réapparaître la négation de la volonté, mais cette fois comme extinction *préméditée* du désir, réduction artificielle du sentiment vital par le manque : « Si possible, plus de vouloir, plus de désir [...] »[7]. De la carence

1. Voir aussi *EH*, « Pourquoi je suis un destin », § 8.
2. Nietzsche, *EH*, « Aurore », § 2.
3. Platon, *Gorgias*, 464 d : « Ainsi, la cuisine s'est glissée sous la médecine, elle en a pris le masque » (trad. fr. M. Canto, *op. cit.*).
4. Nietzsche, *GM*, III, 17 (trad. modifiée).
5. Nietzsche, *AC*, § 51 (trad. modifiée). Le renversement était effectué dès *HTH*, § 141.
6. Nietzsche, *AC*, § 20. Dans *HTH*, le bouddhiste apparaissait déjà comme un intermédiaire entre le saint chrétien et le philosophe grec (§ 144).
7. Nietzsche, *GM*, III, 17.

aléatoire de la volonté à son érosion méthodique : le remède à l'inhibition se trouve alors dans une sorte de surenchère – puisque tu souffres de ne pas vouloir assez, efforce-toi de ne plus vouloir du tout !

C'est le même cercle que Nietzsche, dans ses dernières années, appelle *décadence* : « On est attiré par ce qu'on devrait repousser. [...] Définition du végétarien : un être qui aurait besoin d'un régime fortifiant » [1]. Assujetti à l'idéal ascétique, le malade éprouve le besoin de ce qui l'affaiblit. Le besoin éprouvé par le chrétien de se faire souffrir pour ne plus souffrir n'a décidément rien à voir avec une « erreur de la nature » [2], il renvoie au prêtre, à une stratégie instinctive où la ruse le dispute à l'ignorance et qui le fait prospérer sur ce désastre.

Paradoxe 2 : exciter, c'est calmer

Si l'on a compris cela, que la maladie peut signifier l'impuissance à vouloir, on peut aussi comprendre l'étrange terminologie de Nietzsche qui fait coïncider deux choses *a priori* contradictoires : l'excitant et le calmant. Ce dont souffre le dépressif, c'est de ne pas vouloir modifier l'état d'autrui, de renoncer à toute emprise extérieure. En lui enjoignant de se faire souffrir lui-même, le prêtre donc à la fois excite ou stimule la volonté de puissance *et* apaise la souffrance. C'est pourquoi Nietzsche peut dire, sans nullement se contredire, que le christianisme a su trouver des « narcotiques [*Narkotisirend*] » dans des « stimulants [*Stimulanz*] » pour vaincre la dépression ou ailleurs qu'il faut produire une « débauche [*Ausschweifung*] du sentiment » pour parvenir à une « insensibilisation [*Betäubung*] » [3]. D'un côté, irritation, excitation, stimulation et de l'autre narcotique, anesthésie, calmant : sans cesse, dans ces pages, les deux séries se recouvrent pour dire que le pénitent souffre moins en souffrant plus. Si la religion est un opium, ce n'est donc pas ici en tant qu'elle console, c'est en tant qu'elle torture.

1. Nietzsche, *CW*, § 5 ; voir aussi *AC*, § 6.
2. Voir la référence à l'hydropique cartésien, *supra*, chap. I, p. 63.
3. Nietzsche, *GM*, III, § 17 et 19.

Paradoxe 3 : souffrir, c'est jouir

Dans le même ordre d'idées, Nietzsche dit encore que l'« insensibilisation [*Betäubung*] » ou le « narcotique [*Narcoticum*] » se trouve dans la « décharge » qui s'effectue au travers de l'ascétisme comme autopunition du pécheur [1] et l'on ne s'étonne pas de retrouver ici l'*Entladung* de 1878 [2]. L'un des plus grands problèmes qui se pose en général au lecteur de Nietzsche est certainement de savoir ce que signifie au juste « vouloir la puissance » : manifester cruellement sa force ? Hiérarchiser et configurer, sculpter ? Contraindre les types concurrents à faire siennes les valeurs qui les désavantagent ? Tout cela à la fois, sans doute. En tout cas, il arrive couramment à Nietzsche de désigner l'exercice de la volonté par ce terme « *Entladung* » et le prêtre apparaît comme le grand maître de la décharge collective, il l'organise avec art : « Au fond, toutes les grandes passions peuvent servir à cela, pour peu qu'elles se déchargent subitement [...] et en effet le prêtre a pris sans scrupule à son service *toute* la meute de chiens sauvages qui hurlent dans l'homme [...] » [3].

Le terme a retenu l'attention des érudits depuis que Jean Bollack a exhumé le travail de Jacob Bernays [4], un philologue qui avait proposé de traduire la *katharsis* aristotélicienne par *Entladung* plutôt que *Reinigung*, suivi par Nietzsche au § 22 de *La naissance de la tragédie*. Mais le mot a toutes les significations du terme français « décharge », y compris celui de l'orgasme, et c'est d'ailleurs ainsi qu'on traduit Sade en allemand. À ce titre, il s'accorde avec la « débauche du sentiment » évoquée plus haut et il faut le réinscrire dans les multiples et très diverses apparitions de la jouissance sexuelle tout au long de la troisième dissertation. Or il s'avère assez vite que ces apparitions dessinent un paysage où l'orgasme ne peut jamais se dire que sous la forme d'une dénégation. Feuerbach avait certes fait valoir

1. Nietzsche, *GM*, III, § 15.

2. Voir *supra*, p. 94.

3. Nietzsche, *GM*, III, 20. Au § 15, on lisait que le prêtre avait pour but de « décharger » l'explosif du ressentiment « de telle façon qu'il ne fasse sauter ni le troupeau ni le berger ». Grand lecteur de Nietzsche, Stefan Zweig fera sien cet usage de l'*Entladung*, comme décharge subite d'une force accumulée : voir par exemple dans les *Romans, nouvelles et récits*, trad. dirigée par J.-P. Lefebvre, Paris, Gallimard, 2013, t. II, *Le monde d'hier*, p. 1035 et 1127 ou la *Nouvelle du jeu d'échecs*, p. 1472 et 1484.

4. J. Bollack, « Jacob Bernays. Un homme entre deux mondes », dans J. Glucker et A. Laks (dir.), *Jacob Bernays. Un philologue juif*, Villeneuve-d'Ascq, Presses universitaires du Septentrion, 1996, p. 135-226.

la « saine sensualité [*Sinnlichkeit*] », mais il incarne la génération des années 1830 et 1840 (§ 3) à laquelle il n'est pas question de revenir pour des raisons qui ont déjà été évoquées [1]. Le philosophe ne peut prospérer qu'en dévaluant la sensualité [*Sinnlichkeit* encore] et en valorisant la chasteté (§ 8). Les expériences mystiques de sainte Thérèse d'Avila doivent se comprendre comme ce que l'ascétisme fait à la sensualité [*Sinnlichkeit* toujours] (§ 17). Renan, contre lequel Nietzsche se déchaîne plus loin avec une virulence suspecte, se trouve symboliquement castré (§ 26). Et l'ascète enfin « décharge » pour autant qu'il vit en se torturant lui-même. Chez Nietzsche, fils de pasteur, l'orgasme est donc à la fois central et interdit : d'un côté, repoussé sur la périphérie du discours en des figures qui le barrent de diverses manières ; de l'autre, logé au foyer le plus intime de la vie elle-même puisque vivre, c'est exercer sa puissance, donc « décharger ». Revient ainsi sous une forme métaphorique ce qui se trouve exclu quand il s'agit de la lettre. Est-ce là que la « femme » trouve son occulte revanche ? C'est là, en tout cas, ce qui permit à une certaine époque de rapporter Nietzsche à Sade [2], quoique le premier ne cite jamais le second et quoiqu'on se sente impertinent à l'imaginer le lisant d'une main – surtout si l'on se souvient de la prédilection dont il témoignait pour le roman de Stifter, *L'Arrière-Saison* (1856), dont le moins que l'on puisse dire est que la description des relations amoureuses s'y trouvait empreinte d'une pruderie maximale – il était difficile d'aller plus loin dans l'euphémisation du désir. Chez Nietzsche, la cruauté se connecte bien à la décharge, mais la décharge devient autre chose que l'orgasme, quelque chose de beaucoup plus central et de beaucoup plus mystérieux, le cœur palpitant du devenir, la volonté de puissance en acte. Ainsi le libertinage réapparaît-il inopinément dans le langage d'un luthérien en rupture de ban : nouvelles Lumières, encore ! Au reste, la décharge est explosive, elle fait sauter la morale, elle brise l'histoire en deux ou même elle renverse les valeurs : c'est en ce sens que le christianisme a été de la dynamite et c'est encore en ce sens que Nietzsche lui-même prétend l'être à son tour [3]. Ce fut sa manière à lui de décharger.

1. Nous avons vu pourquoi *supra*, p. 84 : Feuerbach critique Schopenhauer *au nom d'Helvétius*, il régresse au principe de plaisir sous sa forme la plus rudimentaire

2. Il faut rendre à Bataille l'honneur de ce couplage : voir *infra*, chap. III, p. 191-192.

3. « Du reste, *Zarathoustra dans sa totalité* est une explosion [*Explosion*] de forces [...] »(lettre à Overbeck du 6 février 1884). Et *AC*, § 62 ; *EH*, « Pourquoi je suis un destin », § 1.

Avec tous les déplacements dont elle fait l'objet, la jouissance demeure donc là et l'ascète doit trouver une forme de plaisir dans la souffrance qu'il s'impose : « Tout cela est un paradoxe au plus haut degré : nous nous trouvons ici devant une scission qui se *veut* elle-même scission, qui *jouit* [*genießt*] d'elle-même dans cette souffrance [...] »[1]. Que la décharge s'effectue à l'extérieur ou à l'intérieur, elle s'effectue et engendre de la jouissance : « Dans la volonté de cruauté, il est, *en premier lieu*, indifférent, que cette cruauté s'exerce sur *nous* ou sur *d'autres* », écrivait Nietzsche en 1884[2]. Mais cela nous indiffère « en premier lieu » seulement car, dans le second cas, la jouissance est autodestructrice et elle engendre aussi de la douleur. Ce qu'Helvétius avait concédé à la marge, en déclarant : « On aime mieux encore macérer que s'ennuyer »[3], cela acquiert maintenant une fonction historique cruciale. Deux mille ans de prétendue civilisation y ont trouvé leur terrible principe. Et s'il a pu en être ainsi, c'est qu'Helvétius avait tort sur le fond : il est faux que, par nature, l'homme recherche le plaisir et fuie la souffrance. En réalité, s'il peut vouloir la souffrance et y trouver du plaisir, cela tient à ce que, par hypothèse, ce qu'il cherche avant tout, ce n'est ni l'un ni l'autre, c'est la puissance :

> L'homme ne recherche pas le plaisir [*Lust*] et n'évite pas le déplaisir [*Unlust*] : on comprend à quel fameux préjugé je m'oppose en cela. Plaisir et déplaisir ne sont qu'une simple conséquence, un simple phénomène concomitant [*bloße Folge, bloße Begleiterscheinung*] – ce que l'homme veut, ce que veut la plus infime parcelle d'un organisme vivant, c'est un surcroît de puissance [*ein plus von Macht*][4].

Le principe de la volonté de puissance doit écarter celui qu'Helvétius et Bentham avaient mis au fondement de l'anthropologie. Le plaisir n'est pas une norme immanente à l'action, c'est un effet collatéral. Tout au plus est-ce le signe que la puissance s'exerce victorieusement, mais ce n'est pas la fin de l'action. Nous savions déjà que celle-ci

1. Nietzsche, *GM*, III, 11 (trad. modifiée). *Par-delà bien et mal* disait déjà : « pourtant notre propre souffrance, la souffrance que nous nous infligeons, nous procure d'abondantes, de surabondantes jouissances [*Genuß*] [...] »(§ 229).

2. *FP*, été-automne 1884, 26 [290].

3. Voir *supra*, chap. I, p. 32.

4. Nietzsche, *FP*, printemps 88, 14 [174] (trad. modifiée). Dans *PBM*, § 225, on retrouve cette idée que le plaisir et la douleur sont des « états concomitants [*Begleitzuständen*] », « des choses accessoires [*Nebensachen*] ». Voir aussi l'important fragment de 1883, 7 [77].

avait pour fin la décharge elle-même et non l'orientation qu'elle se donne[1] ; nous devons ajouter maintenant : la décharge est par nature effectuation de puissance ; comme telle, elle implique la cruauté et le plaisir qui accompagne celle-ci. Si la volonté se retourne sur elle-même, alors le même sujet trouve du plaisir dans la souffrance. Elle le trouve, elle ne l'y cherche pas. Et quand Nietzsche définit le bonheur comme « le sentiment que la puissance *croît* – qu'une résistance est en voie d'être surmontée »[2], nous ne devons pas y voir un retour à l'eudémonisme, mais seulement l'affirmation que l'accroissement de puissance se trouve corrélé au plaisir qui en est indissociable, mais distinct.

C'est peut-être *un peu trop* subtil et le problème que nous avons rencontré en évoquant Sade ressurgit : n'est-ce pas là une façon de vouloir refuser au plaisir la place qui lui revient ? Le qualifier de « concomitant », n'est-ce pas une dénégation ? Après tout, la volonté de puissance ne peut se satisfaire sans en éprouver de la jouissance quand même ce n'est pas ce qu'elle viserait et quand même elle la trouverait en se martyrisant elle-même… Certes, Nietzsche ne cherche pas à penser une volonté de souffrance radicale, comme on parle de « mal radical » : une souffrance voulue pour elle-même. C'est la domination qui est voulue. Mais si celle-ci ne peut se dissocier du plaisir qui l'accompagne, on doit admettre que l'ombre du principe de plaisir continue de peser sur l'interprétation de l'ascétisme et sur le concept même de la volonté de puissance.

On peut arriver au même soupçon par un chemin un peu différent. Lorsque Helvétius, en 1758, voulait récuser le libre arbitre, il argumentait en expliquant que toute volonté est nécessairement contrainte car « le désir du plaisir est le principe de toutes nos pensées et de toutes nos actions », de sorte qu'il est absolument impossible que « nous pussions également nous vouloir du bien ou du mal »[3]. Pour nier ce principe, on pouvait évidemment être tenté de réintroduire le libre arbitre et le désintéressement, la capacité de se déterminer indépendamment du plaisir et de la souffrance et c'est à propos des pratiques ascétiques universellement répandues que Constant écrivait : « Ainsi l'homme a toujours été poursuivi

1. Voir *supra*, p. 94-95.
2. Nietzsche, *AC*, § 2.
3. J.-C.-A. Helvétius, *De l'esprit*, Paris, Fayard, 1988, discours I, chap. IV, p. 47.

de la pensée qu'il n'est point ici-bas seulement pour jouir [...] »[1]. Mais Nietzsche ne réintroduit nullement le libre arbitre ; il soutient que l'on peut être contraint par certaines circonstances d'exercer la puissance contre soi, de telle sorte que l'on se fait souffrir *et* que l'on en éprouve du plaisir, à la fois. En argumentant ainsi, il entend contredire à la fois le spiritualisme du désintéressement et l'hédonisme matérialiste. D'un côté, il reste l'« adversaire le plus intransigeant de tout matérialisme »[2], de l'autre, il combat tout autant les partisans de l'« esprit pur »[3] et le serf arbitre ne vaut pas mieux que le libre arbitre[4]. L'action n'est donc mue ni par la conscience morale ni par le désir du plaisir, mais par la volonté de puissance dominante et celle-ci peut être conduite, dans certaines conditions, à se retourner contre elle-même. Toutefois, elle y trouve encore du plaisir et ce qui était mis à la porte semble revenir par la fenêtre.

Le fond de la difficulté peut enfin s'énoncer ainsi : comment renvoyer dos à dos utilitarisme et pessimisme ? D'une part, Nietzsche participe à la dévaluation de l'héritage utilitariste sur laquelle s'accorde une bonne partie du siècle, y compris du côté utilitariste : c'est se faire une bien plate idée de l'homme que de le croire exclusivement gouverné par la recherche du plaisir entendu en son sens le plus fruste. Mais d'autre part, pour autant que la cible principale se trouve dans la dévaluation chrétienne des plaisirs de ce monde, il retrouve spontanément l'hédonisme des Lumières. Pour concilier les deux exigences, il fait valoir la primauté du désir de puissance *à côté* duquel il réintroduit la jouissance sur un mode marginal. Peut-on ne pas y voir un compromis ?

Paradoxe 4 : le renoncement, c'est la domination

Tout cela explique assez clairement comment le prêtre assoit sa puissance sur celui qui est *déjà* malade, sur l'envieux ou le dépressif, car c'est en procédant ainsi, en interprétant ainsi sa souffrance qu'il lui redonne paradoxalement le goût de vivre par la mortification. On comprend bien que le « malade » soit séduit par cette perspective et

1. B. Constant, *De la religion*..., *op. cit.*, II, 2, p. 109.
2. Nietzsche, *GM*, III, 16, *in fine*.
3. Nietzsche, *AC*, § 8 : « Le pur esprit, c'est le pur mensonge ».
4. Nietzsche, *PBM*, § 21.

succombe aux griffes du nouveau prédateur. On comprend bien que le mal soit dans le remède.

Mais comment comprendre que le prêtre parvienne à assurer son emprise *sur celui qui ne souffre pas encore*, sur le barbare triomphant qui n'éprouve aucune souffrance demandant à être interprétée ? Comment comprendre que le prêtre, non seulement mette en œuvre un remède qui est un mal, *mais cause le mal lui-même* auquel il fallait apporter un remède, « inflige la blessure » ? Comment convaincre le guerrier qu'il est un pécheur en tant que guerrier, en tant que dominateur ? Comment le « prédateur d'un type nouveau » peut-il l'emporter sur le prédateur traditionnel ? C'est pourtant seulement ainsi que le cercle est complet.

La première dissertation répondait par l'invention du libre arbitre (§ 13). Mais cette réponse est une réponse doctrinale et comme telle insuffisante : comment convaincre le puissant qu'il est en faute quand il exerce la puissance ? La réponse se trouve dans l'ascétisme lui-même. Non pas celui du fidèle, mais *celui du prêtre*. Car l'ascétisme surgit avec le type sacerdotal, il le rend possible : le prêtre, c'est celui qui, ne parvenant pas à exercer directement (transitivement) la puissance, l'exerce indirectement. C'est un aristocrate dégénéré [1]. En intériorisant la volonté de puissance, en la retournant contre lui-même, il apparaît comme l'homme du renoncement volontaire, celui qui renonce librement à toute domination extérieure. *Mais c'est précisément en agissant ainsi qu'il parvient à ce à quoi il semble renoncer* : l'ascétisme comme feinte et détour.

Comment cela est-il possible ? En exerçant la cruauté sur lui-même, le prêtre se montre plus fort que le conquérant lui-même [2]. Qui est le plus « fort », celui qui est capable de se torturer lui-même ou celui qui torture les autres ? Qui peut effrayer le barbare féroce, sinon celui qui se montre féroce envers lui-même ? C'est ainsi qu'en renonçant à toute domination sur le monde, on le domine d'autant mieux. Dans un fragment de la même époque [3], Nietzsche décrit les prêtres comme « les comédiens de quelque chose de surnaturel qu'ils ont pour tâche de rendre sensible » et ils y parviennent par

1. Nietzsche, *GM*, I, 6.
2. Nietzsche, *A*, § 14 ; *GS*, § 13 ; *GM*, III, 10.
3. Nietzsche, *FP*, 1886-1887, 7 [5].

l'« ascèse comme moyen de puissance », en employant des moyens qui confèrent « quelque chose de terrifiant à la maîtrise de soi ».

Nietzsche retrouve ici la dénonciation voltairienne de l'imposture ascétique[1], mais on en trouve chez ses contemporains des illustrations littéraires où il s'agit plutôt de constater un échec qui appelle à se réinsérer dans le monde ordinaire : chez Tolstoï, dans *Le Père Serge* (post. 1911), ou chez Zweig dans *Les Yeux du frère éternel* (1921) – dans les deux cas, le héros découvre avec dépit qu'en se faisant ermite, il acquiert en réalité sur les autres le pouvoir dont il voulait se défaire. Par l'ascétisme, le type sacerdotal devient lui-même possible, il atteste sa supériorité ; et par l'ascétisme encore, il administre à ses victimes une thérapeutique mortifère. L'ascétisme spectaculaire et terrifiant se transforme en un ascétisme antalgique et destructeur.

L'artiste (§ 2-5)

Il est temps de se demander quelles significations échoient aux trois autres grands types considérés. Nous allons voir non seulement qu'elles sont diverses, mais que chacune d'entre elles entretient un rapport spécifique à l'ascétisme sacerdotal. Pour le dire autrement : le mode d'appropriation de l'ascétisme sacerdotal s'opère selon des modalités à chaque fois singulières.

L'artiste, ici, c'est Wagner comme « cas », c'est-à-dire en tant que représentatif d'un âge de décadence, le Wagner de *Parsifal* (1882). Et la thèse est surprenante : pour l'artiste, l'idéal ascétique ne signifie « *rien du tout* »[2].

Cela ne veut pas dire que l'idéal ascétique n'entretient *aucun* rapport avec l'artiste, qu'il lui est étranger. Cela veut d'abord dire que l'artiste décadent est incapable de conférer un sens *propre* à l'idéal ascétique. En réalité, le sens artistique de l'ascétisme, c'est celui du prêtre. L'ascétisme sacerdotal a corrompu l'artiste[3]. Le « cas Wagner » n'atteste donc nullement l'appropriation productive de l'idéal ascétique, mais juste l'assujettissement de l'artiste au prêtre – Wagner a succombé à la tentation catholique, à l'esprit de négation, au désir de régression.

1. Voir la *Lettre d'un Turc sur les fakirs et sur son ami Bababec* citée au chapitre précédent, p. 54.

2. Nietzsche formule deux fois sa thèse, aux § 1 et 5.

3. Nietzsche, *GM*, III, § 25.

Cela ne veut pas dire non plus que l'artiste *en général* soit wagnérien. Bien au contraire, l'artiste *non* corrompu se dresse contre le prêtre : parce qu'il est indifférent à la vérité, parce qu'il ment sans aucune mauvaise conscience [1]. Après tout, Nietzsche lui-même est artiste (musicien, poète). De prime abord, il semble même que ce soit là qu'on puisse trouver l'antidote à l'ascétisme sacerdotal, là et non dans la science. Pensons *a contrario* aux (vieilles) Lumières : au lieu d'opposer le *savoir* à la religion entendue comme superstition, comme fausse doctrine, opposer l'*art* à la religion comme ascétisme, comme conduite morbide. Et allons plus loin : opposer l'art à la religion *et à la philosophie elle-même*. Dans un fragment intéressant de 1885, Nietzsche valorise l'artiste contre « les ecclésiastiques et les métaphysiciens » [2]. Ici, nous rencontrons l'image d'un Nietzsche esthète, partisan de l'art contre la métaphysique et la science. L'art valorise *ce* monde contre le savoir en général (peu importe finalement qu'il soit théologique, philosophique ou scientifique) qui le dépouille de ses qualités sensibles au profit d'abstractions pathogènes.

Mais on voit que ce n'est pas si simple. D'une part, nous devons donc opposer l'artiste à l'artiste et le même fragment joue l'artiste sensuel, celui qui transfigure positivement l'existence, contre l'artiste décadent, puritain, pessimiste – Goethe contre Wagner, soit la dégradation sacerdotale de l'artiste. L'artiste originel, l'artiste *princeps*, c'est alors l'homme des apparences, celui qui valorise *ce* monde et pas un autre monde – paradoxalement, on pourrait dire celui qui valorise non pas le faux ni la fiction, mais au contraire le réel. D'autre part, nous ne devons pas trop vite opposer naïvement ce virtuose des apparences à l'austère savant et miser sur l'art pour nous sauver de la décadence. Certes, c'est ce qu'affirme le § 25 : « l'art [...] s'oppose à l'idéal ascétique bien plus fondamentalement que la science ». Mais *de fait*, la troisième dissertation va trouver l'antidote dans la seconde et non dans le premier. Et cela se comprend sans doute mieux si on se reporte au § 361 du *Gai savoir* qui paraît la même année : là où *La généalogie* dit « la volonté de tromper a la bonne conscience de son côté » [3], *Le gai savoir* évoque la « fausseté en bonne

1. Nietzsche, *GM*, III, § 25.

2. Nietzsche, *FP*, juin-juillet 1885, 37 [12].

3. Évidemment la « volonté de tromper [*der Wille zur Täuschung*] » s'oppose à « la volonté de vérité [*der Wille zur Wahrheit*] » sur laquelle s'ouvrait *Par-delà bien et mal*.

conscience ». Les termes sont quasiment les mêmes, pourtant la valorisation s'inverse. Qui donc, en effet, use du mensonge sans souci de la vérité ? C'est le plébéien, le valet qui prend tel ou tel masque en fonction des circonstances, l'opportuniste. Tel est le prototype de l'*acteur* et tout artiste est un acteur, c'est-à-dire un avatar de celui qui s'adapte servilement aux situations de domination dans lesquelles il se trouve pris. La description de Nietzsche évoque fortement *Le neveu de Rameau* (qu'avait traduit Goethe lui-même en 1805) et en lequel, assurément, on peut voir l'impeccable osmose de l'artiste et du valet.

Toutefois, l'opposition des deux artistes finit par se brouiller. Wagner aussi est un comédien. L'idéal du prêtre, il l'a adopté pour autant que l'artiste va où souffle le vent. Il a feint ce qui gouverne l'air du temps. Wagner réactionnaire, nostalgique des monastères, c'est d'abord Wagner parodiste, celui qui représente l'« *avènement du comédien dans la musique* »[1]. Et si le prêtre lui-même est le comédien du surnaturel, il faut comprendre que l'artiste est le comédien du comédien, ce qui revient à dire que derrière le masque, il s'en trouve toujours un autre[2]. Lorsque nous déclarons que l'ascétisme n'a pour l'artiste aucune signification originale, nous disons donc simplement que celui-ci est par nature versatile. Wagner feuerbachien s'est fait schopenhauérien, et il n'est pas le seul !

Le point décisif, naturellement, n'est pas que le compositeur se tourne vers Feuerbach ou Schopenhauer. Il est qu'on ne trouvera pas chez lui l'antidote à l'ascétisme. Cela tient à une raison que l'on pourrait formuler ainsi : l'artiste ne voulant pas la vérité, il n'est pas en mesure de se demander pourquoi il la veut. Et donc il ne peut pas non plus discerner en quoi la vouloir, c'est perpétuer l'ascétisme. Par conséquent, il ne peut pas non plus interroger l'« idéal ascétique », dans sa provenance comme dans ses métamorphoses. Sans doute, indifférent à la vérité, s'oppose-t-il à celui qui la prise plus que tout ; mais précisément parce qu'elle lui est « indifférente », il est impuissant à *en faire un problème* – non pas bien sûr le problème de savoir ce qui est vrai, mais le problème de savoir pourquoi on désire si intensément savoir ce qui est vrai. En emboîtant le pas à l'artiste, nous manquons ainsi ce qui pourrait mettre en cause les mutations de l'ascétisme, nous nous contentons de le jouer.

1. Nietzsche, *G*, III, 3 et *CW*, § 11.
2. Nietzsche, *PBM*, § 289.

Le savant (§ 23-27)

Il s'avère qu'en fin de compte, c'est dans l'ombre qu'il faut chercher l'issue. Si le savant est l'ombre du prêtre, il est celui qui en perpétue d'abord la domination, mais de telle sorte qu'il se trouvera en retour contraint de l'ébranler – Nietzsche, après tout, mélomane et poète, est aussi un érudit philologue. C'est pourquoi c'est avec le savant que se clôt la dissertation comme sur l'aurore d'un nouveau monde.

D'emblée, nous sommes tentés d'objecter que le savant est justement celui qui *ne pose pas* le problème de la vérité et qui ne peut pas le poser. En se donnant celle-ci pour objet (le vrai plus que tout), il s'interdit d'y voir un problème, il présuppose qu'il faut la chercher, un point c'est tout : *fiat veritas, pereat mundus !* Et tel est, en effet, celui que Nietzsche nomme le « modeste ouvrier » de la science (§ 23). D'un autre côté, on ne peut pas oublier que la vérité fait problème depuis Socrate au moins. Mais comment ? On peut répondre : sur un triple registre. Celui de l'accès : la méthode. Celui de la reconnaissance : le critère. Celui de la définition : la nature. Or Nietzsche rétorque que toutes ces subtiles discussions sont le fait d'autres ouvriers, les ouvriers de la philosophie[1], qui ignorent l'énigme première dont elles procèdent aveuglément : d'où vient que l'« on » *valorise* à ce point la vérité qu'il paraisse désormais indispensable de la définir, de la chercher et de la reconnaître ?

Si nous voulons comprendre pourquoi il est inévitable d'en arriver à cette question-là, que ne peut formuler aucun ouvrier, il nous faut reprendre les choses par le commencement : quel rapport entre le savant et l'ascétisme ? L'analyse de Nietzsche s'effectue en trois temps : distinction, reconduction, inversion.

Distinction d'abord. Contrairement à l'artiste, le savant confère un sens original à l'idéal ascétique : c'est une interprétation objectiviste de l'ascétisme – on pourrait dire encore « positiviste » ou « faitaliste » (§ 24). Elle consiste à interdire aux sens de parasiter la pure description des faits[2]. La condamnation des sens ne s'opère donc pas au motif qu'ils auraient quelque chose à voir avec le vice, mais au motif qu'ils biaisent l'observation, qu'ils troublent le miroir de la connaissance, qu'ils déforment le reflet du réel. Il ne s'agit

1. Nietzsche, *PBM*, § 211.
2. Nietzsche, *PBM*, § 207.

pas non plus d'en réprimer les désirs, mais d'en neutraliser les brouillages, au moyen de divers artifices instrumentaux. Enfin, ce n'est pas le salut qui constitue l'horizon de cet ascétisme, c'est la vérité. Bref, le motif, les moyens et la fin, *tout* distingue l'ascétisme méthodologique du savant d'avec l'ascétisme sotériologique du prêtre. Et dans la perspective du savant, non seulement le premier est tout à fait distinct du second, mais il est aussi plus légitime pour autant qu'il est soustrait à toute superstition.

Reconduction ensuite ; c'est le propre de la généalogie de repérer les continuités réelles derrière les discontinuités apparentes, et les discontinuités réelles au-delà des stabilités apparentes – elle procède à de toutes nouvelles scansions. En l'occurrence certes, entre son ascétisme et celui du chrétien, le savant s'émerveille d'un arrachement héroïque. Et comment pourrait-il donc voir les choses autrement ? C'est la condition d'existence et de prospérité de son type. Mais en durcissant ainsi la distinction, en effectuant cette démarcation rigide, il occulte une continuité. Dans la première dissertation (§ 8), le chrétien « semblait s'opposer » au juif – mais semblait seulement puisqu'il accomplissait en réalité le ressentiment juif avec d'autant plus d'efficacité qu'il paraissait le renier. De même ici, le savant semble s'opposer au prêtre, mais semble seulement : l'athéisme de principe propre au savant « *n'est donc pas* le contraire de cet idéal, comme il pourrait sembler ; il est bien plutôt l'une des dernières phases de son développement [...] » (§ 27). C'est pourquoi de la science *aussi*, on peut dire qu'elle est une sorte de narcotique, d'« auto-insensibilisation [*Selbst Betäubung*] » (§ 23). Le judaïsme triomphe clandestinement dans le christianisme et le christianisme dans l'athéisme moderne. Tel est ce qu'on pourrait appeler *le schème de l'adversité feinte* [1].

Le paradoxe saute aux yeux : depuis la Renaissance, on voit plutôt là un antagonisme bimillénaire, la nouvelle religion ayant détruit la culture classique et Nietzsche lui-même reprend parfois ce topos à son compte, par exemple quand il loue Rome d'avoir eu le « sens des faits [*der Tatsachen-Sinn*] » que le christianisme naissant

1. Nietzsche le met encore en œuvre quand il explique que Luther, en luttant contre la Rome des Borgia, a en fait œuvré en faveur du catholicisme qu'il feignait de combattre violemment : *AC*, § 61.

aurait détruit [1]. Mais les affirmations provocantes de ce genre ne se suffisent certes pas à elles-mêmes. Il faut aller plus loin et exhiber le fil souterrain qui conduit d'un monde où le croyant ne voit que par énigmes à un monde où le savant observe des faits. Il faut montrer *en quoi* l'athéisme et l'ascétisme de l'homme de science perpétuent la foi et l'ascétisme du chrétien. Au § 27 de la troisième dissertation, Nietzsche dit que le chrétien finit « par s'interdire le mensonge de la croyance en Dieu ». Mais qu'est-ce que cela veut dire ? Il renvoie lui-même au § 357 du *Gai savoir* où effectivement il emploie la même formule et la justifie pareillement : le souci du salut n'exclut pas celui de la vérité, bien au contraire. Au chrétien, l'on n'interdit pas seulement de mentir, on lui demande de dire la vérité la plus exacte sur lui-même, dans la confession. Or, à force de contraindre à l'aveu sincère de la faute et de prohiber le mensonge induit par la corruption, le chrétien devait en arriver à inclure la croyance en Dieu elle-même dans le mensonge et à valoriser la vérité pour la vérité, la vérité *tout court* et non la vérité *de soi*. Mais du même coup, il loge la vérité à la place de Dieu, elle en est le simple substitut ; la vérité est le nouveau nom de Dieu, elle en est l'ombre et non l'abolition. *C'est au fond l'ascétisme ultime* : le chrétien se retourne contre lui-même non pas en tant que pécheur, mais en tant que chrétien. Le « désastre [*Verhängnib*] » du christianisme (§ 21) se redouble et s'amplifie ainsi dans la « catastrophe [*Katastrophe*] » de l'objectivisme (§ 27). On comprend mieux pourquoi Nietzsche affirme avec insistance que ce n'est pas dans la science qu'on peut trouver l'antidote à l'ascétisme sacerdotal (§ 25) : on y trouve plutôt sa perpétuation retorse.

Inversion enfin, car l'idéal ascétique se trouve dès lors pris dans un élan qui doit le porter à se retourner encore une fois contre lui-même. Tôt ou tard – et nous y sommes – la surévaluation de la vérité devait conduire à la question : « que signifie la volonté de vérité ? », l'autocritique de la connaissance devait être conduite à son terme fatal. À force d'exiger toute la vérité et rien que la vérité sur tout, on ne peut pas ne pas exiger la vérité sur cette exigence elle-même. C'est ici que les choses basculent et que la vérité apparaît comme une *valeur*, le problème devenant de savoir ce qu'elle vaut et pour qui elle

1. Nietzsche, *AC*, § 59 ; voir aussi le § 52 où la philologie se définit comme l'art « de savoir déchiffrer les faits [*die Tatsachen*] sans les fausser par les interprétations ». On doit alors entendre que les faits évoqués sont *déjà* des interprétations qu'il faut rapporter correctement aux types dont elles procèdent.

vaut ce qu'elle vaut. C'est ici qu'on largue les amarres et que l'on cesse de longer les côtes pour s'aventurer au grand large[1]. C'est ici que s'invente un tout autre rapport à la vérité et donc une tout autre façon de philosopher, la « philosophie de l'avenir ». De là la conviction de se trouver sur un seuil historique décisif[2] et de briser l'histoire en deux tronçons. Désormais, il n'est plus question de savoir ce qui est vrai et ce qui nous empêche de le savoir, mais de déterminer ce qui favorise la vie, c'est-à-dire la volonté de puissance, ou au contraire l'inhibe.

Il faut donc bien prendre garde au processus que décrit Nietzsche au § 27 quand il déclare que le christianisme s'est détruit « en tant que dogme » et qu'il est sur le point de se détruire « en tant que morale ». Le premier retournement contre soi décrit le passage du croyant au savant, de la foi à l'athéisme ; le second retournement décrit le passage du savant à Nietzsche, au nouveau philosophe. Mais *l'apparente homogénéité du processus est trompeuse* : le premier retournement poursuit et aggrave ce qu'il prétend abolir ; le second est une véritable explosion, le grand arrachement à la valorisation platonicienne de la vérité. Le savant feint la rupture, Nietzsche l'effectue : à celui qui ne survalorise plus dogmatiquement la vérité se révèle la question *des* valeurs, au pluriel et sans génitif. Le perspectivisme est l'issue positive de cette formidable inversion : il fait valoir l'antagonisme des types et en affirme la positivité intrinsèque, de telle sorte que nous apprenions à l'aimer sans prétendre y mettre fin par un quelconque traité de paix perpétuelle qui n'instituerait que la mort.

Le philosophe (§ 5-10)

Mais que devient la philosophie si elle ne se déploie plus sur l'horizon d'une paix ultime ? Que signifie pour le philosophe *en tant que tel* l'« idéal ascétique » ? L'analyse de Nietzsche se déploie en quatre séquences.

En premier lieu (§ 5-7), la question est posée à partir d'un philosophe bien particulier, Schopenhauer. Celui-ci intervient car il est la grande référence de Wagner et qu'il confère à l'art, et particulièrement à la musique, une fonction prédominante.

1. Voir *supra*, introduction, p. 18.
2. Nietzsche, *PBM*, § 32.

Schopenhauer accapare la thèse kantienne en un sens peu kantien : le « désintéressement » du jugement de goût signifie pour lui que nous devons accorder à l'art une fonction narcotique [1], qu'il soustrait au tourment perpétuel du vouloir-vivre. L'art dissocie artificiellement la représentation d'avec la volonté, il transforme le monde en une pure représentation. Le temps de la contemplation esthétique suspend la torture incessante qui définit la vie. On peut voir là un contresens car dans le trouble esthétique rentre sans doute une excitation sexuelle méconnaissable (§ 8, *in fine*) ; toutefois ce n'en est pas moins instructif pour autant, car l'idéal ascétique acquiert ici une portée *idiosyncrasique* : il est le symptôme de ce que l'existence humaine est, pour le philosophe Arthur Schopenhauer, un enfer auquel il faut s'arracher. Encore faut-il s'entendre et ne pas confondre l'homme avec l'auteur : si Schopenhauer perçoit ainsi la vie, c'est qu'il a besoin de la percevoir ainsi pour être Schopenhauer ! Pour être heureux, Schopenhauer a besoin de se figurer la vie comme un état de malheur perpétuel – c'est sa façon *à lui* d'être heureux. Socrate feint la joie, il est en réalité pessimiste ; inversement, Schopenhauer prône le pessimisme, mais il vit gaiement : il a besoin d'appréhender de cette manière le monde pour en jouir, et il en jouit – loin de jeûner en contemplant un crâne, il joue de la flûte en sortant de table [2] ! Ce n'est pas du tout hypocrisie, mais contrainte propre à l'individu. Il ne s'agit plus alors d'opposer le doctrinaire à l'homme indépendant comme en 1874, mais le doctrinaire à l'homme singulier.

En second lieu (§ 7-8), il faut opposer l'homme singulier au type. En effet, le cas schopenhauérien révèle également quelque chose de la « bête philosophe » : le philosophe *comme tel* a lui aussi besoin de l'ascétisme pour prospérer, pour déployer au mieux sa puissance. Mais il importe au plus haut point de noter que cet ascétisme *n'est pas* celui qui procède « de la haine des sens » et qu'il lui est *spécifique* : l'ascétisme dont a besoin Schopenhauer pour philosopher n'est pas l'ascétisme qu'il appelle la négation du vouloir-vivre. C'est un ascétisme « serein [*heiter*] », par opposition à l'ascétisme maladif

1. Nietzsche dit ici « *calmirend* » et le terme s'oppose à « *Erregung* », comme Schopenhauer à Stendhal. Voir la troisième *Critique* de Kant, § 5 et *Le monde comme volonté et représentation*, § 38.

2. Nietzsche, GS, § 340 ; *PBM*, § 186, *in fine*.

du prêtre [1]. *Aurore* avait déjà distingué très clairement la sombre solitude de la religieuse d'avec celle du penseur, déjà associée à la « *Heiterkeit* » [2]. En apparence, les deux ascétismes se confondent puisque le philosophe aussi valorise la solitude, l'humilité et la chasteté, mais il confère à ces exigences une tout autre fonction, que l'on pourrait qualifier d'économique (par opposition à sotériologique). Il préconise la chasteté, la sobriété ou la solitude en vue de se rendre disponible pour le *logos* [3]. S'il doit se désocialiser et éviter la richesse, le pouvoir ou le mariage, c'est avant tout par souci de ne pas gaspiller ses forces, c'est-à-dire de canaliser la volonté de puissance constitutive de son type – Nietzsche emploie lui-même ailleurs, à propos de la cruauté, le terme « sublimation [*Sublimierung*] » [4]. C'est pourquoi son modèle est plutôt celui de l'athlète, en quoi du reste l'on revient au sens grec du terme *askèsis* : l'athlète est celui qui s'exerce durement en vue des jeux, qui travaille sévèrement son corps pour remporter la victoire et certainement pas pour se punir ; dans la première épître aux Corinthiens (IX, 24-27), Paul marque clairement la transmutation de l'athlète en martyr [5].

En faisant allusion à sa chambre de travail à Venise, Nietzsche lui-même s'inscrit donc dans une tradition où se succèdent Héraclite, Platon, Descartes, Spinoza, Leibniz et Kant, qui tous ont évité le mariage. L'énumération aligne des références qui, dans l'histoire nietzschéenne de la philosophie, jouent des rôles très divers, plus ou moins importants, d'une part – assurément, Platon occupe une place plus décisive que Leibniz –, plus ou moins favorables à l'interprétation tragique du monde, d'autre part – assurément, Héraclite a pris en charge l'irréductibilité de la guerre mieux

1. Dans le brouillon d'une lettre à Jean Bourdeau du 17 décembre 1888, Nietzsche emploie le substantif « *Heiterkeit* » pour se caractériser lui-même.

2. Nietzsche *A*, § 440. Cet emploi positif retourne la condamnation de la « sérénité grecque » en usage dans le milieu wagnérien et par Nietzsche lui-même au début des années 1870 : voir D. Losurdo, *Nietzsche, le rebelle aristocratique*, *op. cit.*, p. 47, 100-101 et 112.

3. Voir P. Brown, *Le renoncement à la chair*, trad. fr. P.-E. Dauzat et E. Jacob, Paris, Gallimard, 1995, p. 28.

4. Par exemple, Nietzsche, *GM*, II, 7.

5. Martin Aurell rappelle que « le mot "ascèse" n'apparaît pas une seule fois dans le Nouveau Testament », mais ajoute aussitôt que « le christianisme n'a guère de mal à l'adopter en raison de sa nuance sacrificielle », dans L. Boulègue, C. Veyrard-Cosme et M. J.-L. Perrin (dir.), *Ascèse et ascétisme de l'Antiquité tardive à la Renaissance. Traditions et remises en cause*, Paris, Garnier, 2021, p. 9.

que Platon. Mais Héraclite, Platon, et Leibniz sont *également* des philosophes au sens où tous relèvent du même type et où tous ont instinctivement compris ce dont ils avaient besoin pour philosopher, à savoir une forme d'ascétisme que l'on aurait tort de confondre avec celle du prêtre. De ce point de vue, on comprend mieux ce qui a pu fonder le contresens doctrinal de Schopenhauer : ce qui était commandé par le type dont il était un représentant, il l'a interprété en relation à sa doctrine fantastique du vouloir-vivre. Finalement, il avait bien raison de se méfier de la sensualité, mais il ne savait pas pourquoi il avait raison.

En troisième lieu toutefois (§ 9-10), il s'avère impossible de *s'en tenir* à cette opposition du prêtre et du philosophe – exactement comme il est impossible de s'en tenir à l'opposition du savant et du prêtre. D'un côté, on ne doit certes pas les amalgamer trop vite sous le chef de la « vie contemplative », en y associant encore le poète, ainsi que le proposait *Aurore*[1]. Mais de l'autre côté, on ne peut pas se contenter de les disposer statiquement en vis-à-vis, comme deux types éternels – par hypothèse, aucun type n'est éternel. Il faut donc les articuler généalogiquement : le philosophe n'a pas surgi *ex nihilo*, il a mûri sous le masque du prêtre. En 1864, à propos du bouddhisme, Taine avait déjà déclaré : « La solitude a provoqué la contemplation ; l'ascète est devenu philosophe [...] »[2]. Mais ce qui pouvait alors apparaître comme une filiation factuelle est pour Nietzsche une nécessité de principe : un type ne peut apparaître que sous le masque d'un autre type puisque, dans le monde où il émerge, tout le condamne, y compris lui-même[3]. Nous avons vu que l'homme contemplatif procède lui-même de l'homme d'action et c'est d'abord le prêtre, à l'abri duquel a prospéré secrètement le philosophe[4]. Nous comprenons maintenant pourquoi il n'a pu croître qu'en se dissimulant derrière l'ascétisme sacerdotal : les « types préétablis » du prêtre, du devin, de l'homme religieux tout court ont autorisé la maturation clandestine de la bête philosophe. Et nous saisissons alors que le philosophe a fait sien l'ascétisme sacerdotal, il l'a transformé en fonction de ce dont il avait besoin, il a conféré aux vertus religieuses une autre signification, une signification *ad hoc*,

1. Nietzsche *A*, § 42.
2. H. Taine, *Essais de critique et d'histoire*, Paris, Garnier, 2021, vol. II, p. 917.
3. Nietzsche *A*, § 14.
4. Voir *supra*, p. 106.

sur mesures. L'ascétisme du philosophe n'est donc pas celui du prêtre, mais *il en provient* comme le papillon de la chenille.

En quatrième lieu survient la question décisive, la question généalogique par excellence : « Y a-t-il réellement quelque chose de *changé* à cela ? » Comment évaluer cette appropriation ? Platon montrait comment distinguer le sophiste du philosophe [1] et il importait alors de bien démarquer l'original du simulacre ; Nietzsche montre comment le prêtre a jadis caché le philosophe, et il importe maintenant d'apprécier la métamorphose en cours. Devons-nous comprendre que le philosophe cache aujourd'hui réciproquement le prêtre et qu'il faut démasquer le second derrière le premier ? De fait, *L'Antéchrist* révélera violemment le pasteur derrière le philosophe, Luther derrière Kant [2]. Ou au contraire faut-il comprendre que le philosophe est en cours d'émancipation, que le papillon est sur le point de se dissocier de la chenille ? Cela aussi est vrai car l'ambivalence est constitutive du processus. C'est dans cette seconde direction que se profile l'« esprit libre », la « nouvelle race de philosophes » qui monte à l'horizon [3]. Mais sans doute n'y a-t-il pas lieu de les concevoir au-delà de *tout* ascétisme pour autant qu'il est dans la nature de la vie de se combattre soi-même [4].

Nietzsche, en personne

Ces nouveaux philosophes sont encore à venir et nous devons finalement corriger l'insistance avec laquelle nous avions souligné l'équivocité des idéaux ascétiques : il s'avère au fond que l'ascétisme de l'artiste, celui du philosophe et celui du savant demeurent tous trois pris dans l'orbite de l'ascétisme sacerdotal. Sur eux tous plane l'ombre du prêtre dont nous mesurons alors mieux le triomphe, en même temps que s'esquisse la possibilité, voire la nécessité d'un

1. Platon, *Le sophiste*, 231 a.

2. Nietzsche, *AC*, § 10. Après la mort de Nietzsche, en se fondant sur des fragments recyclés dans la première édition de la *Volonté de puissance* (voir notamment automne 1887, 10 [96], 10 [181] et 11 [295]), Overbeck retrouvera Luther… derrière Nietzsche et lui reprochera son « hyperprotestantisme » : en dissociant l'ascétisme du christianisme originel, Nietzsche a méconnu sa nature foncièrement ascétique, voire « hyperascétique [*hyperasketisch*] », et a ainsi, à son tour et à sa manière, répété le geste luthérien (*Christentum und Kultur* [post.], Bâle, Benno Schwabe & Co, 1919, p. 33-34).

3. Nietzsche, *PBM*, § 42.

4. Nietzsche, *APZ*, II, « De la victoire sur soi-même ».

arrachement, pour celui à qui la vérité apparaît elle-même comme une valeur.

Mais nous devons nous demander aussi en quel sens Nietzsche revendique ailleurs *pour son propre compte* l'ascétisme. Plusieurs déclarations de la correspondance des années 1882-1883 sont nettes à cet égard. Par exemple et sans souci d'exhaustivité, il écrit à Overbeck, le 31 décembre 1882 : « Même mes "réussites" (surtout depuis 1876) doivent être placées dans la perspective de l'ascèse » ; à Matilda von Meysenbug, le 1er janvier 1883 : « Un "drôle de saint" comme moi, qui a ajouté le poids d'une ascèse volontaire (une ascèse de l'esprit difficilement compréhensible) à toutes ses autres charges et à tous ses renoncements forcés [...] » ; à Carl von Gersdorff, fin juin 1983 : « En ce qui me concerne, je me suis livré à une longue et pénible ascèse de l'esprit, volontairement bien sûr, et à laquelle tout le monde n'aurait pu prétendre ».
Pour une part, nous savons déjà comment comprendre de telles formules : l'ascétisme de Nietzsche, c'est celui de la bête philosophe qui ne peut pas philosopher dans les amphithéâtres universitaires, dans les soucis matériels et dans le gaspillage libidinal. Nous sommes alors reconduits vers l'ascétisme grec : « on se représente l'ascétique comme quelque chose de surhumain, en oubliant que toutes les morales antiques, y compris la morale épicurienne, avaient leur ascétique »[1]. Cela signifie que l'ascèse est dissociable de Dieu et qu'il faut la concevoir avant tout comme l'attention portée aux conditions de vie dans lesquelles on philosophe et qu'on ne néglige pas impunément. Si la correspondance de Nietzsche est si déroutante de prime abord pour le lecteur, c'est précisément par l'envergure considérable accordée à « ces choses mineures – alimentation, lieu, climat, délassements, toute la casuistique de l'égoïsme », lesquelles ne sont justement pas mineures du tout et doivent être tenues pour « infiniment plus importantes que tout ce que l'on a jusqu'à présent tenu pour important »[2]. L'énumération que l'on rencontre ici doit être lue comme le pendant de celle que nous avons rencontrée plus haut dans *La généalogie* lorsqu'il s'agissait d'expliquer la dépression[3]. Pour autant que l'état du corps détermine l'activité spéculative et que

1. Nietzsche, *FP*, 1880, 3 [53].

2. Nietzsche, *EH*, « Pourquoi je suis si avisé », § 10. En *GS*, § 338, Nietzsche déclare *a contrario* : « Vis dans *l'ignorance* de ce qui semble le plus important à ton siècle ! »

3. Nietzsche, *GM*, III, 16 ; voir *supra*, p. 114.

la théorie de la volonté de puissance est une « physio-psychologie »[1], la question diététique revient sur le devant de la scène après en avoir été durablement écartée. Cela fait longtemps en effet – depuis l'âge cartésien, par où il ne faut sans doute pas entendre Descartes lui-même – que le divorce s'est opéré entre l'individu vivant et le penseur abstrait qui peut accéder au vrai sans avoir à modifier son « être de sujet »[2]. De ce point de vue, on peut relire avec intérêt la troisième partie du *Conflit des facultés* de Kant. On y voit le noble vieillard évoquer son hygiène de vie dans le détail le plus infime, mais c'est dans un ouvrage assurément marginal et avec le souci de vivre le plus longtemps possible en bonne santé[3], sans qu'il faille établir une corrélation quelconque avec la philosophie transcendantale : que l'on respire en dormant par le nez ou par la bouche, quel rapport cela pourrait-il avoir avec le jugement synthétique *a priori* ? C'est *a contrario* en toute conscience que Nietzsche réassocie l'hygiène et la pensée : avec la conscience de redécouvrir ce que les Grecs savaient fort bien, tandis que leurs successeurs ont abandonné aux prêtres, bouddhistes ou chrétiens, l'intelligence subtile des effets du corps sur la méditation. Il était alors naturel que, simultanément, le « je » autobiographique revienne lui aussi, dans son idiosyncrasie, au premier plan : celui d'*Ecce homo* n'est certes pas celui du *cogito*. En ce sens, l'ascèse nietzschéenne procède du désir de suturer l'écart ainsi creusé entre la mise en condition du sujet philosophant d'une part, et l'accès à la vérité par les voies de la méthode d'autre part[4].

On objectera probablement que les choses sont plus compliquées, car les exemples ne manquent pas qui attestent que, selon diverses modalités, les philosophes dignes de ce nom n'ont de fait jamais été indifférents à l'état du corps et à la discipline des facultés. Il faudrait ici, d'une part, opposer le spiritualisme de l'exercice au matérialisme de la diététique : s'exercer à contrôler directement ses pensées, ce

1. Nietzsche, *PBM*, § 3 et 23.

2. M. Foucault, *L'herméneutique du sujet. Cours au Collège de France, 1981-1982*, Paris, Gallimard-Seuil, 2001, p. 19-20 et 340-341. La thèse de Foucault peut être partiellement corrigée par l'analyse de Paul Rateau, « De l'usage de la méditation : exercice spirituel et exercice philosophique à l'époque moderne », *in* I. Douzant *et al.* (dir.), *Le progrès des connaissances et la conduite de la vie*, Paris, Éditions de la Sorbonne, 2024, p. 15-52.

3. I. Kant, *Le conflit des facultés*, III : « la diététique aura à démontrer avant tout son habileté dans l'art de prolonger la vie [...] »(Aka, VII, 100).

4. C'est la suggestion avancée par P. Hadot, *Exercices spirituels et philosophie antique*, Paris, Albin Michel, 2002, p. 72.

n'est pas aménager l'environnement dans lequel on pense pour maîtriser indirectement ce qu'on peut penser. Quand Descartes « médite », Spinoza explique que « plus les actions d'un corps dépendent de lui seul, et moins il y a d'autres corps qui concourent avec lui dans l'action, plus l'âme de ce corps est apte à connaître distinctement »[1] et Rousseau, l'une des bêtes noires de Nietzsche, conçoit l'idée d'un ouvrage qui exposerait le « matérialisme du sage »[2]. D'autre part, il faudrait distinguer le sujet en quelque sorte « désubjectivé »[3], anonymisé, indéfiniment permutable, auquel le lecteur est sommé de s'identifier, d'avec le sujet idiosyncrasique à nul autre pareil, qui exhibe triomphalement sa singularité et la fait valoir *pour* garantir son entreprise. Par l'effet d'une opération retorse, Nietzsche transforme le matérialisme de la diététique en une casuistique de l'égoïsme et il avance cette casuistique pour rendre rétrospectivement raison du chemin tout à fait inactuel qu'il a pu ainsi frayer, au sens propre, *à son corps défendant*.

Or cette opération nous conduit à une tout autre ascèse qui ne doit finalement plus grand-chose aux Anciens car elle se détermine contre la forme que lui avait conférée le christianisme. Conformément au principe général selon lequel rien ne peut vivre sans lutter contre soi, la nouvelle ascèse déclare : il faut se faire violence pour ne plus être pieux. Le § 309 d'*Opinions et sentences mêlées* s'intitulait déjà : « Prendre parti contre soi » et le § 370 d'*Aurore* sommait ainsi le penseur : « Tu dois chaque jour mener aussi campagne contre toi-même ». Dans un fragment poétique tardif, il est clairement établi que les idoles qu'il s'agit de détruire sont logées *dans* le philosophe lui-même, étant entendu que les idoles ne sont pas les contrefaçons du vrai Dieu, mais Dieu lui-même, accompagné du triste cortège de ses ombres :

> non d'avoir renversé l'idole
> mais d'avoir brisé l'idolâtre *en toi*,
> c'est *cela* qui fut courageux[4].

1. B. Spinoza, *Éthique*, II, 13, scolie, trad. fr. Appuhn ; voir aussi IV, 45, corollaire 2, scolie. Et *infra*, chap. III, p. 204.
2. J.-J. Rousseau, *Confessions*, livre IX, dans *Œuvres complètes*, t. I, Paris, Gallimard, 1959, p. 409.
3. P. Macherey, *Querelles cartésiennes*, Villeneuve-d'Ascq, Presses universitairs du Septentrion, 2014, p. 64.
4. Nietzsche, *OPC*, VIII / 2, p. 203.

Nous retrouvons ici la clé de la dynamique propre à « Nietzsche », lequel n'a jamais cessé de s'arracher à lui-même, jusqu'au silence absolu. Philosopher, c'est se défaire progressivement et laborieusement du « chrétien » qui loge en soi-même sur le mode du vampire ou du parasite et apprendre par contrecoup à « sentir autrement » [1]. Tel est le sens inédit de l'ascétisme. Lorsque, en 1882, Nietzsche définit celui-ci par la « tentative de vivre sans morale » ou « de s'affranchir de la morale » [2], il est certain que le terme s'émancipe brutalement de la tradition ! « Vivre sans morale », ce n'est pas, naturellement, suspendre toute évaluation, ce qui reviendrait à mourir, c'est cesser d'évaluer en coupable, en référence à un monde meilleur délivré de tout combat. Aussi bien, en 1887, l'année même où il publie *La généalogie*, le projet d'une inversion des valeurs conduit logiquement Nietzsche à promouvoir un ascétisme qui est l'envers exact de celui du prêtre. Au lieu d'affaiblir la volonté de puissance en la retournant contre elle-même, il doit la renforcer : « Je veux *renaturaliser* également l'*ascétique* ; au lieu de l'intention de négation, l'intention de *renforcement* [*Verstärkung*] [...] » [3]. Nietzsche évoque alors une « gymnastique de la volonté », retrouvant ainsi le modèle grec pour dire que de nouveaux exercices pas seulement spirituels doivent être inventés afin de nourrir le goût d'exercer la puissance. L'année suivante, c'est ce qu'il nomme l'« ascétisme des forts » [4] et il énumère à ce titre diverses épreuves qui font un devoir de la transgression : commettre des atrocités, susciter le mépris, feindre ce qu'on n'est pas... C'est sans doute le texte (au demeurant non publié) où Nietzsche s'approche au plus près de l'arc conduisant de Sade à Genet, en passant par Bataille : si fugitive que soit cette percée, on discerne clairement le projet d'un ascétisme de la transgression qui est aussi un ascétisme *à l'envers*, ayant pour fin d'effacer le précédent. Un ascétisme qui ne procède pas de la haine des sens, mais qui doit mettre en mesure de vouloir le monde apparent, dans son irréductible conflictualité. Dans la langue de Nietzsche, un ascétisme tragique.

On comprend qu'il faille tenir bon les deux bouts de la chaîne. Aucun contresens n'est plus fréquent que celui qui convertit la

1. Nietzsche, *AC*, § 62 ; *A*, § 103.
2. Nietzsche, *FP*, hiver 1882-1883, 6 [2-3-4].
3. Nietzsche, *FP*, automne 1887, 9 [93] ; voir aussi, par exemple, 9 [25].
4. Nietzsche, *FP*, printemps 1888, 15 [117].

critique de l'ascétisme en une apologie de l'hédonisme, mais ce n'en est pas moins un contresens, au cœur d'un certain nietzschéisme de gare dont la vulgarité saute aux yeux. On s'égarerait toutefois tout autant à faire de Zarathoustra un nouveau Christ (ou de Nietzsche un nouveau Pascal) dont le chemin de croix garantirait le discours : « Eh quoi ? La valeur d'une cause change-t-elle parce que quelqu'un donne sa vie pour elle ? » [1]. Ce n'est ni un jouisseur ni un martyr que nous devons chercher.

Pourtant, la même année, Nietzsche écrit aussi : « La valeur d'une cause se mesure parfois non à ce qu'on atteint par elle, mais à ce qu'il faut la payer, à ce qu'elle nous *coûte* » [2]. Ce n'est pas contradictoire : on peut s'exposer à des souffrances épouvantables pour des fictions, et donc sans prouver quoi que ce soit ; mais on ne peut pas se débarrasser de la croyance en ces fictions, devenues instinctives, sans souffrir. Telle est la logique du contre-ascétisme de Nietzsche, dont la mise en œuvre commande un éprouvant travail sur soi : c'est un ascétisme que l'on doit associer à « l'instinct qui dit oui » et à la nouvelle théodicée pour laquelle « le monde est parfait », tschandala compris [3]. Si l'on doit par conséquent condamner le dolorisme chrétien, la divinisation de la souffrance dont la Croix est le funeste symbole, on ne doit pas condamner la douleur tout court, qui est inhérente à la destruction du chrétien en soi. On ne doit pas plus fuir la souffrance que la cultiver [4]. On doit seulement y voir des « moyens dans l'économie de la sagesse » [5] et admettre que « les souffrances et les privations font partie de la chose même » [6]. Cette distinction entre la souffrance punitive et la souffrance économique explique que Nietzsche distingue, à propos de lui-même, l'homme malade de l'homme maladif : « Je n'ai pas le moindre trait maladif [*krankhaft*] : même à mes moments de maladie [*Krankheit*] grave, je n'ai jamais été maladif [...] » [7]. Le discours tenu sur la souffrance, sur la maladie, sur l'ascétisme est un discours constitutivement ambivalent et il faut tenir bon sur cette inconfortable ligne de crête si l'on ne veut

1. Nietzsche, *AC*, § 53. Voir *infra*, chap. III, p. 162.

2. Nietzsche, *CID*, « Divagations d'un "inactuel" », § 38. Comme dans la citation précédente, « la valeur d'une cause » traduit « der Wert einer Sache ».

3. Nietzsche, *AC*, § 57 ; voir *supra*, p. 111.

4. Voir le fragment de 1888 cité *supra*, p. 121.

5. Nietzsche, lettre à Marie Baumgartner, 15 juillet 1881.

6. Nietzsche, lettre à Paul Rée, fin août 1881.

7. Nietzsche, *EH*, « Pourquoi je suis si avisé », § 10.

pas verser d'un côté ou de l'autre, du côté de la jouissance commune ou du côté de l'exposition héroïque. Et finalement, il s'avère que, quand on parle de la généalogie de l'ascétisme, le génitif doit se comprendre à la fois comme objectif et subjectif : on ne peut parler convenablement de l'ascétisme qu'en généalogiste (en lui restituant toute son équivocité) ; mais on ne peut parler en généalogiste qu'en ascète (en se faisant violence à soi-même). *La généalogie elle-même est ascèse.*

CHAPITRE III

En aval : de l'ascétisme à l'ascétique

Errances et repérages

En 1922, Kafka publie « Ein Hungerkünstler », un récit dont exceptionnellement il se déclare plutôt satisfait et qui a été traduit en français sous divers titres : « Un champion de jeûne », « Un artiste de la faim », « Un jeûneur » ou encore « Un virtuose de la faim » [1]. Nietzsche soutenait que l'ascète avait été un spectacle destiné à effrayer les hommes ou à satisfaire les dieux [2]. Mais voici qu'au moment même où il s'exprime ainsi, le spectacle de la cruauté pénitentielle acquiert une tout autre signification. Médicale d'abord, puisqu'elle est censée démontrer les vertus thérapeutiques d'un jeûne prolongé : en 1880, le médecin Henry Tanner jeûne quarante jours dans le Clarendon Hall de Manhattan. Mais voici encore que l'exhibition ascétique devient une simple attraction : c'est la performance purement profane de ceux que le *Nouveau Larousse universel* appelle, toujours en 1922, les « professionnels

1. C'est à cette dernière traduction, due à Jean-Pierre Lefebvre, qu'il est ici fait référence (F. Kafka, *Nouvelles et récits*, Paris, Gallimard, 2018, p. 224-235). Elle est accompagnée d'une passionnante notice du traducteur (p. 1084-1088) que nous mettons largement à profit dans ce paragraphe.

2. Nietzsche, *HTH*, § 141 ; *A*, § 18 ; *GM*, III, 10. Voir le chapitre précédent, p. 97.

du jeûne ». Ce qu'avaient jadis accompli Moïse et Jésus [1] se trouve ainsi complètement désacralisé : on vient admirer l'ascète comme on viendrait applaudir l'acrobate. Et l'ironique métamorphose nous reconduit alors à la fois à l'athlète – celui qui atteste une maîtrise formidable, quoique morbide, du corps propre – et à l'artiste (« *der Künstler* ») – en l'occurrence l'artiste de cirque. De fait, c'est dans un cirque que le héros de Kafka achèvera sa poignante et burlesque existence. Athlète et artiste, mais certainement pas ermite !

Kafka ne parle jamais d'ascète. Et la fable s'ouvre au-delà de cette sinistre vogue : « Au cours de ces dernières décennies, l'intérêt pour les virtuoses de la faim a beaucoup régressé ». Ce qui nous est raconté, ce n'est pas seulement comment l'ascète est devenu une sorte de clown paradoxal qui requiert une dénomination inédite, mais aussi comment cet artiste d'un nouveau genre ne suscite plus aucune sorte d'attention dans l'Europe des années 1920. De quelque manière qu'on l'entende, religieuse ou laïque, l'ascète ne présente plus d'intérêt, il est même devenu complètement inintelligible : c'est celui que les enfants « du fait de leur insuffisante préparation, tant par l'école que par la vie, persistaient certes à ne pas comprendre – ça signifiait quoi pour eux, cette faim ? » En revanche, pour nous, c'est une histoire riche d'enseignements.

Dans ce personnage, nous reconnaissons d'abord le double parodique de l'ascète schopenhauérien qui meurt à force de privations, sans le souhaiter : l'héroïsme de celui qui a compris l'inanité du vouloir-vivre s'est transformé en la prouesse absolument vaine d'un recordman suicidaire. Deleuze disait que l'alcool ou la drogue étaient avant tout un problème de quantité ; dans le jeûne ainsi mis en scène, c'est d'une quantité négative qu'il s'agit – accroître d'un jour encore la privation : « pourquoi arrêter précisément maintenant, alors qu'il se trouvait au summum, voire pas encore au summum de sa faim ? ». Mais si le nouveau jour de jeûne, comme le « dernier verre », n'est jamais le dernier, il faudra bien, pour finir, en crever !

Nous reconnaissons ensuite le double parodique de l'ascète nietzschéen puisque sa vocation se trouve dans le spectacle qu'il offre à ceux qui payent pour le voir, ce dont il tire « l'apparence du prestige, avec tous les honneurs du monde ». Pourquoi toutefois

1. *Exode*, XXXIV, 28 ; Matthieu, IV, 2 et Luc, IV, 1-2.

seulement une apparence ? Parce que nous sommes au cirque et aussi parce que le virtuose sait qu'il n'y a rien là d'admirable : son secret, c'est qu'à celui qui n'éprouve aucun désir de manger, il est facile de jeûner jusqu'à la mort – le libre arbitre n'a rien à y voir, mais, dirait Nietzsche, seulement le déterminisme d'une volonté retournée contre elle-même, qui transforme son impuissance en instrument de domination. Il faut aussi remarquer que le jeûneur a pour concurrent le fauve : c'est auprès de la ménagerie qu'il termine ses jours, c'est une panthère qui lui succède dans sa cage dont la « joie de vivre » saute aux yeux du visiteur comme un formidable brasier. Kafka emploie ici le mot « *die Glut* » qu'avait également utilisé Nietzsche quarante ans plus tôt pour décrire l'âme ascétique des débuts du christianisme[1]. Les deux prédateurs se trouvent donc en compétition, mais l'issue s'en trouve historiquement réglée. Malgré l'espoir fugitif de « temps nouveaux, à venir, et plus cléments » où renaîtrait l'éclat de ce qu'il avait auparavant représenté, on doit bien convenir en effet que la défaite du jeûneur est totale : ses derniers mots sombrent dans l'indifférence totale et l'on enfouit son corps avec la paille pourrie où il agonisait. Doit-on maintenant entendre le fauve au sens propre, qui est lui aussi réduit à l'état d'attraction, splendide mais impuissante, ou au sens figuré et y pressentir alors de tout autres « temps nouveaux », celui des blonds prédateurs qui incendieront l'Europe ? C'est une autre histoire, et Kafka n'était pas prophète. Ce qu'il enregistrait dans ce bref apologue, c'était au contraire une *disparition* : l'ascète n'était plus ni objet d'effroi religieux, ni objet de divertissement, ni même objet d'interrogation philosophique. Ce qui s'évanouit ainsi, vingt ans après la mort de Nietzsche, c'est l'« ascétisme » que les étudiants d'aujourd'hui, semblables aux enfants dont nous parle Kafka, voient briller d'une lumière très amortie, infiniment énigmatique, car ni l'école ni la vie ne les y ont préparés.

Le récit joue rétrospectivement le rôle d'un sismographe. Il dit l'éloignement d'un concept. Sans doute, s'il est en général malaisé de reconstituer la pénétration d'un mot dans le langage des philosophes, est-il plus difficile encore de se prononcer sur son effacement. Mais il n'en reste pas moins que les concepts eux aussi passent et trépassent, quitte à parfois renaître ensuite de leurs

1. Nietzsche, *HTH*, § 141, *in fine*.

cendres. Il en est certes qui triomphent à tel point qu'ils perdent tout contour défini et se transforment en maîtres-mots, ce qu'on pourrait encore appeler des mots à tout dire : ainsi pourrait-on évoquer le devenir des « valeurs » que l'on brandit de nos jours à tout bout de champ pour justifier n'importe quelle abjection. Mais il en est aussi qui s'estompent. De l'« ascétisme », on doit reconnaître qu'après Nietzsche, il survit dans le langage commun pour désigner, si l'on se permet cet oxymore, une sobriété excessive – on emploie aujourd'hui à peu près dans le même sens « jansénisme ». En revanche, il paraît sérieusement refluer en tant qu'objet philosophique. Avec toutes les précautions qui conviennent quand on explore ces étendues aux frontières indécises, on peut en effet disposer quelques points de repère afin, une nouvelle fois, de s'orienter en toute incertitude.

Peut-être pourrait-on risquer d'abord l'hypothèse suivante : là où l'ascétisme subsiste à l'état théorique, *il tend à se dissocier de la cruauté*. Quand Weber, avant la Première Guerre mondiale, construit l'« ascétisme intra-mondain » pour caractériser l'éthique protestante, c'est précisément par opposition à l'« ascèse du refus du monde » ; et il est par conséquent compréhensible que le Nietzsche auquel il se réfère intervienne *en un autre lieu*, comme le théoricien du « ressentiment »[1]. La torture sauvage de soi devient ainsi un simple commencement, dont le monachisme médiéval se débarrasse vite pour se transformer en une méthode de conduite rationnelle, que la Réforme va ensuite transférer dans le monde profane et qui va se dissoudre finalement dans l'utilitarisme athée[2]. En premier lieu, nous voyons que ce qui fascinait Nietzsche – la souffrance volontaire – se trouve maintenant repoussé dans la brume des origines pour faire place à l'« esprit du capitalisme », dont celui-ci se souciait fort peu – c'est le moins qu'on puisse dire ! En second lieu, nous constatons que Weber a pour objet les conduites historiques et demeure indifférent à l'apparition du concept philosophique, qui n'est pas son affaire. Or c'est justement la nôtre : en soutenant au contraire que ce concept avait surgi dans l'utilitarisme pour se retourner contre ses propres prémisses, nous avons transformé spontanément le point d'arrivée de Weber en notre point de départ

1. M. Weber, *Sociologie de la religion*, trad. I. Kalinowski, Paris, Flammarion, 2013, p. 334-338 et 255-265.

2. M. Weber, *L'éthique protestante et l'esprit du capitalisme*, trad. É. de Dampierre, Paris, Pocket, 1994, p. 136 et 225-226.

et ce renversement résulte de ce que l'enquête n'a le même objet qu'en apparence. C'est le signe et ses usages qui nous intéressent, plus que le référent auquel il renvoie après coup [1].

Hans Jonas avait bien sûr lu Weber, mais quand il publie *Le principe responsabilité* en 1979, il emploie à plusieurs reprises le concept d'*Askese* dans une tout autre perspective, non pas heuristique, mais normative. Il s'agit dorénavant de fonder une nouvelle éthique où la présence de l'homme dans le monde ne peut hélas plus être considérée comme une donnée : elle devient au contraire l'objet d'une obligation [2]. Celle-ci exige sans aucun doute une forme de renoncement, pour autant qu'un tel horizon commande des restrictions allant à l'encontre de la croissance capitaliste [3]. Mais il est remarquable que l'ascétisme intervient presque toujours *péjorativement*, pour désigner des morales avec lesquelles justement doit rompre l'injonction inédite à la responsabilité qui nous prescrit désormais d'œuvrer, sous peine de mort, à la possibilité même d'un avenir commun. Et il est non moins remarquable que ces négations se présentent en cours de route comme une sorte de *récapitulation* spontanée du chemin que nous avons parcouru, de sorte qu'elles nous apparaissent comme une confirmation inattendue.

C'est d'abord l'ascétisme chrétien qui est visé sous les termes d'« ascèse mortifiante des sens et négatrice de la vie » : il doit être écarté pour autant que, malgré les apparences, il demeure une éthique du présent [4]. En effet, soit le pécheur fait abstraction du salut à venir qui *ne doit pas* être son mobile ; soit, au contraire, il se purifie en vue du salut qu'il doit espérer, revenant alors aux morales classiques du

1. De même, l'anthropologie contemporaine semble employer le terme « ascète » sans souci de son histoire. Dans l'introduction au volume collectif dont elle a assuré la direction, *Une journée dans une vie, une vie dans une journée. Des ascètes et des moines aujourd'hui* (Paris, Puf, 2018), Adeline Herrou permute sans cesse les « ascètes » avec les « renonçants » en les associant aux « moines » et le reste du volume ne contribue pas à stabiliser le concept. Bien entendu, on peut répondre là encore que ce n'est pas l'affaire des anthropologues et qu'ils ont même intérêt à éviter tout enfermement terminologique préjudiciable à l'observation.

2. H. Jonas, *Le principe responsabilité. Une éthique pour la civilisation technologique*, trad. fr. J. Greisch, Paris, Flammarion, 2013, p. 38.

3. *Ibid.*, p. 306.

4. *Ibid.*, p. 44 ; Jonas dit « *die sinnesabtötende und lebensverneinende Askese* ». Voir *a contrario* Nietzsche définissant l'« animal malade », *id est* l'animal ascétique, comme celui qui est déchiré « par son propre avenir, impitoyable éperon dans la chair de tout présent » (*GM*, III, 13).

perfectionnement de soi – c'est *maintenant* qu'il vit comme il le doit, tandis que la béatitude éternelle reste tout à fait irreprésentable, tout comme demeure obscur le rapport causal qu'elle entretient avec ces privations. C'est ensuite l'ascétisme chrétien réinterprété par Nietzsche : en le rapportant à la volonté de puissance, on adopte un schème qui fait du devoir un simple déguisement du vouloir, et en procédant ainsi, il devient impossible d'établir une doctrine des principes, laquelle présuppose que l'impératif découle de la fin elle-même et non d'un besoin quelconque dont elle ne pourrait être que la projection mystificatrice [1]. C'est enfin l'ascétisme intra-mondain mis en lumière par Weber que Jonas évoque, par analogie avec l'ascétisme socialiste observable en URSS et en Chine : de même que le premier s'est perdu dans la productivité sans frein que nous connaissons, de même doit-on craindre que le second jouisse sans vergogne de la prospérité aussitôt qu'il le pourra (et si tant est qu'il le puisse jamais), sans guère se soucier des autres parties du monde [2]. Que la nouvelle éthique nous impose des privations en vue de l'avenir, cela semble donc peu contournable, mais Jonas semble réticent à les qualifier d'« ascétiques ». D'ailleurs, l'ascétisme *ne constitue pas un concept de la nouvelle éthique* ; c'est tout au plus un terme convoqué en cours de route pour désigner diverses formes de renoncement, dont la caractéristique commune est qu'elles sont précisément inutilisables en tant que modèles.

Là où l'ascétisme continue au contraire de se confondre avec l'énigme du vouloir-souffrir, ce n'est pas dans la théorie, mais plutôt dans une tradition littéraire catholique où il entretient un rapport difficile à la religion des tièdes, à l'institution ecclésiale et à la sainteté et qui a connu ses grandes heures au siècle de Nietzsche : Chateaubriand publie la *Vie de Rancé* en 1844, alors même que naît Nietzsche, et déclare que ce qui domine chez le trappiste, c'est une

1. H. Jonas, *Le principe responsabilité*, *op. cit.*, p. 165. Jonas a du reste raison de souligner l'incompatibilité d'une doctrine des devoirs avec la prémisse de la volonté de puissance ; voir par exemple Nietzsche, *FP*, automne 1880, 6 [123] : « “Le devoir” est la pensée grâce à laquelle un instinct s'assure la maîtrise des autres instincts [...] » ; ou hiver 1883-1884, 24 [7] : « Les fins comme épiphénomènes des besoins ».

2. H. Jonas, *Le principe responsabilité*, *op. cit.*, p. 283. Je laisse de côté un dernier usage de l'épithète « ascétique » employé en passant pour désigner la recherche scientifique (p. 408) sans que cela puisse être considéré très significatif ; l'adjectif s'oppose alors positivement à ce que Bloch nomme « utopique » pour dire que le savant travaille en vue de résultats imminents et non d'espérances révolutionnaires menaçantes.

« haine passionnée de la vie »[1] ; Barbey d'Aurevilly fait paraître *Une histoire sans nom* en 1882, la même année que *Le gai savoir*, dont l'héroïne, justement nommée Lasthénie, finira par se tuer « en détail et en combien de temps ? tous les jours un peu plus, avec des épingles »[2] ; Léon Bloy sort *Le Désespéré* en 1887, la même année que *La généalogie de la morale*, qui combat le « nihilisme triomphant »[3]. Au siècle suivant, Bernanos recueillera cet héritage et en 1926, *Sous le soleil de Satan* vibrera d'une violence où retentira avec succès quelque chose qui, deux ans après le *Manifeste du surréalisme*, ne tirait pourtant pas la littérature vers son avenir. Chose d'ailleurs frappante : jamais Bernanos ne parle d'« ascétisme » et cela se comprend bien – il appartient intimement à la nature réactionnaire de son roman de revenir au langage de la pénitence.

Mais comment fait-il au juste apparaître ces pratiques pénitentielles venues du fond des siècles (le cilice et la discipline en premier lieu) ? D'un côté, il s'agit de ce que s'impose un homme en chemin vers la sainteté dont les exigences font éclater les normes de l'Église officielle. En effet, ce n'est pas seulement l'écrivain bourgeois, Saint-Marin alias Anatole France, qui s'en effraie et voit là un « spectacle barbare » ou un « cruel délire »[4]. C'est le sage abbé Menou-Segrais lui-même qui déclare à l'abbé Donissan : « Je fais ce reproche à vos mortifications d'être indiscrètes : un jeune prêtre irréprochable doit avoir du linge blanc » ou plus tard : « Vous commençâtes par des mortifications excessives »[5]. Et c'est ensuite le curé de Luzarnes, peu enclin aux expériences spirituelles, qui lui reproche ses « excès », c'est-à-dire ses « rigueurs de pénitence », qu'il appellera encore, bien des années après, un « dangereux moyen de sanctification »[6]. Dans ces formules, on entend l'écho

1. F.-R. de Chateaubriand, *Vie de Rancé*, liv. IV, dans *Œuvres romanesques et voyages*, t. I, Paris, Gallimard, 1969, p. 1115.

2. J. Barbey d'Aurevilly, *Une histoire sans nom*, chap. X, dans *Œuvres romanesques complètes*, t. II, Paris, Gallimard, 1966, p. 347.

3. L. Bloy, *Le Désespéré*, Paris, UGE, 1983, chap. IX, p. 50. Au chapitre LXVIII (*ibid.*, p. 421), on lit : « À ce point de vue, les nihilistes ont cent fois raison. Que tout tombe, que tout périsse, que tout s'en aille au tonnerre de Dieu, s'il faut endurer indéfiniment cette farce de souffrir *pour rien* ! » (voir le texte de Dostoïevski cité plus haut, p. 103, note 4).

4. G. Bernanos, *Sous le soleil de Satan*, III, 14, dans *Œuvres romanesques*, Paris, Gallimard, 1961, p. 300-301.

5. *Ibid.*, II, 2, p. 132 et II, 4, p. 226.

6. *Ibid.*, II, 5, p. 251 et III, 12, p. 288.

du vieux couplage paulinien entre foi et folie, qui conduit à présenter l'authentique chrétien comme celui par qui le scandale arrive, et Bernanos reprend la chose à son propre compte quand il commente ainsi son propre roman : « Le saint, supportable s'il est humanitaire, fait figure d'exalté sitôt qu'il passe les bornes de la sagesse bourgeoise »[1]. De ce point de vue, rien de nouveau sous ce sombre soleil – la démesure même, au fond, est très convenue.

Mais d'un autre côté, à y regarder de plus près, la « cruauté exercée contre soi » a à voir *avec Satan lui-même* et ne doit en aucun cas être confondue avec l'« exaltation d'une liberté reconquise » : ce sont les démons qui font trouver une « volupté grinçante et douloureuse » à se haïr[2]. Derrière le fouet, il y a le Diable. Dans la seconde partie du roman, Bernanos décrit longuement une scène de flagellation avec un souci morbide du détail qui en fait un morceau de bravoure littéraire en même temps qu'un étrange anachronisme[3]. La cruauté qu'exerce Donissan sur lui-même ne fait pas cette fois l'objet d'une simple allusion ; elle n'est pas entrevue indirectement, à travers les effets qui se découvrent à un témoin réprobateur ; elle s'expose sans aucun filtre ou, mieux, elle explose au regard du lecteur comme la chair qui sous la chaîne jaillit en lambeaux : l'auteur prend d'ailleurs bien soin de mentionner qu'elle est un « paroxysme » et que jamais plus l'abbé n'osera « forcer la nature d'un cœur si follement téméraire ». Or ce que s'inflige ici l'ascète, ce n'est nullement ce qui pourrait favoriser son accès à l'ineffable union, c'est exactement le contraire : ce par quoi Satan *le détourne* de l'éblouissante vision intérieure qu'il vient d'éprouver et que l'on peut considérer comme la « première étape de l'ascension mystique »[4]. La discipline vient ici rompre l'extase, elle est ce par quoi le chrétien s'interdit la joie et s'en punit, voyant un piège là où le piège est d'y voir un piège. Le contraste narratif entre les quelques mots hâtifs dont use Bernanos pour évoquer ladite « vision intérieure » et la férocité méticuleuse avec laquelle il peint l'acharnement de l'abbé contre lui-même est au reste significative de l'objet du roman : il ne s'agit pas de « composer un poème mystique », mais de « démontrer à la bête matérialiste qu'il n'est pas bon, ni sûr, de se croire tout à fait à l'abri, dans son sac

1. G. Bernanos, *Le crépuscule des vieux*, Paris, Gallimard, 1956, p. 15.
2. *Ibid.*, p. 60.
3. G. Bernanos, *Sous le soleil de Satan*, *op. cit.*, II, 1, p. 149-151.
4. *Ibid.*, p. 146-147.

de peau, des entreprises de l'âme »[1], c'est-à-dire du Diable car c'est ainsi qu'il faut appeler le « Mal ». Après tout, ce n'est pas absurde : comment comprendre autrement les massacres de la Grande Guerre si l'on refuse les explications de « la bête matérialiste » ? Ce qui constitue l'inactualité du roman de Bernanos, c'est au fond l'affirmation qu'on ne peut pas croire à Dieu sans croire au Diable. En toute connaissance de cause, il contredisait ainsi un étrange procès historique en vertu duquel on tolère volontiers de son voisin qu'il admette (ou non) l'existence de Dieu, tandis qu'on le juge fou s'il accorde celle du Diable. Ceux qui aujourd'hui évoquent avec emphase le « Mal », en lui accordant une majuscule solennelle, devraient toutefois peut-être se demander s'ils ne parlent pas encore de Satan, sans oser le nommer… Le Diable est mort, mais de lui aussi on peut toujours dire que, « des millénaires durant peut-être, il y aura des cavernes où l'on montrera encore son ombre »[2] !

À nouveau, l'ascétisme contredit la mystique. Six ans plus tard, en 1932, *Les deux sources de la morale et de la religion* recouvrent complètement le premier par la seconde. Ce qui fascinait encore Bernanos n'apparaît plus à Bergson que comme des « exagérations » moyenâgeuses[3] : par ce terme, et sans y réfléchir un instant, le philosophe retrouve le langage de Saint-Marin, l'écrivain bourgeois pesamment caricaturé par le romancier. Et il est vrai que ce langage était déjà celui de Constant quand il évoquait négativement des « abstinences cruelles et exagérées »[4] : c'était la disqualification bourgeoise de ce qui ne peut plus apparaître à l'homme moderne et raisonnable que sous la forme d'une *hybris* malsaine, heureusement ensevelie sous les décombres des vieilles superstitions. Ce langage, c'était aussi précisément celui dans lequel Nietzsche avait diagnostiqué un après-coup moralisateur, rendant méconnaissable

1. G. Bernanos, *Le crépuscule des vieux*, *op. cit.*, p. 73, 84 et 39 : « Poser le problème de Satan, c'est poser le problème du Mal […] ».

2. Nietzsche, *GS*, § 108.

3. H. Bergson, *Les deux sources de la morale et de la religion*, Paris, Flammarion, 2012, chap. IV, p. 368 ; voir aussi p. 138, 295-296 et 378 ; ce sont, sauf erreur de ma part, toutes les occurrences du terme figurant dans ce gros volume.

4. B. Constant, *De la religion …*, *op. cit.*, II, 7, p. 135 ; Constant emploie fréquemment le terme dans ce contexte. Dans l'édition 1866 du dictionnaire Larousse, à l'entrée « Ascète », on pouvait lire : « Dans le fait, les écoles grecques des pythagoriciens, des stoïciens, des cyniques, avaient donné des exemples éclatants de doctrines et de pratiques ascétiques avec toutes leurs exagérations » (t. I, p. 742 a).

ce qu'il fallait comprendre au contraire comme ayant été la recherche délibérée de l'excès comme stimulant [1]. On doit bien reconnaître que, dans les textes rédigés avant 1942 et publiés en 1947 sous le titre *La pesanteur et la grâce*, Simone Weil en prenait le brûlant contrepied, mais c'est toujours la mystique qui gouvernait ses notes. À la différence de Bergson, et parce qu'elle parlait de la mystique en mystique, elle se trouvait encline à évoquer positivement la « violence sur soi » comme le moyen d'un dressage nécessaire, mais elle en minorait pourtant l'efficacité : le remède majeur, dans le sillage de Fénelon, elle le voyait plutôt dans la violence injuste « du dehors » dont la crucifixion est l'image exemplaire [2] – le martyr plutôt que l'ascète. Et sur le fond, c'était l'obsession de la grâce qui orientait son discours, sous la forme de remarques fragmentaires abruptement arrachées aux tourments de la méditation et représentatives de la spiritualité mystique, laquelle demeurait à ses yeux la « seule source de la vertu d'humanité » [3]. 1947 est aussi la date de la première publication du *Traité des vertus* de Vladimir Jankélévitch dont une réédition très modifiée paraît en 1970. Jankélévitch y distingue sans peine l'ascétisme grec de l'« ascétisme infini » [4] du chrétien, dont la mendicité est l'expression sociale et dont l'essence se trouve dans l'exténuation du moi lui-même, dans le rejet de l'être-propre au-delà de l'avoir-propre. C'est donc de la *privation* qu'il s'agit ici, et nullement de la cruauté. Lorsque Jankélévitch évoque plus loin la « dévotion des flagellants », c'est pour la condamner aussitôt en des termes violents : au fond de telles pratiques, ce qu'on trouve, c'est le plaisir de souffrir, autrement dit le masochisme, lequel se présente au regard horrifié de ce grand lecteur de Bergson comme une « comédie grotesque et méprisable » [5]. Le moraliste bourgeois admet le christianisme de l'aumône, celui de l'humble qui « ne réclame pas son dû » ; il repousse avec dégoût celui du fouet :

1. Nietzsche, *GM*, III, 19.

2. S. Weil, *La pesanteur et la grâce*, Paris, Pocket, 2018, p. 136, 155 et 203. Pour Fénelon, voir *supra*, p. 77.

3. *Ibid.*, p. 184.

4. V. Jankélévitch, *Traité des vertus*, Paris, Bordas, 1970, t. II, p. 588. L'édition de 1949 en un volume n'emploie pas cette expression (p. 314).

5. *Ibid.*, p. 652. Il est à noter que ce que l'édition de 1970 nomme l'« ambiguïté masochiste » s'appelait en 1949 l'« ambiguïté pédérastique » (p. 352)... La substitution est révélatrice et elle explique la mention de Verlaine.

« l'humilité n'a rien de commun avec la cruauté masochiste [...] »[1]. Dans la littérature d'aujourd'hui, l'ascétisme ne semble plus guère matière à fiction : tout au plus nos écrivains racontent-ils à leur tour les vies de Macaire le Copte ou de Siméon le Stylite[2], dans de brefs récits à travers la lumière tamisée desquels nous parvient, très pâle, la démesure des arétalogies anciennes comme l'objet d'une incompréhension fascinée.

Or, si l'on admet, pour le dire sans doute trop brutalement, que l'ascétisme, en tant que recherche préméditée de la souffrance, se trouve rejeté à la périphérie des analyses philosophiques, il faut se demander pourquoi.

La réponse vient en fait d'être donnée : lorsque Jankélévitch condamne de manière épidermique l'exercice de la cruauté sur soi, il ne parle pas d'ascétisme, mais bien de *masochisme*. L'historien rencontre ici la traduction immédiate d'un concept dans un autre. Il en trouve ailleurs un exemple autrement spectaculaire. Plus d'un demi-siècle après que Kafka eût diagnostiqué l'effacement de l'ascète, le *body art* fit à nouveau un spectacle de la torture calculée de soi. Or, lorsque Bob Flanagan s'exposa en 1998 devant la caméra aux souffrances les plus invraisemblables en vue de lutter contre celles que lui imposait la mucovicidose, il intitula son film *Sick : The Life and Death of Bob Flanagan, Supermasochist*. Ce titre était très révélateur. Ce qu'il revendiquait ainsi sur le mode de la surenchère, ce n'était pas l'ascétisme alors même que la parenté sautait aux yeux, mais le masochisme qu'il résumait dans la sobre formule : « ça fait du bien là où ça fait mal »[3]. La traduction devait son évidence toute relative à une opération largement antérieure, qui s'était jouée cent ans plus tôt sur un tout autre terrain, celui de la psychanalyse. C'est alors en effet qu'avait eu lieu ce qu'il faut appeler une pathologisation de l'ascétisme, le vouloir-souffrir s'étant trouvé rapatrié sur le terrain clinique sous le nom de « masochisme ». *Post festum*, ce glissement fait écran puisqu'il traduit en termes de « perversion » ce qui s'inscrivait sur un tout autre registre, celui d'une discussion philosophique de l'utilitarisme. On sait que Freud devait le nouveau concept de « Masochismus » à Krafft-Ebing, dans la cinquième

1. *Ibid.*, p. 668 et 634.

2. F. Weyergans, *Macaire le Copte*, Paris, Gallimard, 1981 ; J. Baqué, *L'Arbre d'obéissance*, Paris, P.O.L, 2019.

3. Voir C. Jaquet, *Le corps*, Paris, Puf, 2001, p. 198-199.

édition de la *Psychopathia sexualis* parue à Stuttgart en 1890[1], lequel concept renvoyait à son tour au nom de Sacher-Masoch dont *La Vénus à la fourrure* était parue vingt ans plus tôt, en 1870. La question de savoir par quel étrange circuit la douleur peut s'associer à la jouissance réapparaît ainsi dans un contexte dont Arnold Davidson a montré qu'il était tout à fait distinct de celui où nous avons rencontré Meibom et les vertus thérapeutiques de la flagellation : il ne s'agit plus de savoir comment occasionnellement remédier à l'impuissance et si la flagellation peut être moralement employée à cette fin ; il s'agit désormais pour Krafft-Ebing de caractériser un type de « pervers » qui côtoie l'homosexuel, le sadique et le fétichiste, d'identifier une catégorie d'individus à part dont la personnalité s'exprime dans la pathologie sexuelle[2].

Un tout autre lecteur de Nietzsche sera Bataille, qui sera aussi un grand théoricien de la cruauté. Mais au rebours de ce qu'on pourrait attendre, il ne sera pas du tout un théoricien de l'ascétisme et même, dans les années d'occupation, il congédiera ouvertement le problème au profit d'une mystique paradoxale de l'immanence. Il devra donc comprendre l'auteur de *La généalogie* comme ayant été lui-même le sujet d'une « expérience » inouïe et par là, il confirmera, sur le terrain même de l'interprétation de Nietzsche, que dans les Temps modernes au moins, là où la mystique prend le dessus, serait-ce dans une variante athée, elle détourne de l'ascétisme.

Là où celui-ci va redevenir un concept philosophique central, ce sera chez un troisième lecteur de Nietzsche, et aussi de Bataille, où en revanche, au début des années 1980, on ne l'attendait guère : dans l'*Histoire de la sexualité* laissée inachevée par Foucault. Le lecteur des *Mots et les choses* et de *Surveiller et punir* ne l'avait pas vu venir – l'auteur non plus d'ailleurs ! – et pourtant, en rencontrant l'expérience chrétienne de la chair, il fallait bien en arriver là, et même au-delà. Ladite expérience ne pouvait alors se comprendre

1. La première édition date de 1886. Il semble que Richard von Krafft-Ebing ne soit pas à proprement parler l'inventeur du terme allemand qui lui avait été soufflé par un Berlinois anonyme en 1889. Le terme français apparaît dans la première traduction de la *Psychopathia sexualis* en 1895. Voir les précieuses indications d'André Béjin dans sa préface à R. von Krafft-Ebing, *Les formes du masochisme*, Paris, Payot et Rivages, 2010, p. 8-11.

2. A. I. Davidson, *L'émergence de la sexualité*, trad. fr. P.-E. Dauzat, Paris, Albin Michel, 2005, p. 120-128 et *supra*, chap. I, p. 62.

que dans le cadre plus large d'une histoire de l'« ascétique », laquelle se présenta au fond comme une nouvelle généalogie de la morale, dont le rapport avec la précédente restait occulte.

Clinique, mystique, ascétique : ainsi se scandera cette dernière étape. Ou comment le vouloir-souffrir se trouva successivement réinterprété comme « masochisme », rejeté au nom d'une apologie de l'« expérience intérieure », et enfin réinscrit dans une grande fresque ayant pour objet les métamorphoses du « gouvernement de soi ».

Clinique (Freud)

Lorsqu'on passe de l'« ascète » au « masochiste », on effectue en réalité deux glissements et l'on oublie un terme intermédiaire : le martyr. D'une part, on ne doit en effet pas trop vite faire coïncider celui qui exerce la cruauté sur lui-même et celui qui s'abandonne à la cruauté exercée sur lui par un tiers. D'autre part, on est contraint de réfléchir sur le passage, aujourd'hui difficilement résistible, du registre religieux au registre psychopathologique.

La tentation psychanalytique

En ce qui concerne le passage du spirituel au clinique, la tentation de déchiffrer les conduites religieuses en termes médicaux renvoie à la fin du XIXe siècle. Charcot comprenait l'extase religieuse comme une phase du processus hystérique et Freud lui-même en donne un brillant exemple en publiant en 1923, dans la revue *Imago*, « Une névrose diabolique au XVIIe siècle ». Peut-être Bernanos – encore lui – y songeait-il lorsque, dans *Monsieur Ouine* paru vingt ans plus tard, il mettait sarcastiquement en scène un médecin qui, sans humilité excessive, s'adressait à un curé de la sorte :

> Les prêtres d'aujourd'hui – heureusement – nous abandonnent volontiers le contrôle de certains états qui eussent passé jadis, bon gré mal gré, pour des états mystiques. Il en est de ces symptômes comme de ces prétendus cas de possession qui n'intéressent plus guère que nous [...] [1].

1. G. Bernanos, *Monsieur Ouine*, dans *Œuvres romanesques*, *op. cit.*, p. 1523 ; le chrétien lui réplique : « Vous aurez un jour la preuve qu'on ne fait pas au surnaturel sa part » (p. 1525). L'article de Freud avait été publié en français dix ans plus tôt, en 1933, chez Gallimard, dans les *Essais de psychanalyse appliquée*. Mais déjà, en 1929, dans la

Du point de vue de Freud, on s'en doute, Satan n'était pas Satan ; il était le substitut du Père avec lequel, en 1669 (ou 1668, tel était un aspect du problème) affirmait avoir contracté un pauvre peintre qui y substitua finalement la communauté des Frères de la Miséricorde où il mourut en 1700. En analysant ces déplacements, l'objectif explicite était d'« élucider [*aufklären*] l'affection démonologique du peintre »[1]. Le terme choisi renvoie naturellement à l'héritage rationaliste des Lumières, qui discerne dans un phénomène de ce genre un « produit de la superstition domestique » renvoyant aux ténèbres des « temps reculés »[2]. Toutefois, l'*Aufklärung* ne consiste pas ici à *critiquer* la superstition comme inconsistante avec une désinvolture toute voltairienne, elle a bien pour fin de « l'élucider », d'en mettre à jour la vérité. On suppose alors qu'une telle opération vise à *confirmer* la psychanalyse dans la lignée de toutes les tentatives par lesquelles Freud s'est efforcé, avec une formidable vitalité, d'en éprouver le potentiel heuristique en la confrontant à des champs fort éloignés du rêve et de l'hystérie. Mais le lecteur se voit justement interdit cette voie : « Ce n'est pas non plus du tout mon intention d'utiliser ce cas pour prouver la validité de la psychanalyse [...] », laquelle doit être ici au contraire présupposée[3]. L'élucidation ne vise donc ni à invalider la superstition ni à valider la psychanalyse. Elle tend paradoxalement à *valider la superstition* : « La théorie démonologique de ces temps obscurs a gardé sa validité à l'encontre de toutes les conceptions somatiques de la période des sciences "exactes" »[4].

Nouvelles Lumières encore, mais étrange *Aufklärung* qui, par un déconcertant tour de force, donne finalement raison à la superstition contre les sciences exactes ! Mais ce ne sont pas n'importe quelles

première partie de *La joie*, l'« étrange érudition de Sigmund Freud » était négativement référée à la profonde mystique néerlandaise des XIIe-XIIIe siècles (*ibid.*, p. 571) ; dans la seconde partie, l'« illustre psychiatre » La Pérouse incarnait l'arrogance psychanalytique en se définissant ainsi contre le confesseur : « Nous entreprenons de vidanger non seulement le conscient, mais l'inconscient : l'opération est plus rude » (p. 640). Le verbe « vidanger » apparaît comme une traduction vulgaire et péjorative, du verbe freudien « *abführen* » (voir *infra*, p. 171).

1. Je cite la traduction de Bertrand Féron dans *L'inquiétante étrangeté et autres essais*, Paris, Gallimard, 1985, ici p. 286.

2. *Ibid.*, p. 275 et 269.

3. *Ibid.*, p. 285 ; le texte allemand dit « als Beweismittel für die Gültigkeit der Psychoanalyse zu verwerten [...] ».

4. *Ibid.*, p. 270 ; le texte allemand dit « hat recht behalten [...] ».

« sciences exactes », ce sont celles qui prétendent s'en tenir aux maladies organiques, autrement dit la médecine toute positive d'une époque que l'on doit qualifier de « non psychologique »[1]. Et ce n'est pas n'importe quelle « superstition », c'est celle qui affirme l'existence du Diable et de son armée de démons qui tourmentent sans relâche l'homme corrompu. La neuve et subtile *Aufklärung* met donc en garde contre une mauvaise et plate *Aufklärung*, qui opposerait les faits du médecin aux croyances du démonologue. Et en récusant cette fruste histoire des sciences, elle met en évidence une autre histoire, celle des symptômes : les névroses n'entrent dorénavant plus en scène « sous un vêtement démonologique », mais « sous celui de l'hypocondrie, déguisées en maladies organiques »[2]. Le névrosé d'aujourd'hui n'éprouve plus la terreur de perdre son âme, il affirme la lésion d'un organe que l'observation ne peut vérifier. Ainsi, de même qu'en 1909, dans les *Cinq leçons sur la psychanalyse*, le retrait monastique apparaissait comme une solution à celui qui ne supportait pas la réalité et qui n'a plus aujourd'hui pour option que la névrose[3], de même ici, en 1923, la névrose, qui empruntait encore au XVIIe siècle le visage de Satan, acquiert maintenant celui du malade beaucoup moins imaginaire que ne l'affirme hâtivement le médecin de nos facultés modernes, formé dans l'ignorance de la « psychologie ». Cette opposition entre démonologie et hypocondrie est intéressante à trois titres au moins.

En premier lieu, on y rencontre un rapport équivoque de la psychanalyse à la religion. D'un côté, la religion est l'*objet* de la psychanalyse qui a pour tâche de l'élucider. Mais d'un autre côté, le retrait de la religion est la *cause* de nouvelles pathologies qui font l'objet de la psychanalyse : du fait qu'on ne croit plus en Dieu ni au Diable, on doit trouver de nouveaux compromis pour faire face aux renoncements que nous infligent les circonstances sans que l'ascétisme religieux puisse les prendre en charge. Tel est précisément le problème que, dans les années qui suivent, prendront en charge *L'avenir d'une illusion*, puis *Malaise dans la civilisation*.

1. *Ibid.*, p. 269 ; le traducteur rend « unpsychologisch » par « fermée à la psychologie ».

2. *Ibid.* C'est dans la seconde section de l'article de 1914, « Pour introduire le narcissisme », que Freud s'arrête sur le concept d'« hypocondrie » (*La vie sexuelle*, trad. fr. J. Laplanche *et al.*, Paris, Puf, 1969, p. 89-92).

3. S. Freud, *Cinq conférences sur la psychanalyse*, trad. fr. B. Lortholary, Paris, Points, 2012, V, p. 95.

En second lieu, on entrevoit pourquoi l'historien actuel des conduites religieuses en général et de la démonologie en particulier se trouvera contraint de s'interroger sur la *part* qu'il convient de faire aux outils freudiens pour analyser ses matériaux. La publication française récente par Jean-Claude Schmitt du *Livre des révélations*, un manuscrit du XIIIe siècle dont l'auteur rapporte les terreurs d'un moine allemand cistercien assiégé par les démons, fournit à cet égard un formidable exemple [1] : il semble à la fois bien difficile de *ne pas* diagnostiquer aussitôt une pathologie paranoïaque dans les descriptions fantastiques du moine anonyme de l'abbaye de Schöntal, et pourtant on ne peut s'y risquer sans du même coup réduire celles-ci et s'interdire de comprendre ce que, dans leur lettre, elles énoncent.

En troisième lieu enfin, dans le cas précis auquel s'arrête Freud en 1923, le cas du peintre Christoph Haitzmann permet d'aller plus loin : non seulement il atteste que l'on est aujourd'hui hypocondriaque *parce que* l'on n'est plus chrétien ; non seulement il exhibe l'*impuissance* de la médecine somatique qui, dans le possédé comme dans l'hypocondriaque, ne peut voir autre chose que des maux « imaginaires », c'est-à-dire indignes d'intérêt ; mais en outre les documents dont nous disposons en l'occurrence se présentent encore comme « une précieuse trouvaille qui se donne à ciel ouvert sans grande interprétation [*ohne viel Deutung*], tout comme certaines mines fournissent à l'état pur un métal qu'on doit ailleurs obtenir péniblement par la fusion du minerai » [2]. Sans doute l'euphémisme est-il patent car de l'interprétation, il en faudra, mais elle est ici moins difficile, car la victime du Diable au fond nomme le désir refoulé avec une certaine naïveté et, comme toujours chez Freud, l'exception se retourne en règle, l'anomalie en modèle : « on n'entend jamais aussi clairement que dans notre peintre névrosé du XVIIe siècle que le diable est une copie du père et peut se présenter comme son substitut » [3]. L'ambivalence du rapport au père que *Totem et tabou*

1. J.-C. Schmitt, *Le cloître des ombres*, Paris, Gallimard, 2021, p. 260-266. On peut imaginer que Nietzsche comme Freud auraient éprouvé le plus grand intérêt à la lecture de ce manuscrit halluciné et, pour le lecteur d'aujourd'hui, hallucinant.

2. S. Freud, « Une névrose diabolique ... », dans *L'inquiétante étrangeté et autres essais*, *op. cit.*, p. 271.

3. *Ibid.*, p. 289.

avait posée dix ans plus tôt aux origines de l'histoire humaine [1] se déchiffre désormais avec une aisance inespérée. Le discours du possédé bénéficie donc d'une sorte de franchise involontaire qui fait défaut à l'hypocondriaque, mais ici comme ailleurs subsiste la question que cherche toujours à résoudre le psychanalyste : comment se dévoile en s'occultant le conflit pulsionnel ?

Ascétisme, sadisme, masochisme

Or la question que nous voulons poser maintenant procède d'un double déplacement : elle n'a pas seulement un autre objet – l'ascétisme au lieu de la démonologie –, mais elle relève d'une tout autre approche. Elle ne consiste pas à demander dans quelle mesure l'analyse freudienne peut correctement interpréter les conduites ascétiques : elle a pour objet le saut d'un concept à un autre, de l'ascétisme au masochisme, ce qui nous fait revenir à la première difficulté évoquée plus haut.

De fait, il s'avère aussitôt que ce passage n'a en fait rien d'évident. Entre l'ascète et le masochiste, il faut en effet d'abord intercaler le martyr. Après tout, le narrateur de *La Vénus à la fourrure* éprouvait ses premiers frissons en lisant les vies des martyrs qui « souffraient les pires tourments avec une sorte de joie » [2] et Sacher-Masoch lui-même ne dit pas autre chose quand il évoque sa propre enfance [3]. Or un martyr n'est pas un ascète et même *il en est le négatif* : tandis que l'ascète revendique la plus absolue maîtrise de soi, le martyr s'abandonne sans réserve à la violence qui lui advient par un autre. Quand Ignace de Loyola déclare que la pénitence vise à « se vaincre soi-même », le Séverin de Sacher-Masoch désire l'esclavage : « Oh, quelle volupté de dépendre entièrement de ta volonté, de ton humeur,

1. S. Freud, *Totem et tabou*, trad. fr. M. Weber, Paris, Gallimard, 1993, II, 3, *in fine*, p. 167-169). On pourrait comparer avec intérêt l'explication que donne Freud de la dissociation de Dieu et du Diable avec celle qu'avait proposée Nietzsche aux § 16-17 et 25 de *L'Antéchrist* (le Dieu terrible dans lequel se projetait un peuple guerrier devenant le bon Dieu pour autant que ce peuple est vaincu et doit désormais s'hypostasier autrement – ce qui résume l'histoire juive).

2. L. von Sacher-Masoch, *La Vénus à la fourrure*, trad. fr. A. Willm, dans G. Deleuze, *Présentation de Sacher-Masoch. Le froid et le cruel*, Paris, Minuit, 1967, p. 154. Le thème est un leitmotiv du récit : voir p. 148, 173, 187 et 192.

3. *Ibid.*, p. 251 : « Assis dans un coin sombre et retiré de la maison de ma grand-tante, je dévorais les légendes des saints, et la lecture des tourments endurés par les martyrs me jetait dans un état fiévreux ».

et d'obéir à un signe de ton doigt »[1]. En 1897, un nommé Dimitri Stefanowski avait d'ailleurs proposé de nommer « passivisme » le masochisme[2] et l'on accordera sans peine que ce terme ne pourrait en aucun cas convenir aux pratiques ascétiques ! L'antinomie sadisme/masochisme qui se trouve mise en place très tôt par Krafft-Ebing – « Le masochiste est le contraire du sadique »[3] – en cache ainsi une autre : ascétisme/masochisme. Nous nous trouvons en face non pas de deux, mais de *trois* termes qui se convertissent aisément l'un dans l'autre : de la cruauté exercée sur autrui (sadisme) à la cruauté exercée sur soi par soi (ascétisme) et, de là, à la cruauté exercée sur soi *via* autrui (masochisme) – et l'on peut refaire le parcours dans l'ordre que l'on préfère puisque de chaque terme, on peut retrouver les deux autres par simple inversion. De ce point de vue, le grand roman de Sacher-Masoch, ce serait plutôt *La Pêcheuse d'âmes* [*Die Seelenfängerin*], paru en 1886, dont l'héroïne, Dragomira, ne cesse de faire passer chacun de ces rapports dans les deux autres puisqu'elle est tantôt l'ascète, tantôt l'esclave, tantôt le bourreau.

Encore faut-il noter que l'esclave peut l'être en plusieurs sens. On aurait tort d'en négliger le sens historique et un film brésilien de Julia Murat, *Règle 34* (2022), montre comment une femme noire peut chercher dans les pratiques dites « masochistes » la répétition de l'asservissement ancestral. Mais si l'on se tourne vers les modalités concrètes dans lesquelles s'assujettit le sujet, on rencontre deux figures diamétralement opposées. Le masochiste peut *réellement* consentir à toutes les souffrances dont son partenaire prendra l'initiative dans des limites d'autant plus excitantes qu'elles sont fluctuantes et alors, en effet, son modèle est le martyr. Mais il peut aussi *feindre* la passivité et ordonner de bout en bout une mise en scène dans laquelle l'autre est absolument instrumentalisé, et alors son modèle se trouverait plutôt dans l'ascète ; c'est ainsi que Theodor

1. Ignace de Loyola, *Exercices spirituels*, *op. cit.*, p. 72 ; L. von Sacher-Masoch, *La Vénus à la fourrure*, *op. cit.*, p. 171.

2. R. von Krafft-Ebing, *Les formes du masochisme*, *op. cit.*, p. 211-219.

3. R. von Krafft-Ebing, *Psychopathia sexualis*, trad. fr. É. Laurent et S. Csapo, Paris, G. Carré, 1895, p. 121. C'est la première phrase du chapitre sur le masochisme qui suit celui consacré au sadisme. À la p. 193, l'auteur répétera : « Le sadisme est l'opposé complet du masochisme ». On sait que Deleuze a longuement récusé cette symétrie dans la *Présentation* suscitée, développant ainsi une remarque de Blanchot (*Lautréamont et Sade*, *op. cit.*, p. 30).

Reik caractérisera la « perversion » masochiste en 1941 [1]. Dans un cas, le masochiste cesse de s'appartenir, il se fait chose [2] ; dans l'autre, il s'apparente plutôt au libertin sadien. C'est précisément l'oscillation entre ces deux conduites qui fournissait à Sacher-Masoch son ressort dramatique, dans la mesure où la Vénus apparaissait tantôt comme une pure médiation dépourvue d'épaisseur entre le narrateur et lui-même, tantôt au contraire comme prenant celui-ci à son propre piège et menant le jeu : le contrat initial au fond ne stabilisait rien, il ne neutralisait pas l'indécision angoissante du rapport, mais l'instituait paradoxalement. C'est une question en soi intéressante de savoir comment notre histoire a réduit cette configuration complexe à un simple couple désormais installé dans la langue sous le nom de « sado-masochisme ». En réalité, la psychopathologie de Krafft-Ebing a d'entrée de jeu constitué un jumelage de « perversions » sexuelles *qui a refoulé à l'arrière-plan le concept d'ascétisme*, abandonné à un obscur passé religieux. Et c'est pourquoi, par exemple, la philosophie de Sartre a pu brillamment disserter sur le sadisme et le masochisme sur plus de cinquante pages sans jamais mentionner l'ascétisme [3].

Bien entendu, cette combinatoire rendait tous les glissements possibles. Nietzsche pouvait déjà disposer sur une même échelle

1. T. Reik, *Le masochisme*, *op. cit.*, p. 68, 82, etc. Theodor Reik prenait ainsi ouvertement le contrepied de Karen Horney (p. 141, 151, 326) qui avait publié en 1935 « The Problem of Feminine Masochism », où le masochisme apparaissait comme une tentative de se défaire de soi-même. Mais au chapitre XXV du même ouvrage, Reik fusionnait le saint, l'ascète et le martyr en un seul personnage, ce qui ne contribuait pas à éclaircir les choses. On peut noter que dès 1912, il avait consacré un ouvrage au saint Antoine de Flaubert (*Flaubert und seine Versuchung des heiligen Antonius. Ein Beitrag zur Künstler Psychologie*).

2. Ainsi dans le récit de Sacher-Masoch, « Loup et louve », où le Comte de Foix déclare : « Je ne veux être que votre chose, votre bien, un valet qu'il vous est loisible de vendre, de donner, voire même de tuer, si cela vous plaît » (trad. fr. D. Dolorès, dans *Œuvres maîtresses*, Paris, R. Laffont, 2013, p. 740). Dans l'extraordinaire roman japonais de science-fiction paru sous le pseudonyme de Shozo Numa et sous le titre *Yapou, bétail humain* à partir de 1956, l'homme asservi devient « meuble vivant », et il éprouve fierté autant que plaisir aux humiliations qui lui sont imposées, notamment l'absorption de toutes les excrétions organiques de ses maîtres. Toutefois, ce qui interdit de s'en tenir à la psychopathologie, c'est le fait que ce « masochisme » résulte de procédures biologiques et d'un violent dressage qui contraint à intérioriser ce qui se présentait initialement sous une forme répulsive. C'est pourquoi il s'agit aussi d'un grand roman politique sur l'impérialisme américain (trad. fr. S. Cardonnel, Paris, Laurence Viallet, 2022).

3. J.-P. Sartre, *L'être et le néant*, Paris, Gallimard, 1976, part. III, chap. III, sct. 1 et 2. Le terme « ascèse » et ses dérivés n'apparaissent nulle part dans ce volumineux ouvrage.

l'ascète et le martyr en les opposant au barbare : ce sont « *l'ascète* et le martyr » qui renversent au mieux le personnage de la brute conquérante – mais les italiques étaient là pour souligner que l'ascète opère cette inversion mieux encore que le martyr, car alors « il n'existe plus qu'une seule personne qui se carbonise en elle-même »[1]. Cependant, il accordait ailleurs aux deux personnages des traitements nettement distincts. La troisième dissertation de *La généalogie* n'invoque le martyr qu'à deux reprises, la première pour lui opposer l'ascétisme du philosophe – « il leur semble de mauvais goût de jouer les martyrs » (§ 8), la seconde pour amalgamer tous les supplices exigés par les « progrès » de la culture (§ 9). Sur le fond, la différence saute aux yeux et renvoie à deux cibles distinctes : si l'ascète, en sa variante chrétienne, est celui qui réoriente la volonté de puissance sur lui-même par haine de soi, le martyr est celui qui invente un sinistre type de preuve consistant à « mourir pour la vérité », comme si une proposition se trouvait plus vraie du fait qu'on se sacrifie pour elle – ou qu'on prétend se sacrifier « pour elle »[2]. Le martyr n'est alors pas un ascète de rang inférieur, il est celui qui ouvre la voie à *un nouveau mode de validation* : ce que je dis est inattaquable car j'en suis convaincu et la preuve que j'en suis convaincu, c'est que je suis prêt à le gager par mon existence même.

Si le martyr peut éventuellement apparaître comme un ascète imparfait, on comprend que les deux personnages aient pu être conduits ultérieurement à composer, avec le masochiste, une sorte de nébuleuse assez confuse où s'amalgament tous ceux qui semblent jouir de la douleur. Mais déjà, après avoir expliqué que le masochiste, en fait, ne ressent pas la douleur car il la neutralise par des représentations voluptueuses, Krafft-Ebing le superposait à l'ascète :

> Des phénomènes analogues paraissent se produire dans l'auto-flagellation des extasiés religieux (fakirs, derviches hurlants, flagellants), seulement les images qui provoquent la sensation de plaisir ont une autre forme. Là aussi on perçoit l'idée de la torture sans ses attributs de douleur, la conscience étant trop remplie par l'idée accentuée du plaisir de servir Dieu en subissant des tortures, de racheter ses péchés, de gagner le ciel, etc.[3].

1. Nietzsche, *A*, § 113 ; voir aussi par exemple § 18 ou *GS*, § 131.
2. Nietzsche, *AC*, § 53. Voir *supra*, chap. II, p. 140.
3. R. von Krafft-Ebing, *Psychopathia sexualis*, *op. cit.*, p. 193.

La simultanéité de la douleur, qu'elle soit physique (sévices) ou morale (humiliation), et du plaisir est bien sûr ce qui autorise rétrospectivement la superposition des deux figures, l'ascète et le masochiste, sous une forme telle que l'une fasse surgir la vérité de l'autre. En allant dans cette direction, on en arrive vite à Flanagan et à un concept très distendu de masochisme, qui se résume sommairement en la recherche du plaisir dans la souffrance. Mais on occulte ainsi l'écart initial, oubliant la définition précise qu'en donnait Krafft-Ebing lui-même et que Freud gardera toujours présente à l'esprit, sans pour autant s'y tenir :

> Par masochisme, j'entends cette perversion particulière de la vie sexuelle psychique qui consiste dans le fait que l'individu est, dans ses sentiments et ses pensées sexuels, obsédé par l'idée d'être soumis absolument et sans condition à une personne de l'autre sexe, d'être traité par elle d'une manière hautaine, au point de subir même des humiliations et des tortures. Cette idée s'accompagne de volupté [...] [1].

Le masochiste *stricto sensu, par définition hétérosexuel*, n'est donc pas plus un martyr qu'il n'est un ascète : il *fantasme* une scène où l'humiliation infligée par un partenaire se trouve associée à la jouissance et Reik développera beaucoup cette dimension imaginaire du masochisme. Mais quand on lit Freud, on constate que la distinction du masochiste et de l'ascète va beaucoup plus loin : il confère aux deux termes non seulement des significations, mais aussi et surtout des *statuts* très différents. L'ascétisme, chrétien par hypothèse, demeure lié à une imagerie médiévale et maintenu dans les marges de l'analyse, tandis que le masochisme se présente comme un véritable *concept* au centre de la théorie des pulsions. Toutefois, en un point précis, les deux lignes se croisent : la névrose obsessionnelle.

De l'ascétisme à l'obsession

Pour ce qui est de ce que Nietzsche nommait l'« idéal ascétique », ce n'est pas pour Freud un idéal et il n'y a pas lieu de le constituer en véritable objet théorique. En prenant pour base l'édition des *Gesammelte Werke* de 1952, soit un corpus de 6 704 pages, on rencontre seulement le substantif « *Askese* » (9 occurrences)

1. *Ibid.*, p. 121-122.

et l'adjectif « *asketisch* » (17 occurrences)[1]. Le concept même d'« *Asketismus* » est carrément absent, ce qui signifie bien qu'aux yeux de Freud, il n'existe pas un ensemble de conduites homogènes susceptible de faire sous ce nom l'objet d'une analyse spécifique. Évoquer une « théorie de l'ascèse » freudienne qu'il faudrait qualifier de « superficielle, matérialiste et positiviste »[2], c'est donc inventer un épouvantail. De fait, quand on y regarde de plus près, on observe que les termes « ascèse » et « ascétique » se trouvent éparpillés dans trois grandes directions.

La première est *historique* : l'ascète, pour Freud comme jadis pour Bentham, c'est toujours encore le moine et par association les « temps obscurs » qui s'étendent d'un Moyen Âge indéterminé au XVIIe siècle de Christoph Haitzmann en passant par le XVe siècle de Léonard de Vinci[3]. Les deux mots, « ascète » et « ascétique », sont alors liés au christianisme en tant qu'instance répressive et Freud en hérite avec toutes les connotations que leur avaient conférées les Lumières tardives de l'utilitarisme.

Par extension, ils peuvent encore désigner cette fonction *hors contexte religieux* : dans un petit texte de 1916, intitulé « Parallèles mythologiques à une représentation obsessionnelle plastique », Freud décrit un patient qui prétendait à « la répression des pulsions [*Triebunterdrückung*] et à l'ascèse », sans aucun rapport à une croyance religieuse quelconque[4]. Lorsqu'il évoque trois ans plus tôt « la condamnation ascétique de l'argent »[5], il ne renvoie à rien non plus de bien précis. Dans la 27e *Conférence d'introduction à la psychanalyse* enfin, l'« orientation ascétique » s'oppose très généralement à

1. J'exclus les index et une citation de Carl Gustav Jung.

2. Voir le *Dictionnaire de théologie ascétique et mystique* publié sous la direction de M. Viller, *op. cit.*, t. I, col. 1007.

3. Les *Études sur l'hystérie* évoquent « un moine ascétique du Moyen Âge » purement hypothétique (S. Freud, *Gesammelte Werke*, *op. cit.*, t. I, p. 119) ; l'étude sur la *Gradiva* de Jensen un autre « moine ascétique » à propos d'une gravure de Félicien Rops (*ibid.*, t. VII, p. 60) ; les *Contributions à la psychologie de la vie amoureuse* parlent des « moines ascétiques » surgis avec le christianisme (*ibid.*, t. VIII, p. 88) ; l'ouvrage sur Léonard de Vinci mentionne « une époque qui voyait la sensualité sans limites en lutte contre une sombre ascèse » (*ibid.*, t. VIII, p. 135) ; et l'étude sur la névrose diabolique dont nous avons parlé plus haut emploie le terme *in fine* à quatre reprises lorsque son héros, en 1678, a des visions qui vont le conduire à rentrer au monastère (*ibid.*, t. XIII, p. 348 q.).

4. *Ibid.*, t. X, p. 399.

5. « Zur Einleitung der Behandlung », dans *ibid.*, t. VIII, p. 466.

l'« orientation sensuelle »[1]. Au fond, il y a « ascèse » dès que le sujet s'interdit de satisfaire ses pulsions. On pourrait donc s'attendre à ce qu'il en soit question à chaque page, mais ce n'est pas du tout le cas. Paradoxalement, le terme reste rare, alors qu'il désigne après tout ce qui se trouve au départ même de la nouvelle science ! Trop lesté par ses résonances religieuses, trop historiquement marqué, il se trouve écarté par les concepts techniques de « répression [*Unterdrückung*] » et de « refoulement [*Verdrängung*] ». En revanche, le concept voisin de « renoncement [*der Verzicht*] »[2] a un rôle considérable puisqu'il désigne l'effet du principe de réalité qui « finit par imposer le report de la satisfaction, le renoncement à bien des possibilités d'y parvenir et la tolérance provisoire du déplaisir sur le long chemin du détour qui mène au plaisir »[3]. De ce fait, on doit admettre qu'il constitue le ressort même de la civilisation qui doit « nécessairement s'édifier sur la contrainte et le renoncement aux pulsions »[4]. Pourquoi alors Freud retient-il le renoncement plutôt que l'ascèse ? On peut penser que c'est, d'une part, parce que c'est un terme moins déterminé dont la prégnance religieuse, en français comme en allemand, est moins sensible ; d'autre part, parce que c'est un terme auquel correspond un verbe [*verziehen*] et qui autorise des constructions syntaxiques plus diversifiées.

Mais l'ascétisme du moine peut encore jouer un autre rôle : c'est un très bon exemple de névrose obsessionnelle. En 1907, Freud compare les compulsions et les interdits obsessionnels aux « exercices religieux » – et nous savons que l'exercice [*Übung*] est la traduction traditionnelle de l'ascèse ; la religion apparaît dans ce contexte comme une névrose collective et la conduite obsessionnelle comme une religion privée[5]. Dix ans plus tard, la 19e *Conférence*

1. S. Freud, *Conférences d'introduction à la psychanalyse*, XXVII, trad. fr. F. Cambon, Paris, Gallimard, 1999, p. 549.

2. L'étude sur la névrose diabolique s'achève sur la vie monastique où Haitzmann se trouve délivré de ses fantasmes par « le renoncement et l'ascèse ». Il faut préciser que Freud préfère le substantif « *Verzicht* » à celui d'« *Entsagung* » (ou « *Entsagen* ») dont la connotation théologique est plus marquée (c'est lui, par exemple, qu'emploie Nietzsche au § 440 d'*Aurore*).

3. S. Freud, *Au-delà du principe de plaisir*, I, trad. fr. J.-P. Lefebvre, Paris, Points, 2014, p. 77.

4. S. Freud, *L'avenir d'une illusion*, I, trad. fr. B. Lortholary, Paris, Points, 2011, p. 41.

5. S. Freud, « Actions compulsionnelles et exercices religieux », trad. fr. D. Guérineau, dans *Névrose, psychose et perversion*, trad. fr. sous la dir. de J. Laplanche, Paris, Puf, 1973, p. 141.

d'introduction à la psychanalyse oppose l'hystérie, dont les symptômes visent plutôt une satisfaction sexuelle, à la névrose obsessionnelle, dont le « caractère ascétique » suggère en revanche une défense contre cette satisfaction au moyen d'interdits semblables à ceux qui ritualisent à l'extrême la vie monacale [1]. C'est pourquoi il est question d'ascèse à deux reprises en 1909, dans l'étude consacrée à l'homme aux rats, précisément un « cas de névrose obsessionnelle » : l'une de ses caractéristiques majeures se trouve dans les multiples interdits qu'il s'impose en rapport à des objets en apparence insignifiants [2]. L'ascèse n'est pas alors simplement le nom archaïque du refoulement en général ; elle illustre une forme spécifique de compromis résultant du refoulement, à savoir cette névrose qui contraint le sujet à se torturer dans la crainte de transgresser les règles aberrantes par lesquelles il s'interdit de satisfaire un désir dont il ignore l'objet. Pour le dire autrement : l'obsessionnel s'impose des interdits qui le punissent du désir refoulé qu'il éprouve de transgresser d'autres interdits, mais il se torture en redoutant sans cesse de les transgresser à leur tour.

Aussi Freud peut-il répondre à l'homme aux rats : « dans votre tendance à l'autopunition, vous prenez du plaisir aux reproches que vous vous faites » [3]. Cette remarque suggère inévitablement que l'obsessionnel a quelque chose à voir avec le masochiste, et ce qu'on lit dans la 20e *Conférence d'introduction à la psychanalyse* va en ce sens : sous ses formes les plus sévères, la névrose obsessionnelle dispose des garde-fous contre les motions sexuelles sadiques, mais la satisfaction de celles-ci se fraye un chemin détourné chez les malades en se tournant « avec prédilection contre leur propre personne, les portant à se tourmenter eux-mêmes » [4]. Si l'ascèse obsessionnelle renverse la cruauté contre le patient, elle suggère ce que Freud appelle ailleurs « masochisme » : « Il est souvent possible de constater que le masochisme n'est rien d'autre qu'une continuation du sadisme, qui se retourne contre la personne propre, laquelle prend ainsi la

1. S. Freud, *Conférences d'introduction à la psychanalyse*, *op. cit.*, XIX, p. 382.

2. S. Freud, *Cinq psychanalyses*, trad. fr. C. Cohen-Skalli, Paris, Payot, 2017, p. 405, 478 et 501. Certes, l'interdit n'a pas le monopole des représentations obsessionnelles, lesquelles peuvent se présenter aussi sous la forme de doutes, de tentations, d'obligations, etc. (p. 473) – tout cela se retrouvant parfaitement dans la vie monastique.

3. *Ibid.*, p. 433.

4. S. Freud, *Conférences d'introduction à la psychanalyse*, *op. cit.*, XX, p. 392.

place de l'objet sexuel »[1]. Et en effet, entre la phase sadique initiale et la phase terminale qu'il faut appeler proprement masochiste, nous pouvons intercaler un stade intermédiaire où l'objet extérieur est remplacé par la personne propre *sans que soit sollicité un tiers*. Entre la voix active et la voix passive existe ainsi une « voie moyenne réflexive [*ein reflexives Medium*] »[2] où se loge la névrose obsessionnelle : « Le besoin de tourmenter devient tourment infligé à soi-même, auto-punition et non masochisme »[3]. Pour autant que l'ascèse est obsessionnelle, elle trouve par conséquent le statut d'une transition dans le processus continu qui conduit du sadisme au masochisme. Freud distingue donc très bien celui qui se torture lui-même de celui qui demande à un autre de le torturer, mais il les distribue sur une échelle graduée[4], de telle sorte que l'ascète apparaît comme le devenir masochiste du sadique. À ceci près que Freud ne le nomme pas « ascète », mais « névrosé obsessionnel »... Il n'y a pas lieu de s'en étonner : au fond, le premier des deux termes n'est plus qu'un exemple et il se trouve mécaniquement recouvert par le concept qui le subsume. Bref, l'ascèse renvoie rétrospectivement aux ténèbres religieuses médiévales, elle ne désigne pas un problème identifiable, elle est sémantiquement instable, et pour autant qu'on peut l'inscrire dans la taxinomie freudienne, c'est en la rattachant à l'obsession. Le masochisme, en revanche, issu de la psychopathologie la plus récente, désigne une perversion sexuelle tout à fait spécifique ; à ce titre, il exige d'être très précisément défini et génétiquement élucidé.

Les équivoques du masochisme

Dans la droite ligne de Krafft-Ebing, le masochisme est donc d'abord le renversement du sadisme. Celui-ci désigne la « pulsion d'emprise », basculant du côté de la cruauté. Il arrive à Freud de désigner cette pulsion dans les termes de Nietzsche et de l'appeler

1. S. Freud, *Trois essais sur la théorie sexuelle*, trad. fr. P. Koeppel, Paris, Gallimard, 1987, I, p. 70.

2. S. Freud, *Métapsychologie*, trad. fr. J. Laplanche et J.-B. Pontalis, Paris, Gallimard, 1986, p. 26-27.

3. *Ibid.*, p. 27.

4. On pourrait comparer ce processus à celui décrit par Nietzsche dans *Aurore* : voir *supra*, p. 162, note 1.

« volonté de puissance » [1] : elle apparaît au stade dit « sadique-anal » et semble se nourrir de la connexion entre excitation sexuelle et développement musculaire [2]. En elle-même par conséquent, cette pulsion n'est nullement perverse, elle le devient quand elle se satisfait par la cruauté. Ainsi Freud, d'une part, réévalue à la baisse la volonté de puissance qui n'est plus désormais qu'une pulsion, et non le principe de toute pulsion ; d'autre part, il la dissocie de la cruauté, de telle sorte que celle-ci apparaisse comme un excès condamnable. *A contrario*, le masochisme est associé au versant passif et anal du même stade. Il est *second* dans la mesure où il procède du retournement de la pulsion d'emprise sur la personne propre. La cause de ce retournement semble se trouver dans le refoulement de l'amour incestueux et le sentiment de culpabilité qui l'accompagne et qui génère le fantasme d'être battu par le père : « chaque fois la conscience de culpabilité est le facteur qui transforme le sadisme en masochisme » [3].

Mais on aurait tort d'oublier qu'en un autre sens, le masochisme est *premier*. L'enfant sadique veut exercer son emprise sur un objet qui lui est étranger, mais il ne vise pas la douleur de l'objet. *La connexion initiale de la douleur avec le plaisir s'opère donc seulement dans l'inversion masochiste* :

> Mais une fois que la transformation en masochisme s'est accomplie, les douleurs se prêtent parfaitement à fournir un but passif masochiste ; nous avons en effet toutes raisons d'admettre que les sensations de douleur [*die Schmerzen*], comme d'autres sensations de déplaisir [die *Unlustempfindungen*], débordent sur le domaine de l'excitation sexuelle et provoquent un état de plaisir ; voilà pourquoi on peut aussi consentir au déplaisir de la douleur [4].

Le masochiste éprouve du plaisir, parce qu'il satisfait à l'envers la pulsion d'emprise en se tourmentant lui-même avant de passer par un autre, *et* il éprouve de la douleur, parce qu'il la satisfait sur

1. S. Freud, « Le problème économique du masochisme », trad. fr. J. Laplanche, dans *Névrose, psychose et perversion*, *op. cit.*, p. 291 : « Elle [la libido] se nommerait alors pulsion de destruction, pulsion d'emprise, volonté de puissance [*Destruktionstrieb, Bemächtigungstrieb, Wille zur Macht*] ».

2. S. Freud, *Trois essais sur la théorie sexuelle*, *op. cit.*, II, p. 136.

3. S. Freud, « "Un enfant est battu". Contribution à la connaissance de la genèse des perversions sexuelles », trad. fr. D. Guérineau, dans *Névrose, psychose et perversion*, *op. cit.*, p. 229.

4. S. Freud, « Pulsions et destins de pulsions », dans *Métapsychologie*, *op. cit.*, p. 27.

lui-même. Il faut par suite poser que le plaisir peut résulter de la douleur et que le masochiste jouit de la souffrance à laquelle il s'expose. Le vouloir-souffrir est ainsi assujetti au principe de plaisir auquel il n'existe pas de dérogation : « Il semble que l'ensemble de notre activité psychique soit orientée vers l'acquisition de plaisir et l'évitement du déplaisir, qu'elle soit automatiquement régulée par le *principe de plaisir* »[1]. C'est de ce fait seulement par un effet en retour [*rückgreifend*] que l'acte sadique va joindre à son tour le plaisir de l'emprise et la douleur de l'objet par identification à celui-ci. Bref, on est sadique avant d'être masochiste, mais il faut d'abord avoir été masochiste pour éprouver du plaisir dans la souffrance de l'autre.

Il en résulte nécessairement qu'un « masochisme originaire qui ne serait pas issu du sadisme » est impossible[2]. Freud soutient encore cette thèse en 1919 à propos du fantasme de fustigation : « Tout d'abord il semble se confirmer que le masochisme n'est pas une manifestation pulsionnelle primaire, mais qu'il provient du retournement du sadisme contre la personne propre [...] »[3]. C'est bien sûr ce que va remettre en cause en 1920 l'introduction à la fois laborieuse et vertigineuse de la pulsion de mort, laquelle contraint à renverser le renversement. L'hypothèse d'une pulsion de mort conduit en effet à poser le « masochisme » dès le commencement de la vie sexuelle, dans l'autoérotisme oral : « au stade oral d'organisation de la libido, l'emprise amoureuse [*die Liebesbemächtigung*] sur l'objet coïncide encore avec l'anéantissement de l'objet [...] »[4] et c'est au stade anal que la pulsion se trouve projetée vers l'extérieur. C'est donc maintenant le sadisme qui retourne le masochisme vers un objet extérieur. Mais il peut arriver que la pulsion de mort soit à nouveau retournée sur le moi propre, ce qui doit s'expliquer désormais comme une régression à la phase initiale. On doit finalement distinguer un masochisme « primaire » d'un masochisme « secondaire ». Dans le présent contexte, il en résulte deux conséquences notables.

En premier lieu, le terme se trouve arraché à sa définition originelle et distendu jusqu'à l'oxymore : associé à l'autoérotisme oral, le « masochisme primaire » est un *masochisme solitaire*, le tiers en est absent. Le masochisme au sens propre, celui dont parlait Krafft-

1. S. Freud, *Conférences d'introduction à la psychanalyse*, *op. cit.*, XXII, p. 452.
2. S. Freud, « Pulsions et destins de pulsions », art. cit., p. 26.
3. S. Freud, « "Un enfant est battu" ... », art. cit, p. 233.
4. S. Freud, *Au-delà du principe de plaisir*, *op. cit.*, VI (trad. modifiée), p. 154.

Ebing n'est plus qu'un masochisme dérivé et la destruction de soi par soi se rencontre maintenant au principe même du développement individuel. Cela ne nous ramène pas pour autant du côté de l'ascèse car il n'entre ici rien de la composante obsessionnelle qui caractérise celle-ci : le nourrisson ne s'impose pas des règles méticuleuses dans l'emprise qu'il exerce sur lui-même, bien au contraire.

En second lieu, le vouloir-souffrir se trouve rabattu du côté du vouloir-mourir : on ne veut pas souffrir pour souffrir, mais pour régresser à l'état anorganique. On veut la mort. Mais on veut *en même temps* la jouissance et ce n'est pas contradictoire : le principe de plaisir continue en effet de valoir, mais « au service [*im Dienste*] des pulsions de mort » [1]. Pour en arriver à cette thèse hautement paradoxale, il faut définir le plaisir au rebours de l'excitation : le plaisir advient quand l'excitation cesse, c'est-à-dire qu'il lui échoit « la mission de rendre l'appareil psychique absolument dépourvu de toute excitation ou de maintenir en lui le taux d'excitation constant ou le plus bas possible » [2], ce que Freud nomme encore le « principe de Nirvâna ». La formule conduit à passer de la suppression relative à la suppression absolue, de la simple constance au néant. Et contrairement à ce que présumerait le sens commun, en visant le plaisir, à savoir la fin de toute excitation, on vise donc la mort. Par conséquent, vouloir souffrir, c'est vouloir jouir *et* vouloir mourir, vouloir mourir *en* voulant jouir. Ce n'est pas que le plaisir soit un excès périlleux, voire glorieux, c'est au contraire qu'il est de l'ordre de la diminution, voire de l'extinction.

C'est ici que l'on retrouve le concept de « décharge » dont nous avons vu le rôle un peu trouble qu'il jouait chez Nietzsche. Freud désigne en effet la liquidation de l'excitation par ce que, dans le sillage de Laplanche et Pontalis, Jean-Pierre Lefebvre traduit à son tour par le « plaisir de la décharge [*die Abfuhrlust*] » [3]. Nietzsche, nous l'avons

1. S. Freud, *Au-delà du principe de plaisir*, *op. cit.*, VII, p. 170.

2. *Ibid.*, VII, p. 168 ; voir encore « Pulsions et destins de pulsions », art. cit., p. 17 ou les *Conférences d'introduction à la psychanalyse*, *op. cit.*, XXII, p. 452. On peut comparer ces textes avec certains fragments de Nietzsche : par exemple, printemps 1884, 25 [402] ; été-automne 1884, 26 [275] ; ou encore printemps 1888, 14 [174] : c'est le déplaisir [*Unlust*] qui agit comme un excitant [*Reiz*] sur le sentiment de puissance.

3. S. Freud, *Au-delà du principe de plaisir*, VII, trad. fr. J.-P. Lefebvre, *op. cit.*, p. 168 (trad. fr. J. Laplanche et J.-B. Pontalis, dans *Essais de psychanalyse*, Paris, Payot, 1987, p. 113 : « le plaisir de décharge » ; dans *Vocabulaire de la psychanalyse*, Paris, Puf, 1967, p. 108, l'entrée « Décharge » renvoie à l'allemand « *Abfuhr* »).

vu[1], utilisait *die Entladung* qu'il avait rencontré dans les traductions allemandes d'Aristote – nulle part dans le corpus nietzschéen ne figure *Abfuhr* – pour désigner la « décharge » des forces accumulées, semblable à celle de la foudre ; dans le terme résonnaient à la fois l'explosion et l'orgasme. Freud, lui, emploie essentiellement *die Abfuhr* pour désigner la suppression de l'excitation. Ce n'est pas un philologue qui s'exprime, c'est un psychiatre, dont le langage est médical : *die Abfuhr* renvoie à l'expulsion organique, par exemple des matières fécales, et dans sa traduction de *L'interprétation des rêves*, Lefebvre emploie « évacuation »[2]. Les deux termes, *Abfuhr* et *Entladung*, peuvent le cas échéant permuter[3], mais on change de registre, on passe de l'effectuation violente d'une volonté sur une autre à l'éjection d'un matériau qui embarrasse (une matière organique, un refoulé ...). Dans le déplacement de l'*Entladung* à l'*Abfuhr*, Nietzsche aurait peut-être diagnostiqué l'appropriation réactive de son concept par une science empreinte de théologie et soucieuse d'en neutraliser le potentiel explosif – réduire l'action de la foudre au rejet des excréments ! Inversement, Freud pouvait y voir la reprise éclairée, positive, d'un signifiant encombré d'arrière-pensées fumeuses – si la volonté de puissance ne se définit pas comme une simple « pulsion d'emprise », c'est-à-dire une pulsion

1. Voir *supra*, chap. II, p. 119-120.

2. S. Freud, *L'interprétation des rêves*, trad. fr. J. P. Lefebvre, Paris, Points, 2013. C'est dans la dernière partie, avec l'étude des « processus oniriques », qu'apparaît le concept une demi-douzaine de fois.

3. Voir par exemple *ibid.*, p. 62. Ou encore « L'inconscient », dans *Métapsychologie*, *op. cit.*, p. 97 : Laplanche et Pontalis emploient dans la même phrase « décharge » pour rendre « *Abfuhr* » et « *Entladung* », et de fait, en l'occurrence, les deux termes sont permutables. On rencontre aussi, encore plus rarement, *die Entlastung* : S. Freud, *Trois essais sur la théorie sexuelle*, *Gesammelte Werke*, t. V, *op. cit.*, p. 114 ; dans sa traduction, p. 152, Philippe Koeppel choisit à nouveau « décharge » en mettant le terme allemand en note ; dans la sienne (Paris, Points, 2012), Marc Géraud opte pour la même traduction. Il s'agit alors de l'expulsion des produits sexuels et Freud peut encore paraphraser physiologiquement l'orgasme en disant « *die Herausbeförderung* », « *die Entleerung* » (*Gesammelte Werke*, t. V, p. 112 et 114 ; trad. fr. P. Koeppel, p. 148 et 151) ou « *die Abstoßung* » (*Le Moi et le Ça*, IV, *in fine*, dans *Gesammelte Werke*, t. XIII, *op. cit.*, p. 276). Les *Trois essais* emploient de même « *Entladung* » en ce sens (*Gesammelte Werke*, t. V, *op. cit.*, p. 109 ; trad. fr. P. Koeppel, p. 144). On notera que Schreber, quand il décrit les persécutions que lui fait subir Dieu en l'empêchant de déféquer correctement, emploie « *ausleeren* » (*Gesammelte Werke*, t. VIII, *op. cit.*, p. 259-260). Il faut enfin remarquer que définir le plaisir par l'acte de vider [*entleeren*], c'était prendre, à la suite de Nietzsche, le contrepied littéral du *Philèbe*, où au contraire la réplétion servait de modèle (voir *supra*, chap. II, p. 96, note 1).

parmi d'autres, de quoi peut-il donc s'agir, sinon d'un principe encore plus flou que la « libido » à laquelle Jung prétend à tort réduire toutes les pulsions ? À quoi l'on pourrait peut-être ajouter qu'en transférant le modèle de l'évacuation organique sur le plan pulsionnel, il n'échappait à son tour pas lui-même à une certaine obscurité ...

Quoi qu'on pense de ce dernier point, la thèse soutenue en 1920 reste très étrange. On comprend sans peine que l'existence d'une pulsion de mort commande une volonté de s'autodétruire, mais il n'est pas facile d'admettre que s'y associe un plaisir qui *serve* cette pulsion. À vrai dire, la libido tend à *se confondre* avec la pulsion de mort elle-même : on voit mal, en effet, ce qui peut encore les distinguer dès lors que la première veut au fond la même chose que la seconde, à savoir le taux d'excitation le plus bas possible ... Aussi bien, quatre ans plus tard, dans « Le problème économique du masochisme », Freud défait explicitement cette articulation confuse dans le cadre d'une analyse dont la fonction est à la fois de correction et de synthèse.

Le point de départ se trouve toujours dans l'antinomie flagrante du masochisme à ce qu'on pourrait encore appeler le principe d'Helvétius : si le vivant cherche la jouissance et fuit la douleur, le masochisme (comme jadis l'ascétisme) est inintelligible. Il faut donc s'aventurer « au-delà » du principe de plaisir, mais cela ne signifie plus que l'on doive l'assujettir à la pulsion de mort. L'erreur faite en 1920 consistait en effet à *identifier* la recherche du plaisir à la recherche de la moindre excitation (le principe de Nirvâna). De toute évidence, le plaisir se trouve lié *à l'excitation elle-même* et pas seulement à sa suppression : « il n'est pas douteux qu'il existe des tensions s'accompagnant de plaisir et des détentes déplaisantes [*unlustige Entspannungen*] »[1]. Dans la version de 1925 des *Trois essais*, cela exige de dédoubler le plaisir en « plaisir préliminaire [*Vorlust*] », qui se couple à l'excitation, et « plaisir terminal [*Endlust*] », qui s'éprouve avec la suppression de celle-ci[2]. Cela signifie que le plaisir n'est pas proportionnel, ni directement ni inversement, au taux d'excitation. Pour résoudre correctement l'énigme masochiste, nous devons désormais, d'une part, *dissocier* le principe de Nirvâna

1. S. Freud, « Le problème économique du masochisme », art. cit., p. 288.
2. S. Freud, *Trois essais sur la théorie sexuelle*, *op. cit.*, III, p. 146-149.

(la recherche de la moindre excitation) du principe de plaisir et le faire basculer du côté de la pulsion de mort, d'autre part, leur juxtaposer le principe de réalité :

> Nous obtenons ainsi une courte mais intéressante série de rapports : le principe de *Nirvâna* exprime la tendance de la pulsion de mort, le principe de *plaisir* représente la revendication de la libido, et la modification de celui-ci, le principe de *réalité*, représente l'influence du monde extérieur[1].

Cette correction étant effectuée, la synthèse peut s'opérer sous la forme d'une tripartition qui structure l'analyse de 1924 en distinguant masochismes érogène, féminin et moral ; nous pouvons dire qu'ils renvoient respectivement à l'attirance pour la mort, au plaisir d'être maltraité et au besoin de punition. Le premier, dit Freud, « se trouve au principe des deux autres formes » car il est ancré dans la vie elle-même, dans sa réalité biologique. Mais la nouvelle répartition des forces nous conduit à inverser la thèse de 1920 en affirmant que la libido, loin de s'assujettir à la pulsion de mort, au contraire, s'en empare et la détourne : « une partie de celle-ci [la pulsion de mort] est placée directement au service [*mit Hilfe*] de la fonction sexuelle où elle a un rôle important »[2] – et c'est ce qui donne lieu au sadisme. Toutefois, il subsiste *un reste* tel que la pulsion de mort demeure pour une autre part dans l'organisme où elle se trouve liée à la libido. Le masochisme primaire se conçoit alors comme le « résidu [*Residuum*] » de la pulsion de mort, ce qui ne s'est pas trouvé déporté sur des objets extérieurs, pénétré de libido. Encore doit-on ajouter que ce qui a ainsi été projeté sadiquement peut, le cas échéant, se retourner plus tard sur la personne propre, et alors advient le masochisme secondaire[3].

De ce masochisme érogène, toujours primaire et parfois secondaire, Freud distingue le masochisme *féminin*, nommé ainsi parce qu'il lui semble renvoyer à des postures caractéristiques de la féminité : « être castré, subir le coït ou accoucher ». Ce masochisme-là n'a rien d'hypothétique, c'est le masochisme tel qu'il

1. S. Freud, « Le problème économique du masochisme », art. cit., p. 288.
2. *Ibid.*, p. 291. Le renversement se trouvait formulé dès 1923 dans *Le Moi et le Ça*, IV : « Nous découvrons le fait que la *pulsion de destruction* est régulièrement mise au service [*in den Dienst*] de l'Éros à des fins de décharge [*Abfuhr*] [...] », trad. fr. J.-P. Lefebvre, Paris, Points, 2015, p. 79-80.
3. S. Freud, « Le problème économique du masochisme », art. cit., p. 291-292.

se donne à l'observation chez un adulte dont la sexualité est parvenue au stade génital. Ou encore : c'est le masochisme phénoménal que la psychopathologie moderne s'est efforcée de définir et auquel a concrètement affaire le psychiatre. C'est pourquoi, dans l'ordre d'exposition, c'est « par lui que nous commencerons notre exposé », avec pour objectif de montrer qu'il ne peut être compris sans être reconduit au masochisme érogène, qui en est pourtant la condition souterraine d'existence. Celui-ci est premier chronologiquement, celui-là est premier empiriquement.

Que le patient masochiste soit homme ou femme, il doit toujours être dit « féminin » car il est passif et car la femme est, par nature, passive. Mais justement parce qu'elle l'est par nature, on rencontrait un étrange paradoxe. En liant le masochisme à la féminité *via* la passivité, Krafft-Ebing et Moll le considéraient au fond comme féminin par essence : « certains éléments du masochisme, et en particulier la subordination, pourront à peine être considérés comme pathologiques chez la femme » [1]. Et précisément parce qu'il était « normal », le masochisme féminin ne présentait guère d'intérêt. En revanche, chez l'homme, la conduite masochiste, en général simplement épisodique, se définissait comme la « surcroissance pathologique d'éléments psychiques féminins » [2] et c'est là qu'elle apparaissait comme une véritable déviance. C'est pourquoi, si le masochisme était essentiellement féminin, on privilégiait l'étude du masochisme masculin auquel était consacré l'essentiel de l'analyse. En 1932, Ferenczi tentera de faire coïncider autrement le masochisme et le féminin en émettant l'hypothèse selon laquelle la femme incarnerait « un principe particulier de la nature qui, à l'encontre de l'égoïsme et de l'affirmation de soi de l'homme, peut être conçu comme un vouloir – et pouvoir – souffrir maternel » ; en témoigne le plaisir fort équivoque « de tolérer des êtres vivants parasites qui se développent de façon parfaitement égoïste aux dépens du corps propre de la mère » [3]. En réalité, tout se passe comme si les femmes étant plus ou moins naturellement

1. R. von Krafft-Ebing, *Les formes du masochisme*, *op. cit.*, p. 159 (Albert Moll avait en 1924, vingt-deux ans après la mort de Krafft-Ebing, publié et considérablement augmenté l'ouvrage de celui-ci).

2. *Ibid.*

3. S. Ferenczi, *Réflexions sur le masochisme*, Paris, Payot et Rivages, 2018, p. 39-40 et 42.

masochistes parce qu'elles sont sexuellement « passives » ou parce que la maternité les voue au sacrifice, il n'y aurait guère lieu de s'y arrêter, tandis que dans le cas des hommes, on aurait affaire à une authentique perversion. Sensible à la difficulté, le futur président de l'Institut de psychanalyse de Paris, Sacha Nacht, coupera court en notant que « si le masochisme de la femme est *naturel*, alors ce n'est plus du masochisme » et conclura que « le caractère masochiste féminin ne diffère pas cliniquement de celui de l'homme » [1].

L'analyse de Freud en 1924 semble bien s'inscrire dans le sillage de Krafft-Ebing en procédant à une volte-face déroutante. Juste après avoir écrit que l'enquête s'ouvrira par le masochisme féminin car il est « le plus accessible à notre observation, le moins énigmatique », Freud enchaîne : « Chez l'homme (auquel je me limiterai en raison du matériel dont je dispose) [...] »et il explique alors que l'homme masochiste adopte une « attitude caractéristique de la féminité » [2]. Au fond, le masochisme est féminin, mais c'est dans l'homme qu'il se rencontre ! Pourtant, cinq ans plus tôt, dans l'étude consacrée aux fantasmes de fustigation, Freud avait effectué le geste inverse en déclarant restreindre ses « descriptions aux personnes féminines » qui constituaient « la majeure partie de son matériel » [3]. Selon qu'il s'agit d'enfants ou d'adultes, il faut donc accorder la priorité aux femmes ou aux hommes et l'on peut songer que cela ne tient pas seulement aux matériaux disponibles. En fait, dans le cas de l'enfant, le fantasme masochiste résulte chez la fille « de la position œdipienne normale » [4] : aimant le père, elle aime d'abord à se le représenter châtiant *d'autres* enfants qui la concurrencent, et c'est seulement dans un second temps que, se sentant coupable de l'aimer, elle se le représente inconsciemment comme la battant *elle-même* – c'est seulement alors qu'on peut parler de masochisme [5]. Le petit garçon, lui, a un temps de retard ; la première phase du fantasme masculin, c'est la seconde phase du fantasme féminin : s'inscrivant dans une position œdipienne renversée et aimant incestueusement le père,

1. S. Nacht, *Le masochisme*, Paris, Payot et Rivages, 2008, p. 135 et 150. Voir K. Horney, « The Problem of Feminine Masochism », art. cit. Reik reviendra longuement sur le problème (*Le masochisme*, *op. cit.*, p. 189-215).

2. S. Freud, « Le problème économique du masochisme », art. cit., p. 289-290.

3. S. Freud, « "Un enfant est battu" ... », art. cit., III, p. 224.

4. *Ibid.*, VI, p. 238.

5. *Ibid.*, IV, p. 227-228.

il se le représente *d'emblée* inconsciemment comme le punissant lui-même, c'est-à-dire comme l'aimant, avant de se représenter consciemment battu par la mère [1]. La sexualité féminine infantile nous permet donc de remonter *plus loin*, à un fantasme de fustigation prémoral, dépourvu de toute culpabilité. Mais à ce premier décalage, il faut en ajouter un second : les hommes masochistes « adoptent régulièrement des rôles de femmes » [2], tandis que la réciproque est fausse. C'est seulement pour l'homme que se produit la « substitution de la passivité à l'activité » et c'est dans l'échantillon masculin que l'on trouve « un assez grand nombre de personnes qui devaient être désignées comme de véritables masochistes [*als richtige Masochisten*] au sens de la perversion sexuelle » [3]. C'est pourquoi, quand il s'agit d'adultes, l'homme est cette fois plus intéressant : le pervers sexuel qui se comporte comme une femme sans en être une, c'est lui.

On voit qu'avec la conscience de culpabilité survient encore autre chose et des formes érogènes et féminines du masochisme, nous devons distinguer la forme *morale* : c'est la recherche de la douleur qui se satisfait par tous les moyens disponibles en vue de satisfaire un « sentiment de culpabilité inconscient », lequel est un « besoin de punition » [4]. Son existence tient à la pression exercée sur le moi par le surmoi où s'apparient le couple parental introjecté et le monde extérieur réel : Nietzsche disait que l'impératif catégorique kantien conservait quelque chose de la cruauté la plus archaïque, Freud réplique qu'il faut y voir l'« héritier direct du complexe d'Œdipe » [5] – pauvre Kant !

Or le besoin de punition peut se satisfaire par des voies bien différentes. Dans certaines conditions, ce sera par les moyens du masochiste « féminin » et l'on parlera d'une « resexualisation » de la morale, retrouvant ainsi la « perversion » dont nous étions partis ; la nouvelle de Tennessee Williams, *Le Masseur noir*, en fournirait ici une illustration pertinente dans la mesure où le désir d'expiation y est très explicitement avancé pour rendre raison de l'obscur élan qui pousse Anthony Burns (un patronyme au demeurant suggestif) vers son terrible destin, en même temps qu'il est référé à l'ascétisme

1. S. Freud, « "Un enfant est battu" ... », art. cit., VI, p. 237-238.
2. *Ibid.*, VI, p. 237.
3. *Ibid.*, IV, p. 229 et VI, p. 236.
4. S. Freud, « Le problème économique du masochisme », art. cit., p. 293-294.
5. *Ibid.*, p. 295 et Nietzsche, *GM*, II, 6.

chrétien sous ses formes les plus débridées [1]. Mais le même besoin pourra aussi s'exprimer tout autrement : sous la forme des conduites d'échec au moyen desquelles je me punis *moi-même* ; sous la forme du délit qui mettra les *autres* dans la nécessité de me punir en me rendant coupable de tout autre chose que du désir dont je me sens inconsciemment coupable. Perversion masochiste, conduite d'échec et transgression peuvent donc s'élucider comme diverses stratégies inconscientes mises en œuvre pour combler le désir de punition. Mais, dans tous les cas, si l'on jette un coup d'œil rétrospectif sur Nietzsche, on constate une inversion remarquable. Chez celui-ci, le sentiment de culpabilité devait être dissocié de toute culpabilité effective : le fait que je me sente coupable ne prouvait nullement que je le sois et la culpabilité apparaissait comme une pure invention du type sacerdotal, elle était toujours le produit d'une culpabilisation, de sorte qu'il fallait plutôt traiter le criminel comme un malade [2]. En revanche, chez Freud, il faut remonter à quelque chose qui a bien eu lieu – un désir dont le surmoi ne peut s'accommoder et qui répète lui-même dans l'individu le désir et le meurtre historique du père par la horde originaire. C'est pourquoi, en l'occurrence, on a affaire « à un cas où arrive ce à quoi tout le monde s'attend, à savoir qu'on se sente coupable pour avoir *réellement* fait ce qui est injustifiable » [3]. Or, si en effet nous avons affaire à la bizarrerie d'un sentiment de culpabilité susceptible dans certaines circonstances de demeurer *inconscient*, il nous faut aller au bout de l'inversion et dire que le coupable est réellement coupable, alors que, justement, *il ne se sent pas coupable* : « Cependant, ce sentiment de culpabilité est muet pour le malade, il ne lui dit pas qu'il est coupable, celui-ci ne se sent pas coupable, mais malade » [4]. Le comble du paradoxe est alors atteint lorsque le criminel se trouve décrit comme celui qui accomplit son crime pour enfin savoir *à quoi* donc « accrocher ce sentiment de culpabilité inconscient » [5] : le criminel n'est plus celui qui, étranger à la culture de la faute, agit par-delà bien et mal

1. T. Williams, *Le Boxeur manchot*, trad. fr. M. Pons, Paris, 10/18, 1981, p. 109-124. En 1986, Claire Devers en a fait un film remarquable, *Noir et Blanc*, où cet arrière-fond chrétien se trouve éclipsé par un franc désir de mort.

2. Nietzsche, *A*, § 202 ; *GS*, § 250 ; *GM*, III, § 16 ; *AC*, § 23.

3. S. Freud, *Le malaise dans la civilisation*, VII, trad. fr. B. Lortholary, Paris, Points, 2010, p. 150-151 ; je souligne.

4. S. Freud, *Le Moi et le Ça*, *op. cit.*, V, p. 92.

5. *Ibid.*, p. 96.

et s'endurcit dans le châtiment ; c'est celui qui, travaillé cruellement par la conviction d'une faute obscure, cherche à lui en substituer une autre qu'il pourra enfin nommer.

Si l'« ascétisme » était apparu au XIXe siècle dans le contexte d'un brouillage du principe d'Helvétius, nous devons donc constater que la révolution psychanalytique ne l'a pas d'emblée confondu avec le masochisme. Tandis que l'ascète illustre plutôt l'obsessionnel, c'est au masochiste qu'il revient de jouir dans la douleur et cela ne lui est finalement possible que parce que la libido s'intrique au désir de mort logé au cœur de la vie. En fin de compte, on veut souffrir pour autant qu'on ne veut pas *tout à fait* mourir. Mais alors, dans la mesure où le masochisme est originaire, il faut dire que personne n'y échappe et si cela est exact, *tout* malade est masochiste. C'est que, parmi les stratégies employées pour satisfaire le besoin de punition, il y a encore la maladie. En 1909, Freud pouvait constater à propos de l'homme aux rats : « c'est un fait bien connu que les malades trouvent une sorte de satisfaction dans leur souffrance, de sorte qu'en vérité ils résistent tous partiellement à leur guérison » [1], ce qui explique pourquoi ils repoussent la cure. En 1923, il revient sur la « réaction thérapeutique négative » sur laquelle achoppent les efforts du clinicien et en 1924, il ajoute : « la souffrance qui accompagne la névrose est précisément le facteur par lequel celle-ci devient précieuse pour la tendance masochiste » [2]. Qu'il soit obsessionnel, paranoïaque, mélancolique ou ce que l'on voudra, le patient trouve dans sa souffrance une satisfaction et se refuse en proportion à guérir. Dès lors, le masochisme perd les contours précis que lui avait conférés Krafft-Ebing : en compréhension, il ne renvoie plus à une perversion déterminée qui requiert la médiation d'un tiers entre soi et soi, mais à une composition de tendances dont l'instabilité naturelle hante irréductiblement l'organisme ; en extension, il concerne tout le monde. L'ascète chrétien de Nietzsche voulait

1. S. Freud, *Cinq psychanalyses*, *op. cit.*, p. 432.

2. S. Freud, *Le Moi et le Ça*, V, *op. cit.*, p. 91 ; « Le problème économique du masochisme », art. cit., p. 293. Au même moment (1923), avec la brutalité théorique qui le caractérisait, Groddeck avait explicitement affirmé que la maladie était *toujours* produite par le malade qui veut être malade « avec l'intention d'en éprouver une jouissance, car en sa qualité d'être humain, il est dans sa nature de prendre du plaisir à la souffrance et de vouloir écarter ce sentiment de culpabilité par l'autopunition » (*Le livre du Ça*, XXXI, trad. fr. L. Jumel, Paris, Gallimard, 1985, p. 295).

être malade, au sens où il voulait se détruire pour, vaille que vaille, exercer la puissance ; le patient de Freud veut être malade, au sens où il tire du symptôme une satisfaction proprement « masochiste ». La folie n'est pas la même, mais elle est toujours circulaire. On a ainsi envie de penser la jouissance ascétique selon Nietzsche comme le prototype de la jouissance masochiste selon Freud, cependant il faut aussi lire les choses dans l'autre sens : l'ascétisme ne peut plus dorénavant s'interpréter que comme une forme de masochisme, alors même que Freud ne les avait pas confondus. Ses successeurs associeront parfois explicitement les deux termes, mais on voit qu'en prenant les choses ainsi à rebours, l'ascétisme n'a plus de consistance propre et ne signifie plus que la satisfaction d'un besoin de se punir. S'il en va ainsi, si le masochisme fait après coup écran à l'ascétisme, c'est que, né d'une tout autre histoire, il l'a durablement recouvert.

Mystique (Bataille)

Le corpus freudien dans son ensemble ne mentionne explicitement Nietzsche qu'une dizaine de fois et, quand bien même on objecterait à juste titre que la présence effective d'un auteur chez un autre ne se mesure pas aussi sommairement et qu'en l'occurrence, les points réels de confrontation sont aussi nombreux que denses, il reste qu'aux yeux de Freud, Nietzsche ne constituait pas un interlocuteur de première importance – pas plus d'ailleurs qu'aucun philosophe à proprement parler. En revanche, dans le cas de Bataille, il est légitime de parler d'un véritable *recours*, en conférant à ce terme le statut d'un opérateur historiographique dont l'usage pourrait être étendu avec profit et que l'on pourrait définir ainsi : le geste par lequel un penseur en mobilise librement un autre pour *forcer* la conjoncture dans laquelle il se trouve et l'ouvrir à autre chose, rendant ainsi concevable ce qui ne l'était pas dans le cadre prédéfini par celle-ci. Non philosophe de profession, issu de l'École des chartes et fonctionnaire à la Bibliothèque nationale, Bataille use ainsi massivement de Nietzsche dans les années 1936-1944 [1] et ce recours appelle deux remarques liminaires.

1. C'est-à-dire entre le premier numéro d'*Acéphale* et *Sur Nietzsche* (J. Le Rider, *Nietzsche en France*, Paris, Puf, 1999, p. 154). Mais Bataille avait découvert dès 1922 les *Considérations inactuelles* et *Par-delà bien et mal*.

La première est qu'en l'occurrence, le coefficient de réfraction est pour ainsi dire maximal. Si l'historien universitaire se tourne vers l'ouvrage intitulé *Sur Nietzsche*, publié en 1945 et destiné à s'insérer dans le grand ensemble à géométrie indéfiniment variable intitulé *Somme athéologique*, il se trouve bien démuni : que faire d'un livre qui se présente comme une sorte de fatras mêlant philosophie, mystique, journal, considérations sur Proust ou le Zen et dans lequel Nietzsche assure la fonction, en fait intermittente, d'une autorité à la fois oraculaire et contestée, dont le propos reste empreint d'une grande confusion ? De toute évidence, il ne s'agit pas d'un « commentaire » au sens stabilisé par nos institutions. Il s'agit d'autre chose, qui se réclame d'une « expérience » entretenant avec la philosophie un rapport ouvertement équivoque : « Je n'ai pu éviter d'exprimer ma pensée sur un mode philosophique. Mais je ne m'adresse pas aux philosophes » [1]. Or cette expérience, aux yeux de Bataille, vient se superposer spontanément à une autre expérience, celle de l'éternel retour, qui elle aussi se rapportait à la philosophie des philosophes sur un mode très ambigu. Entre le philologue érudit bâlois et le savant chartiste parisien, tous deux en violente rupture de ban, l'analogie s'opère donc assez facilement et l'on comprend que Bataille puisse écrire au seuil de son ouvrage : « Nietzsche seul s'est rendu solidaire de moi » [2] – l'inversion chronologique suggérant que ce n'est pas Bataille qui a calqué sa démarche sur celle de Nietzsche, mais que c'est Nietzsche qui *après coup* apparaît à Bataille comme son semblable, le second ayant tracé son chemin indépendamment du premier. Il arrive certes à Bataille de s'exprimer dans l'autre sens : « Vis-à-vis de lui je brûle, comme par une tunique de Nessus, d'un sentiment d'anxieuse fidélité » [3] ; mais c'est la fidélité dans l'audace, pas dans le dogme : « Sans doute, j'ai plus que Nietzsche incliné vers la nuit du non-savoir » [4].

La seconde remarque est que Nietzsche n'est pas seulement un semblable, mais un antidote. Nietzsche, c'est l'anti-Hegel et ainsi se dessine un triangle dont Bataille lui-même occupe ambitieusement

1. G. Bataille, *L'expérience intérieure*, dans *Œuvres complètes*, Paris, Gallimard, 1970-1988 [désormais *OC*], t. V, p. 194, note.

2. G. Bataille, *Sur Nietzsche*, dans *OC*, t. VI, p. 27.

3. G. Bataille, *L'expérience intérieure*, dans *OC*, t. V, p. 39.

4. *Ibid.*

le sommet : « La pensée de Nietzsche, celle de Hegel et la mienne »[1]. Une telle affirmation suppose que l'on sache ce que recouvre ce dernier nom propre aux yeux de Bataille : derrière un train peuvent s'en cacher deux autres et derrière Hegel, il faut deviner d'abord André Breton, qui y cherchait la grande réconciliation des contraires[2], puis Alexandre Kojève, qui en avait fait pour toute une génération le penseur formidable de la fin de l'histoire comme terme de la fameuse « dialectique du maître et de l'esclave ». Il est certain que l'antinomie s'avérera décisive pour les grands lecteurs français de Nietzsche dans les années 1960, lesquels pourront la rejouer comme de fracassantes variations sur un thème commun. Derrida, Foucault et Deleuze verront tous en Nietzsche la promesse d'une échappatoire à l'ombre fantastique projetée par Hegel, traduit par Hyppolite en 1941[3] ; Hegel qu'il faudrait écrire « Hegel », entre guillemets, pour désigner le fantasme d'une totalité spéculative achevée à laquelle il s'agirait de se soustraire par des ruses plus subtiles encore que celles de la raison. Celui qui fit les frais de cette histoire, c'est bien sûr Schopenhauer, dont le rôle se trouva proportionnellement revu à la baisse : tout se passa finalement comme si l'objectif premier de Nietzsche avait été de défaire *La phénoménologie de l'esprit* plutôt que de se défaire du *Monde comme volonté et représentation* – il en eût certainement été le premier surpris !

On comprend que l'obscur recours intitulé *Sur Nietzsche* n'est donc pas, surtout pas, une lecture méthodique de Nietzsche qui aurait pour but d'en expliciter la supposée doctrine à destination du philosophe de métier – de celui que Nietzsche lui-même appelait ironiquement le *Fach-Philosoph*[4]. Car ce qu'il s'agit de clarifier, pour autant que cela est possible, c'est la position de Bataille lui-même. « Sur Nietzsche » veut donc dire « Sur Bataille, dans le sillage de Nietzsche », et si le premier peut s'autoriser du second, ce n'est pas parce qu'il aurait adopté sa philosophie, mais plutôt parce qu'il trouve chez lui une pratique alternative à la « philosophie ». De là un rapport instable à ce qu'il nomme ainsi : d'un côté, il critique la

1. G. Bataille, *La souveraineté*, dans *OC*, t. VIII, p. 402-404.

2. P. Macherey, *Philosopher avec la littérature*, Paris, Hermann, 2013, p. 217.

3. Cela reste vrai, même quand l'on refuse (avec ingratitude ?) la référence à Bataille lui-même : voir le jugement très sévère porté par Deleuze dans *Dialogues*, Paris, Flammarion, 1996, p. 59. Nul n'a pourtant autant lu Nietzsche contre Hegel...

4. Dans la note finale ajoutée à la première dissertation de *La généalogie*.

discipline universitaire en des termes parfois extrêmes, s'aventurant à taxer le philosophe de « lumpen-intellectuel » et prétendant en faire une « guenille »[1] ; de l'autre, il valorise une prétention « hégélienne » à la synthèse qu'il entend toutefois mettre en défaut, de sorte que la bonne philosophie s'avère en fin de compte « négative »[2]. Visant Lévi-Strauss, il écrit : « mais sous le nom de philosophie, il n'y a souvent qu'une manière *moins étroite* – plus risquée – d'envisager des questions particulières »[3]. Un peu plus loin, il opposera la philosophie spécialisée – on a plutôt envie d'écrire « disciplinée » – à ce qu'il définit alors comme « la somme des possibles, au sens d'une opération synthétique »[4]. Un peu plus loin encore, il affirmera « donner à la philosophie la transgression pour fondement », de telle sorte que la philosophie se change en une « transgression de la philosophie »[5]. « Nietzsche » est d'abord le nom de cette ambivalence qui ouvre l'espace d'un discours délibérément inassignable dans les partages de l'enseignement qu'a connu Bataille et qui est encore le nôtre aujourd'hui – un espace où paradoxalement s'évanouit tout à fait l'énigme de l'« idéal ascétique ».

L'expérience intérieure

Pour mieux cerner cette ambivalence, il faut repartir du concept d'« expérience ». Après tout, *Sur Nietzsche* fait suite à *L'expérience intérieure*, parue en 1943, et de fait, se réclamer de Nietzsche, c'est se réclamer d'un « philosophe » qui a *vécu* sa philosophie : « Le problème essentiel agité dans ce livre désordonné (qui devait l'être) est celui que Nietzsche *a vécu*, que son œuvre tendit à résoudre : celui de l'homme entier »[6]. Nietzsche n'est pas un philosophe comme les autres pour autant qu'il écrivit « avec son sang » et celui qui en revendique l'autorité doit de même « l'éprouver », en « saignant à son tour »[7]. En s'exprimant ainsi, Bataille signifie d'entrée de jeu que le discours qu'il entend tenir doit se soustraire au primat moderne de la théorie, c'est-à-dire au présupposé selon lequel la

1. Voir la conférence de 1958 intitulée « L'ambiguïté du plaisir et du jeu », publiée dans *Les Temps modernes* 629, 2005, p. 7-28, ici p. 27.

2. *Ibid.*, p. 23.

3. G. Bataille, *L'érotisme*, part. II, étude 4, dans *OC*, t. X, p. 211, note.

4. *Ibid.*, étude 6, p. 248.

5. *Ibid.*, concl., p. 269-270.

6. G. Bataille, *Sur Nietzsche*, dans *OC*, t. VI, p. 17 ; je souligne.

7. *Ibid.*, p. 15.

connaissance seule, déconnectée de l'existence matérielle du sujet qui la vise et de tout travail sur soi, autorise l'accès à la vérité [1]. Pour le dire autrement, ce que Bataille refuse, c'est la soustraction moderne de la connaissance à la spiritualité. Nietzsche lui semble précisément avoir, non sans héroïsme, déjà tenté cette opération et en avoir payé le prix fort. *A contrario*, la psychanalyse telle qu'il la perçoit, c'est-à-dire en tant qu'elle se présente comme une science, a le tort d'appréhender ce dont elle parle comme d'« objets », d'un point de vue extérieur auquel on doit substituer celui de l'expérience dite allusivement « intérieure ». Sur le plan clinique, en effet, l'expérience, c'est toujours celle de l'autre et l'on se trouve inévitablement contraint de réduire à de simples pathologies ce qui se révèle sur le plan mystique d'un tout autre ordre, autrement profond et définitivement irréductible : l'épreuve d'un excès qui déborde certainement l'« homme normal », mais en un tout autre sens que la maladie [2]. La psychanalyse est par état incapable de faire droit à ce que la mystique prend en charge à la première personne. On doit néanmoins rappeler que Bataille avait suivi une brève analyse vers 1927 avec Adrien Borel, proche des surréalistes [3]. Et aussi, et surtout, qu'en 1958, sur l'invitation de Lacan, il donna une conférence à Sainte-Anne où il se confronta plus sérieusement à Freud, avec pour objectif de parvenir par un tout autre chemin « au-delà du principe de plaisir ». Contre le principe de Nirvâna – et Bataille ignore ici manifestement l'autocritique opérée par Freud lui-même en 1924 –, le plaisir se trouve alors défini comme un phénomène positif, lié à l'excitation et au *jeu*, lequel se conçoit par opposition au monde du travail. Or, identifié au jeu, le plaisir se trouve aussitôt frappé d'ambiguïté car là où il y a jeu, il y a aussi, par définition, contingence : « Le risque, l'aléa est dans le plaisir » [4]. Mais si le plaisir est dans son principe même aléatoire, il peut se retourner en son contraire : « L'incertitude du jeu infléchit les possibilités du plaisir de la façon la plus délirante, à tel point que la douleur même, le contraire du plaisir, peut être désirée par celui

1. Voir *supra*, chap. II, *in fine*.

2. G. Bataille, *L'érotisme*, part. I, chap. I et part. II, étude 3, dans *OC*, t. X, p. 40 et 182 ; plus loin, Bataille se joint aux théologiens pour récuser toute réduction psychanalytique des états mystiques à la jouissance sexuelle (p. 221-223 et 240).

3. M. Surya, *Georges Bataille, la mort à l'œuvre*, Paris, Gallimard, 1992, p. 124-127.

4. G. Bataille, « L'ambiguïté du plaisir et du jeu », art. cit., p. 20.

qui cherche le plaisir »[1]. L'aspiration à la mort peut alors se trouve référée à « l'instabilité et l'ambiguïté du jeu »[2] que Bataille substitue à la pulsion inscrite par Freud au cœur de l'organisme. En fin de compte, celui-ci avait formulé une juste intuition, toutefois il faut l'envelopper dans un autre langage : « la plus grande angoisse, l'angoisse jusqu'à la mort, est ce que les hommes désirent, pour trouver à la fin, par-delà la mort, et la ruine, le dépassement de l'angoisse »[3].

Le lecteur du chapitre précédent est en mesure de comprendre que l'apologie de Nietzsche en adversaire du théoricisme n'est pas injustifiable. Il sait que la violente critique de l'ascétisme sacerdotal issu de Paul s'accompagnait d'une réappropriation originale de l'*askèsis* grecque : à l'ascétisme du moine qui procède de la « haine des sens », Nietzsche opposait celui du généalogiste qui greffait sur le modèle athlétique des Anciens la destruction en soi de l'hydre chrétienne aux multiples visages. *Mais là où Nietzsche contrait l'ascétisme du prêtre, dont la mystique apparaissait comme l'étage inférieur, par un autre ascétisme, Bataille le rejette par une autre mystique.* Refusant lui aussi de s'installer sur le plan de la théorie pure, il prend en effet les choses par l'autre bout. Tout à fait étranger à la filiation grecque de l'exercice, il prend appui sur la tradition mystique de l'expérience : expérience *versus* exercice. Et par un remarquable effet de balancier, cela le conduit à porter sur l'ascétisme, qu'il restreint à sa signification religieuse, un jugement unilatéralement négatif. Par définition désormais, « l'ascèse postule la délivrance, le salut, la prise de possession de l'objet le plus désirable » et il en résulte nécessairement que celui qui la met en œuvre « n'imagine aucun moyen de vivre en-dehors de la forme du projet »[4]. Dans la langue de Bataille, cela signifie que l'ascétisme est par nature « servile », car il est entièrement assujetti à autre chose que lui-même, à savoir le salut, de sorte qu'il ne peut avoir lieu qu'en vue de la fin qu'il n'est pas. De ce point de vue, il peut être amalgamé avec l'utilitarisme le plus sommaire et sa disqualification est sans appel : « L'état d'immanence signifie : par-delà le bien et le mal.

1. G. Bataille, « L'ambiguïté du plaisir et du jeu », art. cit., p. 21.
2. *Ibid.*
3. G. Bataille, *L'érotisme*, part. I, chap. VII, dans *OC*, t. X, p. 89.
4. G. Bataille, *L'expérience intérieure*, dans *OC*, t. V, p. 34 et 36.

Il se lie à la non-ascèse, à la liberté des sens »[1]. Dans l'expérience extatique, en revanche, c'est un présent sans futur qui s'impose et c'est ce qui fait sa valeur irremplaçable : ainsi, l'homme s'émancipe du projet et accède à un autre registre d'existence, la souveraineté. C'est d'ailleurs pourquoi le conflit avec Sartre devait être frontal, comme en témoigne le procès aussitôt intenté par celui-ci en 1943 dans sa recension « Un nouveau mystique », qui lui valut en retour de se trouver renvoyé par Bataille du côté de la « pensée lente »[2].

Bataille ne reviendra pas là-dessus. Quatorze ans plus tard, dans *L'érotisme*, le même argument réapparaîtra tel quel et la « vie ascétique » se verra à nouveau rejetée parce qu'elle présuppose le calcul et l'anticipation[3]. Ou alors, le terme « ascèse » désignera l'instrument dont il faudrait user pour nous débarrasser du sadisme s'il était une simple « excroissance » maladive, destructible à volonté... mais justement il ne l'est pas, de sorte que le mot se trouvera encore mis hors jeu par un autre détour[4]. Ou encore, l'« ascète » sera simplement assimilé au mystique, sans que le terme ait encore une signification un tant soit peu distincte[5]. Et si d'aventure Bataille va jusqu'à déclarer qu'« en matière d'érotisme, ce sont les ascètes qui ont raison », il ne faut pas s'y tromper : c'est en ajoutant aussitôt que « la condamnation ascétique est grossière, elle est lâche, elle est cruelle », et qu'elle a pour seul mérite de prendre la mesure de ce qu'elle condamne[6] – autrement dit, l'ascète a raison d'avoir peur, il a conscience du danger, ce qui n'est quand même pas un titre de gloire ! En somme, Bataille n'évoque jamais l'ascétisme qu'en passant, sans s'y arrêter, et sans lui conférer une fonction positive. Nietzsche *versus* Nietzsche ! L'injonction nietzschéenne à s'aventurer « par-delà bien et mal » renvoie maintenant à une apologie de l'excès dont l'ivresse, la démesure et la folie sont d'autres noms, ceux-là mêmes dont Nietzsche s'était pourtant méfié, notant qu'on peut aussi désirer l'ivresse par défaut, du fait

1. G. Bataille, *Sur Nietzsche*, dans *OC*, t. VI, p. 170.

2. J.-P. Sartre, « Un nouveau mystique », dans *Situations I*, Paris, Gallimard, 1947 ; G. Bataille, *OC*, t. VI, p. 194-202.

3. G. Bataille, *L'érotisme*, part. II, étude 5, dans *OC*, t. X, p. 244-245.

4. *Ibid.*, étude 3, dans *OC*, t. X, p. 183.

5. *Ibid.*, étude 5, dans *OC*, t. X, p. 242.

6. *Ibid.*, étude 7, dans *OC*, t. X, p. 264.

d'un appauvrissement vital qu'illustre bien le romantisme [1]. La figure majeure de l'excès selon Bataille, ce sera l'« érotisme », sur lequel Nietzsche demeurait remarquablement discret. Et Bataille le concevra en référence à un concept d'« interdit » qui ne signifie pas la répression et l'introversion, mais au contraire la transgression : « L'interdit ne signifie pas forcément l'abstention, mais la pratique en manière de transgression » [2]. Assurément, l'analyse se déporte sur un tout autre plan où, comme nous le verrons plus loin, la décharge se transforme en dépense.

Encore convient-il de ne pas aller trop vite. L'argument qui écarte l'ascétisme emporte avec lui la mystique elle-même pour autant que celle-ci se trouve, elle aussi, associée au salut : « Toujours l'expérience intérieure eut d'autres fins qu'elle-même, où l'on plaçait la valeur, l'autorité. Dieu dans l'Islam ou l'Église chrétienne [...] » [3]. Il faudrait donc plutôt parler d'une mésinterprétation sotériologique de l'expérience et le chemin sur lequel s'aventure Bataille recoupe inévitablement celui où nous avons déjà rencontré Fénelon : pour autant que la sainteté est un projet, elle se contredit [4]. Il ne faut pas en déduire que le vrai mystique est indifférent au salut, il faut en conclure que, de la mystique, il convient de se méfier : non seulement elle tend à subordonner l'événement spirituel à autre chose qu'elle-même, mais en sus, ce quelque chose – le salut – n'existe pas. L'arrachement de l'expérience à toute finalité explique pourquoi l'ouvrage de 1943 s'intitule « L'expérience *intérieure* » – et l'auteur précise à l'intention du lecteur distrait : « je n'aime pas le mot mystique » [5]. Le rapport à la mystique n'est pas moins ambigu que le rapport à la philosophie. L'épithète « intérieure » a d'abord pour fin de signifier qu'il faut soustraire l'expérience à la mystique religieuse et s'en tenir à une sorte de phénoménologie qui ne lui fasse pas dire autre chose que ce qu'elle dit, c'est-à-dire qui ne la

1. Nietzsche, *GS*, § 370 ; *NCW*, « Nous, les antipodes ».

2. G. Bataille, *L'érotisme*, part. I, chap. VI, dans *OC*, t. X, p. 76. Voir *supra*, chap. II, p. 139, l'un des rares textes où Nietzsche s'aventure dans cette direction.

3. G. Bataille, *L'expérience intérieure*, dans *OC*, t. V, p. 19.

4. Voir *supra*, chap. I, p. 78 et G. Bataille, *L'érotisme*, part. II, étude 6, dans *OC*, t. X, p. 257. « La sainteté est toujours un projet. Ce n'est peut-être pas dans son essence. Sainte Thérèse disait que même si l'enfer devait l'engloutir, elle ne pouvait que persévérer ».

5. *Ibid.*, p. 15. Voir aussi dans la *Méthode de méditation*, dans *OC*, t. V, p. 228 : « Ma méthode est aux antipodes des idées élevées, du salut, de tout mysticisme ». Ou, dans *Le coupable*, l'opposition de l'érotisme au « mysticisme dont l'horizon est promesse de lumière » (*OC*, t. V, p. 247).

rive pas à l'horizon de la béatitude, qui ne la mutile pas au profit d'un mensonge. On peut alors, sans contradiction, ajouter que si l'on veut ne faire dire à l'expérience extatique que ce qu'elle dit, il faut reconnaître que, précisément, *elle ne dit rien*, du moins rien qui fasse sens : « J'ai voulu que l'expérience conduise où elle menait, non la mener à quelque fin donnée d'avance. Et je dis aussitôt qu'elle ne mène à aucun havre (mais en un lieu d'égarement, de non-sens) » [1]. L'expérience intérieure n'est pas l'expérience mystique au sens fréquemment prêté à ce terme, elle n'unit pas à Dieu ; elle permet d'échapper au monde profane, celui des projets et de l'utile, en faisant basculer le sujet hors de lui-même, du côté de « l'extrême où il succombe » [2] et qui ne peut, par nature, s'exprimer autrement que par obscures périphrases.

Si l'expérience est « intérieure », c'est donc qu'elle n'est ni objective, puisqu'elle est irréductible aux interprétations psychanalytiques, ni mystique, puisqu'elle ne donne accès à aucune transcendance [3]. C'est encore qu'elle ne peut pas être extérieure, parce qu'elle advient dans une conjoncture historique bien particulière où le repli sur soi constitue une issue certes pas fatale, mais fort tentante :

> Le fait que l'homme puisse se laisser priver de ses possibilités extérieures introduit d'une façon fondamentale la possibilité d'une expérience intérieure, expérience résultant de l'abandon de l'homme à soi-même, sans le secours d'aucun facteur heureux venant du dehors. Cette expérience est donc possible dans une prison ou dans un camp – dans l'attente de la mort ou dans la douleur physique [4].

Et le moins troublant n'est pas, en effet, de voir *Sur Nietzsche*, rédigé entre février et août 1944, se déployer d'abord dans l'abstraction

1. G. Bataille, *L'expérience intérieure*, dans *OC*, t. V, p. 15.

2. *Ibid.*, p. 155.

3. Ce qu'avait aperçu Foucault dans l'hommage rendu à Bataille, en 1963, sous le titre « Préface à la transgression » : « La mort de Dieu, en ôtant à notre existence la limite de l'Illimité, la reconduit à une expérience où rien ne peut plus annoncer l'extériorité de l'Être, à une expérience par conséquent *intérieure* et *souveraine* » (*Dits et écrits*, « Quarto », Paris, Gallimard, 2001, t. I, p. 263).

4. G. Bataille, « Collège socratique », dans *OC*, t. VI, p. 288. Voir aussi *Le coupable* : « Je ne parlerai pas de guerre, mais d'expérience mystique », dans *OC*, t. V, p. 246 ; ou encore : « Depuis que l'état de guerre existe, j'écris ce livre, tout le reste est vide à mes yeux » (*ibid.*, p. 276-277).

assez radicale du monde incendié auquel il tente ainsi de se soustraire. Bataille en est conscient… sur le mode de la mauvaise conscience. Il sait que son intérêt pour la nuit obscure de saint Jean de la Croix peut s'entendre comme un double dérisoire de « la nuit de la faim réelle, du froid qu'il fera dans les chambres et des yeux crevés dans des locaux de police », comme il sait que les « besoins de la multitude » relativisent cruellement son souci d'un « au-delà de la chance » [1]. Peu à peu d'ailleurs, de plus en plus, à mesure qu'avancent les Américains, se fait entendre le bruit des bombes et l'ouvrage s'achève sur la Libération : à partir de là, on peut « sortir de soi » en un tout autre sens que celui de l'extase, on peut retrouver les autres dans un espace public libéré. La réflexion de Bataille va alors se redéployer sur le registre de l'économie, et la présence de Nietzsche se faire corrélativement plus discrète. On le cherchera en vain en 1949 dans la version publiée de *La part maudite* que l'on peut lire comme la transcription rationaliste de l'ouvrage de 1943 : ce que Bataille s'était alors efforcé de formuler dans un langage issu de la mystique, il le thématise désormais dans le verbe de la science économique qu'il transforme en ce qu'il nomme « économie générale ». Au reste, Bataille ne fut pas le seul à avoir recouru à une parole ésotérique en période de terreur…

En attendant, se réclamant d'une expérience qui ne mène qu'à elle-même, le Nietzsche qu'il convoque dans la *Somme athéologique* doit avoir lui aussi éprouvé des expériences bouleversantes, le dépossédant de lui-même sans aucun horizon religieux. Sans doute le premier sait-il que le second peut difficilement être qualifié de mystique : « L'œuvre de Nietzsche a peu de choses à voir avec les recherches du mysticisme ». Mais tout de même, ajoute-t-il aussitôt, au moins une fois, il « connut une sorte d'extase » [2]. Pour justifier cela, Bataille renvoie alors à une longue citation qu'il a faite plus haut d'*Ecce homo* dans la traduction d'Alexandre Vialatte (1931) [3] où l'on rencontre les termes « révélation [*Offenbarung*] » et « extase [*Außer-sich-sein*] » pour qualifier le phénomène de l'inspiration [*Inspiration*]. Dans l'esprit de Bataille, ces termes recouvrent ce que

1. G. Bataille, *Sur Nietzsche*, dans *OC*, t. VI, p. 121.

2. Voir l'appendice « L'expérience intérieure de Nietzsche », dans *OC*, t. VI, p. 189.

3. G. Bataille, *Sur Nietzsche*, dans *OC*, t. VI, p. 113. Il s'agit du § 3 du chapitre consacré à *Ainsi parlait Zarathoustra* (dans la traduction de Vialatte rééditée en 1988, Paris, UGE, p. 111 ; dans les *OPC*, t. VIII/1, p. 309-310).

Nietzsche évoque au début du même chapitre, à savoir le fameux épisode d'août 1881 à Sils-Maria où apparaît la « pensée du retour éternel » [1]. Dans ce dernier texte, à vrai dire, Nietzsche se garde bien de parler d'expérience ou d'extase, pas plus qu'il n'en parle dans le fragment posthume de l'époque [2], pas plus qu'il n'en parle dans les aphorismes correspondants du *Gai savoir* [3]. Cela n'empêche pas Bataille d'y voir une « expérience intérieure » : non pas une expérience de pensée énoncée au conditionnel [4], mais bien une expérience en première personne. Et pas n'importe laquelle, puisqu'il s'agit de l'éternel retour : « Du retour éternel, j'imagine que Nietzsche eut l'expérience sous une forme à proprement parler mystique, en confusion avec des représentations discursives » [5]. Il est vrai, cette formulation suggère que l'expérience nietzschéenne constitue une référence *confuse*, à la fois indispensable et insuffisante…

Vouloir l'angoisse

Pour comprendre ce que Bataille va en dire, il faut d'abord se rappeler l'embarras qu'éprouve tout honnête lecteur de Nietzsche quand il s'efforce d'accorder le concept agressif de volonté de puissance avec la pensée d'allure plus quiétiste d'un acquiescement à toute chose. Car cette gêne a souvent pu conduire à retenir l'un des deux pôles contre l'autre. En 1954, Lukács aura beau jeu de réduire la difficulté

1. Nietzsche, *EH*, « Ainsi parlait Zarathoustra », § 1. Au § 6 du même chapitre, Nietzsche évoque bien une « révélation de la vérité [*Offenbarung der Wahrheit*] ». En 1937, c'est la mort de Dieu dont Bataille disait que Nietzsche en parla dans « un langage bouleversé, témoignant de l'expérience intérieure la plus excédente » (« Nietzsche et les fascistes », dans *OC*, t. I, p. 460) ; on peut raisonnablement admettre qu'à ses yeux, pensée de l'éternel retour, phénomène de l'inspiration et révélation de la vérité coïncident exactement en une seule « expérience ».

2. Nietzsche, *FP*, Printemps-automne 1881, 11 [141].

3. Le § 339 parle de « beaux instants [*schöne Augenblicke*] » que Klossowski traduit fallacieusement par « révélations » alors que Nietzsche, pour des raisons évidentes, récuse ailleurs expressément ce terme : voir le fragment du printemps-automne 1881, 11 [142] où il refuse de considérer la pensée de l'éternel retour comme une *Offenbarung* ; voir aussi *AC*, § 57, à propos de la Révélation chrétienne. « Augenblick », en revanche, est le mot clé du § 341. Bataille utilise pourtant la traduction du *Gai savoir* par Henri Albert (1901) qui le traduit bien par « instant ». De même, Nietzsche rejette ailleurs expressément « das *Außer-sich-sein* » en l'associant à « ceux qui sont faibles et insatisfaits d'eux-mêmes » (*FP*, printemps-été 1883, 7 [145]), comme il rejette l'« *Ekstase* » dans *A*, § 39 (*OPC*, t. IV, p. 43).

4. Nietzsche, *GS*, § 341.

5. *L'expérience intérieure*, dans *OC*, t. V, p. 39-40.

sur la foi d'un fragment de la fin 1886, en affirmant que la volonté de puissance est l'instrument qui a pour fin d'imprimer au devenir le caractère de l'être, c'est-à-dire d'imposer la pensée de l'éternel retour[1] : il n'est pas certain que la contradiction tendancielle entre les deux thèses puisse se résorber à si bon compte...

En tous les cas, si Bataille recourt à Nietzsche, c'est avec la claire conscience que le recours est périlleux car les nazis aussi s'en sont réclamé. C'est pourquoi il n'a jamais cessé de lutter contre de telles lectures, de l'article « Nietzsche et les fascistes » paru dans *Acéphale* en 1937 à l'appendice de 1945 sur « Nietzsche et le national-socialisme », en passant par le bref article publié dans *Combat* en 1944 sous le titre « Nietzsche est-il fasciste ? »[2]. Or ce qu'il lit dans l'ouvrage d'Alfred Bäumler, *Nietzsche, der Philosoph und Politiker*, publié à Leipzig en 1931, c'est précisément que « l'idée de l'éternel retour est sans importance du point de vue du système [de] Nietzsche » car elle n'est que l'« expression d'une expérience hautement personnelle », par opposition à la « pensée fondamentale de la volonté de puissance », avec laquelle elle est carrément incompatible[3].

On comprend bien qu'un idéologue nazi éprouve le besoin de valoriser la volonté de puissance et d'écarter l'éternel retour. On comprend aussi que Bataille le cite : c'est qu'il ne va pas faire autre chose que le prendre au mot *et faire exactement l'inverse*. Oui, l'éternel retour ressort d'une « expérience hautement personnelle », mais c'est justement pour cela qu'elle est décisive, car elle se trouve comme telle irréductible à un simple concept et garantit l'authenticité du discours. Et oui encore, elle contredit la volonté de puissance : aussi faut-il écarter celle-ci, ou au moins la décontaminer.

De fait, dès la préface, Bataille la disqualifie en des termes dont le moins qu'on puisse dire est qu'ils s'avèrent assez elliptiques :

> À ce sujet, je crois utile de dissiper une équivoque : Nietzsche serait le philosophe de la volonté de puissance, il se donnait comme tel, il est reçu comme tel. Je crois qu'il est plutôt le philosophe du *mal*.

1. G. Lukács, *La destruction de la raison. Nietzsche*, trad. fr. A. de Monville, Paris, Delga, 2012, p. 150 ; Nietzsche, *FP*, fin 1886, 7 [54]. Marc de Launay a récemment retrouvé cette thèse : *Nietzsche et le problème de la race*, Paris, Seuil, 2020, p. 58.

2. G. Bataille, *OC*, t. I, p. 446-473 ; t. VI, p. 185-188 ; t. XI, p. 9-11.

3. G. Bataille, « Nietzsche et les fascistes », dans *OC*, t. I, p. 461.

> C'est l'attrait, la *valeur* du mal qui, me semble-t-il, donnèrent à ses yeux leur [*sic*] sens à ce qu'il voulait parlant de puissance [1].

Comment loger le mal au lieu occupé chez Nietzsche par la puissance ? Bataille en parle ailleurs moins comme d'une substitution que d'une réinterprétation :

> (À ce sujet, je crois qu'on laisse dans la *volonté de puissance* l'élément essentiel de côté si l'on n'y voit pas l'*amour du mal*, non l'utilité mais la valeur significative du sommet) [2].

Ou quelques pages plus loin :

> La volonté de puissance est une équivoque. Il en reste en un sens la volonté du mal, finalement celle de *dépenser*, de jouer (sur laquelle Nietzsche a mis l'accent) [3].

Nous devons d'abord comprendre que le « mal » n'est pas la « puissance » : à l'exercice du pouvoir dont les nazis ont fait un usage on ne peut plus ordonné, calculé, il faut opposer l'excès souverain, la perte pure, le désordre absolu. Il y a cruauté et cruauté, Sade et Himmler :

> L'essentiel me semble donné par Sade à cet égard lorsqu'il n'admet pas un instant qu'un intérêt froid puisse intervenir dans les déchaînements qui étaient les siens. Et c'est en ce sens que cette définition du mal qui est donnée dans *La philosophie dans le boudoir* est la condamnation profonde de tout ce que nous avons vu opérer par les Allemands [4].

Douze ans plus tard, Bataille opposera de même Gilles de Rais à son grand-père, Jean de Craon : la cruauté de l'aïeul reste toujours commandée par l'intérêt, tandis que celle du petit-fils se déchaîne sans souci de l'utile et le conduit d'ailleurs à sa chute spectaculaire [5]. On voit que le partage ne s'effectue alors plus, comme chez Nietzsche ou Freud, entre cruauté transitive et cruauté pronominale, mais entre cruauté rationalisée et cruauté

1. G. Bataille, *Sur Nietzsche*, dans *OC*, t. VI, p. 16.
2. *Ibid.*, p. 166.
3. *Ibid.*, p. 169.
4. G. Bataille, « Le mal dans le platonisme et dans le sadisme », dans *OC*, t. VII, p. 376.
5. G. Bataille, *Le procès de Gilles de Rais*, introd., I, § 6, dans *OC*, t. X, p. 294-295.

déchaînée. La première s'institue comme loi, la seconde se définit par la transgression. Le lecteur de Sade pourra bien sûr s'étonner de voir le libertin des *Cent Vingt Journées de Sodome* subitement privé de tout « intérêt froid », mais c'est qu'il se laissera prendre à une terminologie équivoque : le syntagme désigne proprement la subordination du crime à l'accroissement du pouvoir. Si Gilles de Rais peut accomplir ses crimes « dans la fièvre », il les commet aussi « suivant le déroulement prévu » – et Bataille va jusqu'à dire que c'est sans passion et sans angoisse, avec indifférence –, courant à sa propre ruine en même temps que le monde féodal dont il est déjà la personnification archaïque [1]. Finalement, à l'« intérêt froid » du SS, nous devons opposer le « sang-froid délirant » de Gilles de Rais ou d'Ersébet Báthory qui n'agissent nullement en fonction de leur intérêt et courent à leur propre perte [2] : par cet oxymore, nous comprenons que *le déchaînement n'exclut pas l'ordre ou la rigueur, mais l'utile* – il est à lui-même sa propre fin. En 1957, dans la seconde partie de *L'érotisme*, Bataille démarque autrement le nazi du libertin : il oppose alors le « bourreau légal », qui emprunte le langage de l'État pour dissimuler son désir de supplicier, à l'homme souverain, qui s'efforce au contraire d'introduire le désir de supplicier dans le langage et la conscience claire [3]. Or Bataille lui-même n'a pas d'autre dessein : « ouvrir la conscience à la représentation de ce que l'homme est vraiment » [4]. Mais il demeure que, dans l'imaginaire théorique de Bataille, « Nietzsche » s'associe à « Sade » en même temps qu'il s'oppose à « Hegel » – et le premier de ces couples ne sera d'ailleurs, en France, pas moins prégnant que le second. Sade, au fond, *corrige* Nietzsche en substituant le mal à la puissance.

On voit également que Sade n'est plus ici le promoteur d'une perversion qu'il contribuait à nommer : le sadisme s'émancipe du masochisme en même temps qu'il échappe à la psychopathologie. *L'érotisme* convoque Sade d'entrée de jeu, mais, du masochisme *stricto sensu*, il ne pipera mot ! « Sade » devient ainsi le nom d'une nouvelle appréhension de la cruauté. Bataille la nomme ici « dépense » : c'est ce concept qui, à partir de 1949 dans *La part maudite*, relaiera la « décharge » de la volonté de puissance nietzschéenne aussi bien que

1. G. Bataille, *Le procès de Gilles de Rais*, introd., I, § 6 et 11, dans *OC*, t. X, p. 295 et 311.
2. G. Bataille, *Les larmes d'Eros*, part. II, 2, § 6, dans *OC*, t. X, p. 619.
3. G. Bataille, *L'érotisme*, part. II, chap. III, dans *OC*, t. X, p. 186 q.
4. G. Bataille, *Les larmes d'Eros*, part. II, 2, § 6, dans *OC*, t. X, p. 620.

l'« évacuation » de la pulsion freudienne. On pourrait s'attendre à ce que l'auteur de *L'érotisme* use abondamment du premier de ces deux termes, mais c'est au contraire exceptionnel et en un sens péjoratif, pour dire l'embourgeoisement de l'orgasme : « À la rigueur, la *gaudriole* est, de nos jours, un aspect populaire du mariage, mais la gaudriole a le sens de l'érotisme inhibé, changé en décharges furtives, en dissimulations plaisantes, en allusions »[1]. Sans doute la dépense trouve-t-elle encore son modèle dans l'orgasme, mais l'accent est économique, il est mis sur la perte plutôt que sur la purge. Ce qui caractérise la jouissance vraie, c'est qu'elle ne renvoie à aucun investissement, elle ne se recycle pas : tout son mérite est d'être « improductive ». Dans le cadre de l'économie générale de 1949, « dilapidation », « gaspillage », « consumation », voire « explosion » sont de fait les termes qui visent l'emploi sacrificiel de l'excédent.

Il est vrai qu'on rencontrait déjà chez Nietzsche une valorisation récurrente du gaspillage [*die Verschwendung*] et elle devait sans doute, aux yeux de Bataille, recouper l'analyse du potlatch par Marcel Mauss. Et l'on peut dire que chez Nietzsche aussi, la réalité anthropologique du gaspillage récusait par le fait la grande prémisse de l'utilitarisme, le simple principe de conservation dont il voyait l'illustration aussi bien dans le conatus spinoziste que dans la lutte darwinienne pour la vie : « dans la nature, ce n'est point la détresse qui règne, mais l'abondance [*der Uberfluß*], le gaspillage, même jusqu'à l'absurde »[2]. Mais il en inférait tout autre chose : puisque la vie se caractérise par le superflu, la lutte doit avoir un autre objet que la survie, à savoir la puissance : « là où on lutte, on lutte pour la puissance »[3]. Le gaspillage prouvait l'existence d'une marge où pouvait se déployer la force au-delà de l'inertie, mais en vue d'autre chose. Vouloir accroître la puissance, ce n'était pas gaspiller la force. Là où Nietzsche mettait en avant le luxe en vue de justifier la possibilité de vouloir plus que ce qu'on a et que ce qu'on est, Bataille le met en avant pour lui-même : la dilapidation devient sa propre fin, c'est elle qui occupe désormais le devant de la scène.

1. G. Bataille, *L'érotisme*, part. I, chap. x, p. 114. On rencontre en passant l'« évacuation » au sens physiologique du terme dans le chap. iv, de la première partie, p. 60, où Bataille note que « les conduits sexuels évacuent des déjections », en vue d'associer l'ordure à la sexualité.

2. Nietzsche, *GS*, § 349.

3. Nietzsche, *CID*, « Divagations d'un "inactuel" », § 14.

Il est encore vrai que la dépense ainsi conçue peut conduire occasionnellement à valoriser l'ascèse monastique tibétaine, mais c'est en lui conférant un statut très paradoxal – et d'ailleurs, Bataille ne la nomme pas « ascèse » [1]. D'un côté, en valorisant à l'extrême la vie contemplative, le lamaïsme « se dérobe à *l'activité*, qui toujours a pour fin d'acquérir et d'accroître » et il triomphe de la violence grossière du dehors en déchaînant la violence au-dedans. Mais d'un autre côté, « le monachisme est en même temps que dépense pure une renonciation à la dépense » et de ce point de vue, « c'est la solution parfaite obtenue à condition de tourner le dos à la solution » : s'il refuse de s'inscrire dans l'alternative de l'islam et du monde moderne, de la conquête et de l'industrie, le moine esquive néanmoins la dépense souveraine, somptuaire, tout entière tournée vers le dehors. Finalement, tous les raffinements de l'ascétique chrétienne que la nouvelle mystique répugnait à prendre en compte au profit d'une expérience indicible, la nouvelle économie demeure également réticente à les intégrer : elle n'y trouve le refus de l'utilité que sous la forme *négative* du refus, et non sa contrepartie grandiose, le sacrifice ostentatoire du surplus. Aux yeux de Bataille, l'intériorisation cénobitique de la violence marque les limites de l'utile, elle ne le déborde pas glorieusement.

Il faut reconnaître enfin que nous avons été un peu vite en notant le découplage du sadisme et du masochisme. Il est exact que Bataille ne témoigne d'aucun intérêt pour Sacher-Masoch, mais nous avons vu plus haut comment, identifiée au jeu, la recherche du plaisir se renversait en désir de mort. Lisant Sade à travers Blanchot, il en reprend la thèse selon laquelle « pour l'homme intégral, qui est le tout de l'homme, il n'y a pas de mal possible », puisqu'il peut convertir toute peine en jouissance [2]. Ailleurs, il affirme expressément l'« identité du plaisir extrême et de l'extrême douleur » [3] dont il avait trouvé l'exemple le plus saisissant et le plus obsédant dans la photographie du supplicié chinois sur l'évocation duquel s'achève *Les*

1. Pour tout ce paragraphe, G. Bataille, *La part maudite*, III, 2, § 7, *in fine*, dans *OC*, t. VII, p. 107-108.

2. La formule est de Blanchot. Bataille la cite dans *L'érotisme*, part. II, étude 2, dans *OC*, t. X, p. 175. Voir *supra*, chap. I, p. 63, note 4.

3. G. Bataille, *L'érotisme*, part. II, étude VII, dans *OC*, t. X, p. 261.

Larmes d'Eros, son dernier livre, publié en 1961[1]. Or, si l'on y prête attention, il s'agit d'une page étrange où l'on voit en fait se *dédoubler* la jouissance. D'un côté, on observe l'« apparence extatique des traits de la victime » où il faut sans doute déchiffrer la jouissance de la perte et qui obsède Bataille comme une « image de la douleur, à la fois extatique (?) et intolérable » ; le point d'interrogation est là pour dire que l'extase est peut-être trompeuse, résultant moins du supplice lui-même que de l'opium destiné à prolonger celui-ci. D'un autre côté, Bataille renverse aussitôt le point de vue en imaginant le parti que Sade aurait tiré de ce spectacle, qu'il aurait voulu contempler « dans la solitude, au moins dans la solitude relative, sans laquelle l'issue extatique et voluptueuse est inconcevable » : l'extase de la victime semble alors transférée sur celui qui l'observe. Que doit-on comprendre : que la volupté se rencontre à la fois chez celui qui souffre *et* chez celui qui voit l'autre souffrir ? Ou, au contraire, que la volupté ne se trouve peut-être pas chez celui qui, gavé d'opium, souffre, mais certainement chez celui qui le voit souffrir ? Mais ce dernier, s'il jouit, est-ce de voir l'*autre* souffrir ou bien de *se* voir souffrir en lui ? Et pourquoi cette extase ne lui serait-elle accessible que dans une solitude « au moins relative » ? Ainsi se clôt l'œuvre de Bataille, sur l'énigme d'un complexe dont on peut penser qu'elle en a constitué le foyer parce qu'elle est restée irrésolue.

Si l'on revient au début des années 1940, nous devons encore comprendre comment il ne peut s'agir de vouloir le mal, mais de l'*aimer* : il ne peut se présenter comme une fin, sans cesser aussitôt d'être ce que Bataille nomme le « mal ». Toute volonté a un but et là où il y a but, il y a action en vue de ... – c'est aussitôt l'asservissement à l'utile, la servitude. Agir en vue de la puissance ou du salut, c'est de ce point de vue tout un, c'est toujours *agir*[2]. La vraie débauche s'avère par conséquent irréductible à celle du petit libertin ordinaire : « le débauché n'a chance d'accéder au sommet que s'il n'en a pas l'intention »[3]. Et Bataille peut déclarer plus loin, en toute cohérence,

1. Voir le tome X des *OC*, p. 627. Malheureusement cette édition ne reproduit pas le cliché figurant dans l'édition originale, chez Pauvert et dont Bataille dit ici : « Ce cliché eut un rôle décisif dans ma vie ». Il figure en revanche dans le cahier central de la biographie de Michel Surya qui le commente aux pages 120-122.

2. Simone Weil, avec qui Georges Bataille conversa beaucoup en 1934 et dont il fait la Lazare du *Bleu du ciel*, écrit de son côté dans *La pesanteur et la grâce* : « Ceux qui désirent leur salut ne croient pas en la réalité de la joie en Dieu » (*op. cit.*, p. 88).

3. G. Bataille, *Sur Nietzsche*, dans *OC*, t. VI, p. 57.

qu'il s'enivre, pour sa propre part, « de ne rien vouloir »[1]. Dans ces conditions, il est naturel qu'il aime tant à citer la page en réalité étonnante d'*Ecce homo* où Nietzsche affirme lui-même n'avoir jamais rien voulu[2] : Bataille y voit la condamnation *par Nietzsche lui-même* de la volonté de puissance, et avec elle de toute intention, de toute action et de toute utilité, au profit d'une ouverture à ce qui ne peut advenir que s'il n'est pas visé. Et qui, inversement, ne peut être visé sans se trouver *ipso facto* dégradé du fait de sa réintégration dans le monde docile du travail[3].

Faisons maintenant un pas de plus : ce qui ne peut advenir que s'il n'est pas visé, c'est ce qui ne peut advenir que *par chance*. Et c'est bien cette dernière que nous retrouvons dans le sous-titre déconcertant de l'ouvrage de 1945 : *Volonté de chance*. Dans la préface, parlant de la chance, Bataille écrit : « Celle-ci s'avérait répondre plus exactement que la puissance aux intentions de Nietzsche »[4]. Mais comment, si ce que nous venons de dire est exact, pourrait-on *vouloir* la chance sans se contredire ? Comment Bataille peut-il encore écrire : « Je ne veux que la chance ... / Elle est mon but, le seul, et mon seul moyen »[5] ?

« Vouloir » la chance ne peut pas signifier la viser, œuvrer à son irruption, *travailler* à sa rencontre : si on conçoit les choses ainsi, on succombe au contresens ascétique dont il a déjà été question et dont le yoga est un exemple parlant : « la maîtrise de ce mouvement, que les Hindous dans le yoga s'efforcent d'obtenir, accroît le peu de chances que nous avons de sortir de prison »[6]. On doit prêter ici attention au verbe « s'efforcer » ; l'« expérience intérieure » est par nature incompatible avec tout effort destiné à la produire et c'est pourquoi Nietzsche avait pu la connaître : la maladie et son mode de

1. G. Bataille, *Sur Nietzsche*, dans *OC*, t. VI, p. 75.

2. Nietzsche, *EH*, « Pourquoi je suis si avisé », § 9 (voir aussi la lettre à Brandes du 23 mai 1888). Bataille cite ce texte pas moins de trois fois dans *Sur Nietzsche*, *op. cit.* : p. 22, 55 et 107 (et il y fait encore clairement allusion p. 168). D'autre part, dans *L'expérience intérieure* (*op. cit.*, p. 260 et 262), il cite en allemand le § 287 du *Gai savoir* : « Ich liebe die Unwissenheit um die Zukunft » qu'Henri Albert traduisait « J'aime l'ignorance de l'avenir ».

3. G. Bataille, *Sur Nietzsche* : « À donner la débauche perdue pour un sommet moral, j'en change entièrement la nature » (dans *OC*, t. VI, p. 57).

4. *Ibid.*, p. 17.

5. *Ibid.*, p. 161. Ou ailleurs : « Inexorablement la chance – et la recherche de la chance – représentent un unique recours (dont ce livre a décrit les vicissitudes) » (*ibid.*, p. 17).

6. G. Bataille, *L'expérience intérieure*, dans *OC*, t. V, p. 132.

vie l'y avaient conduit par hasard [1] – ce qui revient encore une fois à oblitérer l'ascétisme original qu'il avait revendiqué. Mais vouloir la chance, cela n'est pas non plus l'*espérer* passivement comme on peut attendre l'orage : « Comme un trait de foudre, la chance [...] » [2]. Bataille évite d'ailleurs le terme « espérance » pour des raisons tout à fait identifiables. Soit on l'entend en un sens mathématique et on rencontre le calcul des probabilités qui a essentiellement pour fin de neutraliser la chance : « L'esprit humain est construit de telle manière qu'il ne puisse faire entrer la chance en ligne de compte, sinon dans la mesure où les calculs qui l'éliminent permettent de l'oublier, *de n'en plus tenir compte* » [3]. Soit on l'entend en un sens chrétien et la chance risque fort alors de se confondre avec la grâce – après tout, celle-ci frappe comme la foudre et Hyppolite en fait l'objection à Bataille en 1944 [4]. Or celui-ci sait bien que la chance est ce « que les chrétiens appelaient la *grâce* » [5], mais cela n'autorise pas leur confusion : la grâce ramène à l'Être absolu et absolument transcendant, tandis que la chance ouvre au non-être et demeure rivée à l'immanence.

Le christianisme, en ce sens, c'est la « substitution de la garantie à l'aléa » [6] et la débauche, la substitution de l'aléa à toute garantie : tel est le nouveau renversement des valeurs. Vouloir la chance, ce n'est donc ni y travailler ni l'espérer, c'est *jouer* sans calcul possible. Bataille n'est pas Pascal, jouer n'est pas parier, aucune espérance de gain n'est à l'horizon et l'« abandon de la mise est total » [7]. C'est toute la différence avec le Christ dont l'abandon était seulement simulé : « Dieu n'abandonne Jésus que fictivement » [8]. Vouloir la chance, c'est au contraire réellement « volonté d'être abandonné » [9]. Cet abandon ne s'opère donc pas au profit d'une *autre* volonté, celle du Seigneur ou celle d'une Vénus à fourrure, pour laquelle on serait un instrument ou qui en serait un pour nous, de sorte que l'on réintégrerait le monde de l'utile. C'est un abandon à ce qui ne peut au contraire survenir

1. G. Bataille, *Sur Nietzsche*, dans *OC*, t. VI, p. 159.
2. G. Bataille, *L'expérience intérieure*, dans *OC*, t. V, p. 151.
3. *Ibid.*, p. 312.
4. G. Bataille, « Discussion sur le péché », dans *OC*, t. VI, p. 342.
5. G. Bataille, « Collège socratique », dans *OC*, t. VI, p. 291.
6. G. Bataille, *Sur Nietzsche*, dans *OC*, t. VI, p. 116.
7. *Ibid.*, p. 85.
8. *Ibid.*
9. G. Bataille, *L'expérience intérieure*, dans *OC*, t. V, p. 306.

que quand on excède ce monde, au-delà de toute préméditation. Cela explique le *pathos hybride* de Bataille qui mêle inextricablement le drame et le rire, le désastre de l'abandon et l'ironie du sort. Cela contribue aussi à éclairer les étranges détours d'une écriture d'allure elle-même aléatoire dont Derrida disait fort justement : « Elle est absolument aventureuse, c'est une chance et non une technique »[1]. C'est pourquoi les plans de la *Somme athéologique* se succèdent indéfiniment. C'est pourquoi chacun des ouvrages qui la composent doit à son tour résister à toute stabilisation artificielle et c'est pourquoi *Sur Nietzsche* « devait » se présenter sous une forme « désordonnée ». Contre Sartre et la pensée lente, il faut mettre en œuvre une pensée indéfiniment mobile, récalcitrante à « toute possibilité d'arrêt » et qui, de ce fait, « tombe facilement sous le coup d'une critique qui croit l'arrêter du dehors »[2]. Mais contre Breton et l'écriture automatique, l'introduction du hasard dans l'écriture ne doit pas se subordonner à des fins purement esthétiques et demeurer verbale : « faire voler en éclats la réalité elle-même », cela ne peut demeurer une « simple proposition littéraire »[3].

Vouloir la chance et non la puissance : ce n'est donc pas seulement l'objet du vouloir qui change, c'est *le sens même du « vouloir »*. Mais il faut maintenant refermer la boucle et se demander quel rapport il peut y avoir entre la volonté de chance et l'expérience de l'éternel retour.

Cette dernière, telle que Bataille la fait sienne, expose finalement à deux contresens.

Le premier consiste à réduire l'expérience à une simple *pensée* et à la transformer ainsi en un dogme religieux ou en une thèse philosophique. Considérée comme telle, elle est inefficace dit Bataille, et de bien peu de poids au regard des « motifs chrétiens, ou bouddhistes »[4]. Il s'agit d'une expérience dont l'objet ne peut être

1. J. Derrida, *L'écriture et la différence*, Paris, Seuil, 1967, p. 402.

2. G. Bataille, « Réponse à Jean-Paul Sartre », dans *OC*, t. VI, p. 199. Le refus d'arrêter une position assignable est clairement revendiqué dans la discussion qui suit la conférence sur le péché : voir notamment *OC*, t. VI, p. 349.

3. Voir le dossier de la polémique avec Breton, dans *OC*, t. II, p. 79.

4. G. Bataille, *Sur Nietzsche*, dans *OC*, t. VI, p. 107. Voir aussi p. 159 : « Pour le premier venu, l'idée de retour est inefficace ». Et déjà dans *L'expérience intérieure* (dans *OC*, t. V, p. 177) : « Non que j'aie trouvé dans l'idée de retour éternel rien qui puisse m'émouvoir à mon tour ». Voir *a contrario* Nietzsche, *FP*, printemps-automne 1881, 11 [203] : « même la *pensée d'une possibilité* peut nous ébranler et nous transfigurer, pas seulement des

un « objet » proprement dit puisqu'on bascule du côté du « néant », de l'« abîme », du « fond impossible des choses » [1].

Pour comprendre ce que peuvent signifier ces formulations à l'obscurité en effet toute mystique, il faut lever le second contresens. Celui-ci consiste à voir dans l'éternel retour du même une *anticipation*, et même une anticipation *totalisante* qui aurait pour but de forclore le temps aussi sûrement que la grande réconciliation dialectique : « j'enrobe l'inconnu dans un connu quelconque, comme je puis » [2]. Quand Bataille juge nécessaire « d'inverser l'idée d'éternel retour », c'est pour dire qu'il faut y entendre, au contraire, l'expérience de l'instant pur, soustrait à toute téléologie : « Le retour *immotive* l'instant, libère la vie de fin [*sic*] [...] » [3]. L'instant est immotivé parce qu'il n'est plus vécu servilement en vue d'une fin, parce qu'il est une chance, parce qu'il ouvre abruptement au vertige improgrammable de l'excès. Dans cette perspective, chez Nietzsche lui-même [4] comme chez Bataille, c'est le concept même d'« instant [*Augenblick*] » qui devient décisif. Et dans la valorisation fort peu bergsonienne de l'instant contre la durée [5], on peut deviner celle de l'événement contre l'histoire sur laquelle la génération suivante brodera de si savantes variations.

Nous comprenons alors mieux la stigmatisation de la « volonté de puissance » comme « équivoque » que nous avons rencontrée

émotions ou certaines attentes ! Quel n'a pas été l'effet exercé par la *possibilité* de la damnation éternelle ! »

1. G. Bataille, *L'expérience intérieure*, dans *OC*, t. V, p. 40 et 178 ; *Sur Nietzsche*, dans *OC*, t. VI, p. 158.

2. G. Bataille, *L'expérience intérieure*, dans *OC*, t. V, p. 178. Comment ne pas songer à Breton, condamnant de son côté, en 1924, l'« intraitable manie qui consiste à ramener l'inconnu au connu, au classable [...] »(*Manifestes du surréalisme*, Paris, Gallimard, 1975, p. 17) ? Mais bien sûr, il faut d'abord relire Nietzsche, *GS*, § 355.

3. G. Bataille, *Sur Nietzsche*, dans *OC*, t. VI, p. 23. Par où Bataille retrouve en effet Nietzsche qui écrivait de fait à propos de l'éternel retour : « Je cherche une conception du monde qui rende justice à ce fait : le devenir doit [*soll*] être expliqué sans avoir recours à ce genre d'intentions finalistes : il faut que le devenir apparaisse justifié à tout moment (ou *inévaluable* [*unabwerthbar*] : ce qui revient au même) ; le présent ne doit absolument pas être justifié en raison d'un avenir ou le passé en raison du présent » (*FP*, novembre 1887-mars 1888, 11 [72]).

4. Voir *supra*, p. 189, note 3.

5. G. Bataille, *Théorie de la religion*, part. I, chap. III, § 4, dans *OC*, t. VII, p. 310 : « ce qui importe est de sortir d'un monde de choses réelles, dont la réalité découle d'une opération à longue échéance et jamais dans l'instant – d'un monde qui crée et conserve (qui crée au profit d'une réalité durable) ».

plus haut. Il faut écarter le concept si on y entend la visée d'un type humain prédéfini (Borgia, Napoléon) justifiant un projet politique. Il faut l'accepter si on y entend la volonté du mal, c'est-à-dire de la dépense[1]. Prophétie d'un retour éternel du même et travail à l'advenue d'un nouveau type supérieur apparaissent en fin de compte comme deux verrouillages symétriques auxquels il faut opposer cette seule exigence : « Viser l'au-delà, non le donné de l'être, signifie de ne pas fermer, de *laisser le possible ouvert* »[2].

Bataille « fidèle » à Nietzsche ? Ce qui importe n'est assurément pas de savoir s'il fut un lecteur scrupuleux, respectueux – il ne le fut ni ne prétendit l'être, ou alors en un sens lui-même fort équivoque –, mais de mesurer ce qu'on a appelé plus haut le coefficient de réfraction en vertu duquel il se livra à une lecture productive, une lecture qui engendra de nouveaux concepts par déformation des concepts initiaux. Or cette réfraction se trouve réglée par l'écart entre les cibles respectives de Nietzsche et Bataille.

Chez Nietzsche, nous rencontrions en fait sans cesse deux pentes distinctes dont la jonction constituait un problème majeur. D'une part, la critique des arrière-mondes dont Platon fut le grand promoteur conduisait à une réhabilitation du devenir dont l'éternel retour était la formulation prescriptive. D'autre part, la critique de la mauvaise conscience dont saint Paul fut le terrible logicien conduisait à une apologie de la volonté de puissance qui avait la cruauté barbare comme figure originaire. L'appropriation sacerdotale de l'idéal ascétique se trouvait au croisement exact de la mauvaise conscience avec l'espérance en un autre monde.

Bataille n'est pas grec. Il se soucie fort peu de Platon et des arrière-mondes, ce qui explique qu'il puisse viser sans vergogne « l'au-delà, non le donné de l'être ». Le péché, sans doute, le préoccupe beaucoup plus. Mais, contrairement à Nietzsche, il ne s'agit pas d'en débarrasser le monde[3], il s'agit de le sacraliser. Le père Daniélou l'avait justement remarqué : « Mais gloire et péché sont deux réalités opposées qui ne peuvent [co]exister, encore qu'elles soient étroitement liées. Or précisément, c'est à les faire coexister que s'attache M. Bataille »[4].

1. G. Bataille, *Sur Nietzsche*, dans *OC*, t. VI, p. 169.
2. *Ibid.* ; je souligne.
3. Nietzsche, *A*, § 13.
4. G. Bataille, « Discussion sur le péché », *OC*, t. VI, p. 325 (le texte donne « qui ne peuvent *exister* », ce qui n'a pas de sens ; d'où entre crochets ma correction).

Or ce couplage contre nature trouve son sens dans le contexte de la grande antinomie anthropologique, fort peu nietzschéenne, du profane et du sacré telle que Bataille la réinvestit. Sa cible propre, ce n'est ni Platon ni Paul, c'est « Hegel », mais le Hegel de Kojève, c'est le monde profane de l'esclave, c'est-à-dire de l'action, du travail, de l'utile et des fins, bref de la « servilité ». Celle-ci devient ainsi le même sac où peuvent se trouver amalgamés capitalisme, fascisme et communisme. La transgression, qui n'est plus transgression *du* sacré mais transgression *sacrée* parce qu'elle n'est ni fin ni moyen, constitue l'alternative qui permet de les renvoyer dos à dos et où gloire et péché peuvent loger simultanément. La religion devient alors non ce que la philosophie combat, mais ce qui bouleverse l'ordre de l'utile : « La religion est sans doute, elle est même à la base subversive ; elle détourne de l'observation des lois »[1]. Aussi le soleil aveuglant de Bataille ne dispense-t-il pas les Lumières de Voltaire ! C'est à partir de là que le premier « recourt » à Nietzsche, en y cherchant ce qui peut lui servir, et se trouve amené à déformer systématiquement ses concepts, à les projeter sur un nouveau plan : la volonté de puissance devient la volonté de chance ; la décharge se transforme en dépense ; tandis que s'évanouit le spectre de la cruauté exercée sur soi, la cruauté exercée sur autrui se divise en cruauté raisonnée et cruauté déchaînée. Ou encore : la décadence vire au déclin ; le pathos de la distance se retourne en communication ; la législation se métamorphose en souveraineté ; la rédemption de ce monde se transpose en sa consumation gratuite. Et surtout, pour ce qui nous concerne : le néo-ascétisme se métamorphose en une néo-mystique.

Nous avons donc bien affaire à une lecture inventive, commandée par un nouveau combat où l'ascétisme n'a tout simplement plus de place. Nietzsche ne s'y serait certainement pas reconnu et aurait pu diagnostiquer un retour sournois du prêtre dans cette sacralisation du « mal ». Mais comment aurait-il donc fait face au déferlement d'une cruauté sans précédent dans l'Europe des années 1930, cruauté qui de plus se réclamait de lui ? Nul n'en saura jamais rien et ce pourrait être une bonne raison de lire Bataille : comme un devenir possible de Nietzsche en un monde où l'histoire semblait se briser en deux tronçons.

1. G. Bataille, *Les larmes d'Eros*, part. II, 1, § 7, dans *OC*, t. X, p. 610.

Ascétique (Foucault)

Si Bataille rejette l'ascèse du côté négatif du projet et de l'utile, Foucault va au contraire lui conférer une fonction cruciale sous la forme du substantif « ascétique » qu'il définit ainsi dans le cours du 17 mars 1982 :

> L'ascétique, c'est-à-dire l'ensemble plus ou moins coordonné des exercices qui sont disponibles, recommandés, obligatoires même, utilisables en tout cas par les individus dans un système moral, philosophique et religieux, afin de parvenir à un objectif spirituel défini[1].

Une telle définition appelle d'emblée trois remarques.

En premier lieu, le terme permet d'éviter celui d'« ascétisme » qui a l'inconvénient d'évoquer aussitôt les pratiques chrétiennes liées au renoncement, à la pénitence et à la mortification et auxquelles on aurait bien tort de réduire l'ascétique : l'ascétisme est la détermination chrétienne de l'ascétique. Il permet aussi d'éviter celui d'« ascèse » que Foucault associe alors à la mise en œuvre individuelle d'une ascétique : l'athlète en est le modèle grec, l'« exercice » en est la traduction latine – l'ascèse, c'est l'entraînement auquel s'astreint l'individu pour satisfaire aux exigences de l'ascétique. Étudier par conséquent l'ascétique, ce n'est étudier ni seulement l'ascétisme (par définition chrétien) ni seulement l'ascèse (l'exercice qui s'inscrit dans l'ensemble ascétique). Foucault retrouve ainsi le substantif qu'avaient pu employer les théologiens français pour désigner les Pères du désert, ou pour intituler, au pluriel, certains ouvrages spirituels – l'exemple récurrent est celui des *Ascétiques* de saint Basile de Césarée[2], et que nous avons déjà rencontré en allemand – *die Asketik* – pour désigner les procédures destinées à l'élévation spirituelle, dans l'intitulé des ouvrages ayant pour objet ce qu'on nommait alors *Ascetik und Mystik* ou sous la plume de Kant et Schiller[3].

1. M. Foucault, *L'herméneutique du sujet*, *op. cit.*, p. 398.

2. « On appelle *Les Ascetiques* de S. Basile, un traité de S. Basile fait pour exciter les hommes à la piété. Et dans cette phrase, *Ascetique* est employé au subst. » (*Dictionnaire de l'Académie*, 1718).

3. Voir *supra*, chap. I, p. 46.

En deuxième lieu, on retrouvera ce terme au seuil de *L'usage des plaisirs*, dans la troisième section d'une introduction à laquelle on sait que son auteur avait apporté le plus grand soin [1]. Foucault commence par y répéter la distinction scolaire entre la morale comme « ensemble de valeurs et de règles d'action qui sont proposées aux individus et aux groupes par l'intermédiaire d'appareils prescriptifs divers » et la morale en tant qu'elle désigne le « comportement réel des individus », soit ce que la langue française désigne couramment par le terme de « mœurs ». Mais c'est bien sûr pour *ne pas* s'y tenir. Il ajoute en effet aussitôt une troisième signification aux deux précédentes : de la règle de conduite, d'une part, et de la conduite effective, d'autre part, il faut encore distinguer « la manière dont on doit se constituer comme sujet moral agissant en référence aux éléments prescriptifs qui constituent le code ». Et très vite, Foucault tend à éclipser le second terme du triptyque, en vue d'imposer au lecteur une nouvelle bipartition qui oppose les « éléments de code » aux « éléments d'ascèse ». Or c'est ce partage inédit qui ouvre la possibilité de ce qu'il appelle une « histoire de l'"éthique" et de l'"ascétique" entendue comme histoire des formes de la subjectivation morale et des pratiques de soi qui sont destinées à l'assurer » [2]. « Ascétique » est alors le substantif qui commande une découpe originale de ce qu'on nomme usuellement le champ moral ou éthique et qui ouvre ainsi l'espace d'une investigation des arts de *se* gouverner que Foucault avait de fait commencé à investir à la fin des années 1970. Son importance est donc considérable puisque c'est *le nom même du prisme à partir duquel une autre histoire de la morale devient possible*.

En troisième lieu, si l'« ascétique » va ainsi autoriser l'étude des configurations successives qui ont donné naissance à ce que nous avons pris l'habitude d'appeler « sexualité », il faut dire aussi que l'« ascèse » est le nom par lequel Foucault qualifie *sa propre entreprise* en tant qu'elle se réclame de la « philosophie » : celle-ci doit être conçue non sous une forme doctrinale, mais comme une « activité »

1. Frédéric Gros écrit dans sa notice éditoriale qu'elle a été réécrite « au moins une dizaine de fois » (M. Foucault, *Œuvres*, Paris, Gallimard, 2015, t. II, p. 1532 ; c'est à cette édition que font référence les notes ultérieures).

2. M. Foucault, *L'usage des plaisirs*, dans *Œuvres*, *op. cit.*, t. II, introd., III, p. 758-764. Foucault écrit aussi p. 761 : « et pas de constitution du sujet moral sans des "modes de subjectivation" et sans une "ascétique" ou des "pratiques de soi" qui les appuient ».

dont le sens se trouve en quelques lignes explicité d'abord comme le « travail critique de la pensée sur elle-même », puis comme une « épreuve modificatrice de soi-même », et enfin comme « une "ascèse", un exercice de soi, dans la pensée »[1]. Nous retrouvons ici le terme « exercice » dans le sillage de Pierre Hadot dont Foucault avait soutenu l'élection au Collège de France en 1982. Foucault revendique l'ascèse contre le « moment cartésien » où le philosophe a cru qu'il pourrait accéder à la vérité sans modifier son être de sujet[2]. C'est cette coupure entre la connaissance du vrai et le travail sur soi que Spinoza est selon lui le dernier philosophe moderne à conjurer dans le *Traité de la réforme de l'entendement*[3]. Et c'est encore elle que Foucault lui-même tente d'effacer en redéfinissant sa propre pratique de la philosophie en termes d'exercice et d'ascèse, cette dernière se trouvant alors déterminée comme « l'égarement de celui qui connaît »[4]. Philosopher, ce n'est finalement ni se connaître soi-même ni devenir ce que l'on est, mais s'éloigner de ce que l'on était ou, pour adopter le langage de Foucault, se déprendre de soi-même. Travail sur soi, ascèse donc, dont l'histoire de la morale comme ascétique est l'instrument : comme pour Nietzsche il fallait recourir à l'ascèse généalogique pour interpréter les idéaux ascétiques, pour Foucault seule une autre ascèse généalogique peut rendre raison des transformations de l'ascétique. Mais cela pose inévitablement la question de savoir au juste *de quoi*, en procédant ainsi, outre une certaine conception (doctrinale) de la philosophie, on désire se déprendre, quel infâme on entreprend, en soi, d'écraser.

L'expérience de soi

Une fois observée l'analogie d'ensemble qui autorise à concevoir l'*Histoire de la sexualité* comme une nouvelle généalogie de la morale[5], l'écart majeur saute aux yeux. Il se trouve d'abord bien sûr dans l'objet même qui donne son titre à l'ouvrage : la « sexualité ». Nous avons eu l'occasion de voir comment Nietzsche, fils de pasteur, transférait

1. M. Foucault, *L'usage des plaisirs*, dans *Œuvres*, *op. cit.*, introd., t. I, p. 744.

2. Voir *supra*, chap. II, p. 137, note 2 et chap. III, p. 182-183.

3. M. Foucault, *Le courage de la vérité*, *op. cit.*, p. 217-218. La référence est d'autant plus notable que Foucault cite rarement Spinoza.

4. M. Foucault, *L'usage des plaisirs*, *op. cit.*, introd., I, p. 744.

5. M. Foucault, « Une esthétique de l'existence », dans *Dits et écrits*, *op. cit.*, t. II, p. 1550.

la « décharge » au cœur même du réel tragique, tout en en rejetant l'écume érotique sur les bords de la généalogie où elle ne subsistait guère qu'à l'état d'euphémismes. Chez Foucault, en un sens, il ne s'agit plus au contraire d'autre chose et le plaisir devient le prisme à travers lequel devient possible une histoire de la « sexualité », une histoire inédite des modes de subjectivation qui se noue autour du rapport à soi comme « sujet » capable de relations érotiques. Si l'on veut, une « histoire de l'érotisme », mais en un tout autre sens que ce qu'avait tenté Bataille sous ce nom en 1951[1] : ici, nulle grandiose histoire universelle dans laquelle s'inscrirait la recherche du plaisir dans la transgression, contre la sexualité animale d'un côté, contre le travail humain de l'autre, mais l'étude méticuleuse des rapports que, dans le monde gréco-romain, l'individu a établis avec les règles mouvantes censées gouverner ses pratiques amoureuses.

Mais il faut aussitôt ajouter que pour Nietzsche, fils de son temps, sous le nom inédit d'« ascétisme », l'inquiétant mystère qu'il s'agissait d'élucider, c'était le vouloir-souffrir, la possibilité de trouver la jouissance *dans la douleur*, et ce mystère trouvait sa solution dans le retournement thérapeutique de la volonté de puissance *contre* elle-même. Freud et Bataille n'ont jamais cessé de conserver cette énigme en ligne de mire, en traitant du masochisme ou de l'angoisse. Or elle n'a tout simplement aucune place dans l'enquête de Foucault : par la force des choses, *Les aveux de la chair* s'intéressent aux multiples renoncements que s'inflige le pénitent, mais que celui-ci y trouve éventuellement du plaisir, cela n'entre pas un instant en ligne de compte. Et quand il arrive à Foucault de traiter explicitement du « sado-masochisme », c'est comme de pratiques visant à créer du plaisir en parodiant les structures du pouvoir sans qu'il soit question de la douleur pourtant liée audit plaisir[2]. De la grande prémisse utilitariste qui avait motivé *a contrario* l'invention même du concept d'ascétisme, deux cents ans plus tard, il ne reste rien. Elle ne constitue plus un enjeu. Il est au reste frappant de voir Foucault, dans la toute dernière leçon qu'il a donnée au Collège de France, le 28 mars 1984, se référer à la généalogie nietzschéenne de l'ascétisme *pour la récuser* :

1. *L'histoire de l'érotisme* est le titre d'une version publiée à titre posthume de *L'érotisme* ; on peut la lire au tome VIII des *Œuvres complètes*.

2. M. Foucault, « Michel Foucault, une interview : sexe, pouvoir et la politique de l'identité », trad. fr. F. Durand-Bogaert, dans *Dits et écrits*, *op. cit.*, t. II, p. 1562.

> L'ascétisme a été une invention de l'Antiquité païenne, de l'Antiquité grecque et romaine. Il n'y a donc pas à opposer la morale non ascétique de l'Antiquité païenne à la morale ascétique du christianisme. Il n'y a pas non plus, je pense, à caractériser, à la manière de Nietzsche si vous voulez, un ascétisme ancien, celui de la Grèce violente et aristocratique, à une autre forme d'ascétisme qui séparerait l'âme du corps [1].

On discerne ici le geste par lequel Foucault entend se démarquer de son illustre prédécesseur : il est vrai qu'il y eut une ascétique gréco-romaine antérieure au christianisme, mais il est faux qu'elle se soit définie dans le cadre d'une morale guerrière, accueillant favorablement la volonté de puissance. Il n'est pas plus question de puissance que du plaisir dans la douleur – mais alors de quoi au juste ?

Et si la question revient, il nous faut aussi revenir aux usages terminologiques précis que fait Foucault pour historiciser ce qu'il appelle parfois encore l'« expérience de soi » [2] – une expérience tout autre que celle invoquée par Bataille et étrangère à toute mystique, mais une « expérience » quand même car ce qui demeure, c'est le refus de s'enfermer dans un concept théoriciste de philosophie. Même en privilégiant l'œuvre publiée de son vivant ou du moins qu'il avait l'intention de publier, c'est-à-dire les tomes II, III et IV de l'*Histoire de la sexualité* [3], on observe que ces usages sont eux-mêmes multiples. Le premier d'entre eux et le plus important sans doute, le plus général assurément, est celui dont nous avons déjà parlé et qui se trouve thématisé dans l'introduction à *L'usage des plaisirs* où « ascétique » nomme l'analyseur en fonction duquel doit devenir possible une autre histoire de la morale ; en ce sens, l'ascétique s'oppose au « code » et elle tend à désigner la morale comme « rapport à soi », « pratique de soi », « mode de subjectivation » [4]. Mais force est de constater que par la suite, cet emploi large tend à s'effacer.

1. M. Foucault, *Le courage de la vérité*, *op. cit.*, p. 294.

2. Par exemple, M. Foucault, *Les aveux de la chair*, Paris, Gallimard, 2018, p. 99.

3. Quel que soit l'intérêt considérable des cours au Collège de France désormais accessibles à tous, il paraît en effet de bonne méthode de ne pas leur accorder le même statut qu'aux ouvrages dont Foucault avait prévu la publication.

4. M. Foucault, *L'usage des plaisirs*, *op. cit.*, introd., III, p. 761.

C'est en un sens plus restreint que Foucault parle d'« ascétique » (souvent entre guillemets) et use souvent aussi du terme grec translittéré *askêsis* (en italique) pour désigner « la constitution des *aphrodisia* comme domaine de souci moral » sous l'angle de l'« *enkrateia* », c'est-à-dire le rapport agonistique à soi ou les exercices à proprement parler par lesquels on apprend à se maîtriser soi-même dans la Grèce classique [1] ; l'ascétique s'oppose alors à l'ontologie, à la déontologie et à la téléologie qui désignent les divers plans en fonction desquels se construit l'« usage des plaisirs ». Le mot retrouve ainsi son sens propre et il faut l'entendre strictement, comme ce qui est de l'ordre de l'exercice, de l'entraînement dont l'athlète est la figure archétypique [2] – c'est pourquoi Foucault emploie fréquemment dans ce cadre la translittération du terme grec.

Mais on rencontre également plus loin l'« ascétisme philosophique » : il s'agit alors de désigner l'érotique socratique, c'est-à-dire la stylisation de la pédérastie comme accès commun à la vérité [3]. *Le souci de soi*, assez étrangement de prime abord, n'utilise plus le terme que très parcimonieusement, à deux reprises, dans le second chapitre intitulé la « culture de soi » où il se réfère aux exercices d'abstinence et de maîtrise que le sujet moral hellénistique s'impose et dont s'emparera plus tard le « mouvement ascétique chrétien » [4]. En revanche, lorsque ce dernier devient l'objet de l'enquête, dans *Les aveux de la chair*, le terme opère un retour massif sans pour autant que Foucault s'y arrête terminologiquement : il renvoie à toutes les pratiques de renoncement auxquelles doit satisfaire le chrétien en vue du salut et ce sens étant celui qui nous est familier – celui, disait Nietzsche, qui signe le triomphe du prêtre –, il ne paraît pas utile de l'employer avec précaution et de le mettre entre guillemets. Il convient d'ailleurs de noter que Foucault n'emploie alors plus le substantif « ascétique », mais seulement l'adjectif, de même qu'il évite le signifiant grec « *askêsis* », au profit d'« ascèse »

1. *Ibid.*, chap. I, introd., p. 767 et sct. III, p. 795 et tout le § 5, p. 800-805.

2. Dans *Les aveux de la chair*, Foucault dit à propos du combat spirituel pensé sur le modèle de l'épreuve athlétique : « ascèse au sens strict » (II, 3, p. 226). Voir aussi *Du gouvernement des vivants. Cours au Collège de France, 1979-1980*, Paris, Gallimard-Seuil, 2012, p. 240 et *L'herméneutique du sujet*, *op. cit.*, p. 307-308.

3. M. Foucault, *L'usage des plaisirs*, *op. cit.*, chap. IV, sct 2, p. 924 et chap. V, p. 937, 949 et 951.

4. M. Foucault, *Le souci de soi*, dans *Œuvres*, *op. cit.*, t. II, chap. II, p. 1006 et 1030-1031.

et « ascétisme » : de l'ascétique, on est passé à l'ascétisme – dans l'ordre de la découverte, on peut penser que ce fut l'inverse, la réflexion sur l'ascétisme chrétien avait reconduit à l'*askêsis*.

Le recensement est un peu fastidieux, mais il atteste une grande instabilité qui affecte trois plans distincts et qui ne peut pas ne pas retenir l'attention *puisqu'elle met en jeu le sens même de toute l'entreprise* pour autant que celle-ci se définit comme une histoire de l'« ascétique » :

a) instabilité du *signifiant* lui-même puisque Foucault emploie comme substantifs « ascétique », « *askêsis* », « ascétisme » et « ascèse », avec diverses précautions typographiques, sans qu'il soit possible de superposer à chacun de ces termes une référence univoque ;

b) instabilité de la *référence*, en effet, puisque « ascétique » peut s'entendre en un sens large (expérience de soi) ou en un sens restreint (exercice sur soi) ; puisque « ascétique » (entre guillemets) et « *askêsis* » s'avèrent interchangeables ; puisque l'« ascétisme », quand il est qualifié de « philosophique », peut désigner l'accès platonicien à la vérité et ne se trouve donc pas réservé aux pratiques chrétiennes de renoncement ;

c) instabilité de la *fréquence*, enfin, puisque le terme tend à disparaître dans *Le souci de soi*, où il est pourtant beaucoup question des exercices stoïciens ou cyniques, avant de refaire surface dans *Les aveux de la chair*.

Tout se passe donc comme si Foucault ne parvenait pas à *fixer* l'usage du terme, ou plutôt des termes, dont les fluctuations intriguent. Celles-ci doivent alors être mises en regard des multiples paraphrases au moyen desquelles, à la fois, il *explicite* ce qu'est l'« ascétique » en son sens le plus général, mais se donne aussi, du même coup, les moyens d'*éviter* le mot. La plus importante d'entre elles est la « constitution du sujet moral » ou, pour être plus précis, « la manière dont les individus sont appelés à se constituer comme sujets de conduite morale »[1] ; les nombreuses variantes de cette formule capitale composent comme le leitmotiv de l'enquête. Mais la paraphrase peut aussi se décliner sous des formes historiquement circonscrites. C'est ainsi que le rapport à soi élaboré en Grèce

1. M. Foucault, *L'usage des plaisirs*, *op. cit.*, introd., III, p. 761.

peut être désigné comme une « esthétique de l'existence »[1] ou une « esthétique de la conduite »[2] ou encore une « stylistique de l'existence »[3] : ces diverses expressions suggèrent un rapport à soi qui s'élabore sous le signe de la forme, de l'équilibre et de l'harmonie, ce qui explique qu'elles soient tout à fait absentes des *Aveux de la chair* où la négativité du renoncement écarte d'emblée tout horizon de ce genre. C'est bien sûr enfin le caractère artiste de ce rapport à soi en vertu duquel chacun est à lui-même sa propre matière[4] qui trouvera sa forme moderne dans l'« ascétisme du dandy », dont la vocation consiste à « s'inventer lui-même » dans le sillage des nouvelles Lumières où Nietzsche voyait une injonction à être par soi-même[5]. Ici, on voit se profiler le moment, toujours virtuel, où l'« histoire de l'"éthique" »[6] se transforme en *recherche* d'une éthique... Car il est patent que la scansion des moments suggère la quête, sinon d'un modèle, du moins du site où puisse se loger une extériorité morale autorisant la critique, le lieu d'un retrait possible en deçà des injonctions du « pouvoir »[7].

Ascétique *versus* code

Mais il ne faut pas aller trop vite. Et l'on doit toujours revenir à l'introduction générale qui ouvre *L'usage des plaisirs*. Comme nous l'avons vu, l'ascétique, en son sens le plus étendu, qu'elle se détermine comme esthétique de l'existence, renoncement à soi ou invention de soi-même, se définit initialement par rapport au « code » : dans la terminologie de Foucault, un code, c'est un ensemble d'« interdits » et de « prescriptions » qui s'avère d'autant plus satisfaisant qu'il s'ajuste au maximum de cas possibles. « Interdit » était précisément le terme par lequel Bataille dissociait l'érotisme de la sexualité et

1. À s'en tenir toujours à l'*Histoire de la sexualité*, le syntagme apparaît au début de *L'usage des plaisirs*, *op. cit.*, introd., I, p. 746 (« la longue histoire de ces esthétiques de l'existence et de ces technologies de soi ») et figure encore dans *Le souci de soi*, *op. cit.*, chap. V, sct. 3, concl., p. 1134 (« l'universalité sans loi d'une esthétique de l'existence »).

2. M. Foucault, *Le souci de soi*, *op. cit.*, chap. VI, introd., p. 1139.

3. *Ibid.*, chap. V, introd., p. 1101.

4. Voir le texte de saint Nil cité dans *Les aveux de la chair*, *op. cit.*, I, 4, p. 124 qui fait irrésistiblement songer à Nietzsche, *PBM*, § 225.

5. « Qu'est-ce que les Lumières ? », dans *Œuvres*, *op. cit.*, t. II, p. 1389. Voir *supra*, chap. II, p. 90.

6. M. Foucault, *L'usage des plaisirs*, *op. cit.*, introd., III, p. 762 ou concl., p. 954.

7. Un des développements les plus clairs à cet égard se trouve dans l'œuvre ésotérique, en l'occurrence dans la leçon du 9 mars 1983 : M. Foucault, *Le gouvernement de soi et des autres. Cours au Collège de France, 1982-1983*, Paris, Gallimard-Seuil, 2008, p. 326.

c'est sur ce plan qu'il déployait son enquête : « En un mot, ils [les hommes] se distinguèrent des animaux par le *travail*. Parallèlement, ils s'imposèrent des restrictions connues sous le nom d'*interdits* », lesquels eurent pour objet l'attitude envers les morts et l'activité sexuelle [1]. Foucault crée un nouvel espace d'investigation. Le code est du même côté (le mauvais) que la loi. De même qu'il fallait combattre, sur le terrain de l'histoire politique, la surévaluation de l'appareil terminologique constitué par la loi, l'obéissance, la souveraineté, de même il faut désormais combattre, sur le terrain de l'histoire morale, la surévaluation de l'appareil terminologique constitué par le code, le devoir et l'interdit. Les procédures ascétiques sont l'analogue des procédures disciplinaires. Tel est le puissant motif qui conduit à déplacer l'analyse sur ce nouveau registre, celui des pratiques en fonction desquelles se constitue le sujet moral qui fait siennes les injonctions du code : le rapport à l'interdit n'est pas d'abord la violence de la transgression, mais la technique d'appropriation. Et de toute évidence, l'une des grandes certitudes qui vertèbre l'entreprise, c'est qu'il en résulte *un dédoublement de l'historicité morale* : le temps du code n'est pas celui de l'ascétique. De là la possibilité de scander tout autrement la séquence conduisant de Xénophon à Augustin. En effet, dès lors qu'il y a *deux* histoires enchevêtrées, la question que doit se poser l'historien lorsqu'il observe une transformation doit être : *qu*'est-ce qui change ? Le changement se joue-t-il au niveau du code ou de l'ascèse ?

Or, si l'on pose le problème ainsi, on rencontre ce qui constitue le fil conducteur de l'enquête : là où on décrivait les transformations du discours moral dans les termes d'une sévérité accrue du code, il faut en réalité discerner des métamorphoses proprement « éthiques », c'est-à-dire qui affectent le rapport à soi. Il convient alors d'opposer la stabilité du code à la labilité de l'ascèse. Les prohibitions peuvent demeurer identiques alors que les pratiques de soi se modifient. On peut, par exemple, aisément repérer des continuités entre la thématisation de la virginité par la médecine gréco-romaine des premiers siècles de notre ère et celle qui se rencontre dans le traité de Basile d'Ancyre au IVe siècle ; mais on commettrait un grave contresens si l'on en inférait que l'éthique chrétienne avait précédé le christianisme, car on s'en tiendrait ainsi aux « éléments de code » et on manquerait « les différences fondamentales touchant au type

1. G. Bataille, *L'érotisme*, part. I, chap. I, dans *OC*, t. X, p. 34.

de rapport à soi et donc à la forme d'intégration de ces préceptes dans l'expérience que le sujet fait de lui-même »[1]. C'est précisément là que se loge l'écart réel entre morale païenne et morale chrétienne. Si on reste rivé au code, on ne peut voir dans la seconde qu'une version plus stricte de la première et l'on se condamne à appréhender le devenir du discours moral « en termes de "sévérité", d'austérité, de rigueur plus grande dans l'interdit », de telle manière que l'on en rate les « transformations capitales »[2]. En se situant sur le plan de l'éthique, on se donne au contraire les moyens de saisir les « différences fondamentales » ou les « transformations capitales ». Du même coup, on écarte la téléologie inscrite dans la représentation commune d'une « rigueur plus grande », exactement comme, vingt ans plus tôt, la *Naissance de la clinique* écartait l'« interprétation minimale du changement » qui concevait l'histoire de l'anatomie comme un simple « progrès de l'observation » où le sujet et l'objet de la connaissance se seraient rapprochés peu à peu l'un de l'autre tout en demeurant ce qu'ils sont parce qu'on aurait levé l'interdit de l'autopsie[3]. La sévérité accrue du christianisme est à l'histoire de la sexualité le même obstacle historiographique qu'était l'ajustement plus fidèle du regard à l'histoire de la médecine. La morale chrétienne n'est pas moins « tolérante »[4], de même que l'anatomie moderne n'était pas plus « vraie » – de même encore que la pénalité moderne n'était pas plus « humaine »[5] : le moins qu'on puisse dire, c'est que Foucault avait de la suite dans les idées ! Toutefois, la description du changement a elle-même changé : elle n'est plus de l'ordre d'un « événement » affectant la disposition du savoir en à peine quarante ans[6] et Foucault insiste sur son caractère graduel et lent : « ce n'est pas seulement le code qui a été renforcé, ni les rapports sexuels plus strictement réprimés ; c'est un autre type d'expérience qui *peu à peu* se forme »[7]. Le langage du plus et du moins retrouve ainsi une

1. M. Foucault, *Le souci de soi*, *op. cit.*, chap. IV, sct. 4, § 4, p. 1097-1098.

2. M. Foucault, *Les aveux de la chair*, *op. cit.*, I, 1, p. 49.

3. M. Foucault, *Naissance de la clinique. Une archéologie du regard médical*, dans *Œuvres*, *op. cit.*, t. I, chap. VIII, p. 825-826.

4. M. Foucault, *L'usage des plaisirs*, *op. cit.*, chap. IV, sct. 1, p. 902, à propos de la pédérastie : « Quant aux notions de "tolérance" ou d'"intolérance", elles seraient, elles aussi, bien insuffisantes pour rendre raison de la complexité de tels phénomènes ».

5. M. Foucault, *Surveiller et punir*, part. II, chap. I, dans *Œuvres*, *op. cit.*, t. II, p. 354 : « "Humanité" est le nom respectueux donné à cette économie et à ses calculs minutieux ».

6. M. Foucault, *Naissance de la clinique*, *op. cit.*, chap. VIII, p. 813 et 826.

7. M. Foucault, *Les aveux de la chair*, *op. cit.*, I, 1, p. 49 ; je souligne.

légitimité qui lui avait été refusée jadis et on voit bien qu'il s'agit de lui faire sa place, sans pour autant réintroduire la finalité et ses « justifications rétrospectives »[1].

Cette appréhension quantitative ou graduelle du changement opère encore à un niveau plus fin, lorsqu'il s'agit de décrire le passage de l'âge classique à la culture hellénistique de soi. On se trouve ici « dans l'ordre des évolutions lentes »[2]. Les premiers siècles de notre ère ne voient guère surgir d'« interdits nouveaux » qui témoigneraient d'un « resserrement du code » ; en revanche, ils attestent une plus grande « insistance sur l'attention qu'il convient de s'accorder à soi-même », une « intensification du rapport à soi par lequel on se constitue comme sujet de ses actes »[3]. Or, lorsqu'il s'agit de diététique, Foucault prend soin de réutiliser le même terme : les « principes généraux » qui commandent le souci de son propre corps impliquent maintenant un « encadrement *plus* serré » et une attention « *plus* constamment vigilante », donc une « intensification », mais celle-ci s'oppose cette fois à tout « changement radical », ce qui signifie que le corps, s'il fait l'objet d'une « inquiétude *croissante* », ne se trouve pas pour autant disqualifié[4]. La transformation graduelle ascétique ne s'oppose alors plus seulement à la permanence du code, mais aussi à une autre transformation graduelle ascétique qui sera plus « radicale » (ou « fondamentale » ou « capitale »), à savoir celle qu'opérera l'ascétisme chrétien. Dans la conclusion, Foucault réitérera cette affirmation[5], mais pour ajouter aussitôt que « ce n'est pas seulement un souci *plus* grand pour le corps », mais « aussi une *autre* manière d'envisager l'activité sexuelle » (je souligne) : ici se dit un véritable saut qualitatif. Et cela renvoie au fait que, d'un côté, il faut différencier trois modèles – platonicien, hellénistique, chrétien –[6],

1. M. Foucault, *Naissance de la clinique*, *op. cit.*, chap. VIII, p. 813.

2. M. Foucault, *Le souci de soi*, *op. cit.*, chap. I, *in fine*, p. 1001.

3. *Ibid.*, chap. II, p. 1004.

4. *Ibid.*, chap. IV, introd., p. 1061 ; je souligne.

5. Il évoquera alors « une inquiétude *plus* intense, une définition *plus* étendue et *plus* détaillée des corrélations entre l'acte sexuel et le corps, une attention *plus* vive à l'ambivalence de ses effets et à ses conséquences perturbatrices », *ibid.*, p. 1178-1179 ; je souligne.

6. M. Foucault, *L'herméneutique du sujet*, *op. cit.*, p. 247. D'où, après tout, la tripartition des volumes II-III-IV tels qu'ils se présentent matériellement à nos yeux aujourd'hui.

mais que, d'un autre côté, l'écart principal continue de passer entre l'« Antiquité grecque ou gréco-romaine »[1] et l'Antiquité chrétienne.

Mais lorsque Foucault fait jouer cette dernière opposition dans l'introduction à *L'usage des plaisirs*, c'est pour désigner une mutation qui se joue encore à un autre niveau : il ne faudrait pas non plus, en effet, *sous-évaluer* l'historicité du code. Dans toute morale, il entre du code *et* de l'ascèse, mais la proportion, ce que Foucault appelle l'« accent », est variable. Or ce qui caractérise les morales de l'« Antiquité grecque ou gréco-romaine », c'est qu'y prédomine la seconde. Ce qui caractérise, par exemple, la fidélité conjugale chez Musonius, c'est qu'elle « se définit moins par rapport à une loi que par le style de rapport avec l'épouse »[2]. Ainsi encore, ce qui distingue la valorisation préchrétienne de la virginité, c'est qu'elle « n'avait pas une structure d'interdit »[3]. Par conséquent, on assiste, avec le christianisme, à quelque chose qu'il faut appeler « codification », c'est-à-dire emprise supérieure du code. Cela s'observe de manière exemplaire dans le cas des rapports conjugaux où, en contradiction avec la discrétion, sinon la pudeur, gréco-romaine, interdits et prescriptions vont entrer dans le détail de ce qu'il est permis ou défendu de faire entre mari et femme ; c'est pourquoi Foucault peut écrire qu'avec le *De bono conjugali* d'Augustin se « constitue un code extrêmement complexe de la sexualité conjugale »[4]. C'est le même terme « codification » qu'il faut employer pour appréhender « l'organisation du système pénitentiel du début du XIIIe siècle à la Réforme »[5]. Dans ce cas, il est clair que ce qui se modifie graduellement, c'est *le code lui-même* dans son rapport à l'ascétique.

Ascétique *versus* idéologie

Si l'écriture tardive de Foucault tend vers une sobriété elle-même ascétique, on voit que le montage narratif acquiert une complexité supérieure. Mais la question du rapport entre l'interdit et l'ascèse n'en est qu'un aspect, car toute action morale ne comporte pas seulement un rapport au code et un rapport à soi, mais aussi un « rapport au réel où elle s'effectue »[6]. On ne s'en étonnera pas si l'on

1. M. Foucault, *L'usage des plaisirs*, *op. cit.*, introd., III, p. 763.
2. M. Foucault, *Le souci de soi*, *op. cit.*, chap. V, sct. 2, § 2, p. 1123.
3. M. Foucault, *Les aveux de la chair*, *op. cit.*, II, 2, p. 200.
4. M. Foucault, *Le souci de soi*, *op. cit.*, chap. V, sct. 3, p. 1132 et *Les aveux de la chair*, *op. cit.*, III, 2, p. 322.
5. M. Foucault, *L'usage des plaisirs*, *op. cit.*, introd., III, p. 762.
6. M. Foucault, *L'usage des plaisirs*, *op. cit.*, p. 761.

se souvient que Foucault avance depuis longtemps sur *deux* fronts : contre la loi et ce qu'on appela un temps l'« idéologie juridique », certes, mais aussi contre le concept même d'« idéologie » [1] – contre les héritiers de Hobbes et contre ceux de Marx. On a souvent commenté la discussion avec Marx, mais en considérant que celle-ci prenait fin vers 1975-1976. Pierre Macherey, dans *Le sujet des normes*, consacre une formidable analyse, fine et serrée, au retour périodique de l'idéologie jusqu'à *Sécurité, territoire, population* inclus, mais bifurque subitement pour suivre d'autres pistes en vue de réactiver positivement le concept [2]. De même, Étienne Balibar propose une périodisation très suggestive du rapport de Foucault à Marx, qu'il conclut en déclarant qu'avec « *Il faut défendre la société* », « Foucault n'a plus besoin de s'expliquer avec Marx » car « fondamentalement, c'est fini » [3] ; il ajoute à la page suivante, de manière un peu allusive, que « tout congé comporte des traces, pour ne pas dire des traumatismes ». Dans les dossiers consacrés à la confrontation des deux auteurs [4], on peut s'aventurer jusqu'à la biopolitique, la gouvernementalité et la subjectivation, mais en laissant hors champ l'*Histoire de la sexualité* dont l'ascétique constitue justement le seuil. Il saute pourtant aux yeux que la discussion avec Marx n'a *jamais* cessé. Foucault lui-même en était parfaitement conscient et il déclare le 30 janvier 1980 :

> Ce refus de l'analyse idéologique, j'y ai insisté bien des fois. J'y suis revenu pratiquement, je crois, dans chaque cours que j'ai fait chaque année (ça ne doit pas faire moins de neuf ou dix ans maintenant), et je voudrais tout de même y revenir encore une fois [...] [5].

1. Ainsi que l'avait déjà justement remarqué Étienne Balibar dans « Foucault et Marx. L'enjeu du nominalisme » (dans *La crainte des masses*, Paris, Galilée, 1997, p. 282), où il évoquait un combat avec Marx « coextensif à toute l'œuvre de Foucault, et l'un des ressorts essentiels de sa productivité [...] ».

2. P. Macherey, *Le sujet des normes*, IV, Paris, Amsterdam, 2014, p. 214-242.

3. É. Balibar, « Un point d'adversité : l'Anti-Marx de Michel Foucault », dans *Passions du concept*, Paris, La Découverte, 2020, p. 171 (l'article avait été publié une première fois en 2015).

4. Voir « Marx et Foucault », *Actuel Marx* 36, 2004, et C. Laval, L. Paltrinieri et F. Taylan (dir.), *Marx & Foucault. Lectures, usages, confrontations*, Paris, La Découverte, 2015.

5. M. Foucault, *Du gouvernement des vivants*, *op. cit.*, p. 74. Philippe Büttgen a justement noté l'importance de cette déclaration : « Aveu et confession », dans P. Büttgen *et al.* (dir.), *Foucault, les Pères, le* sexe, Paris, Éditions de la Sorbonne, 2021, p. 99.

Il y reviendra encore dans le cours de l'année suivante [1] et dans celui de 1982-1983 [2]. Lorsque l'introduction à *L'usage des plaisirs* valorise le rapport à soi contre le rapport au réel, c'est toujours de cela qu'il s'agit : pas plus dans cette nouvelle entreprise que dans les précédentes, il ne s'agira d'analyser les sociétés et leurs « idéologies » (les guillemets sont de Foucault), mais plutôt les « problématisations à travers lesquelles l'être se donne comme pouvant et devant être pensé et les pratiques à partir desquelles elles se forment » [3] – c'est-à-dire l'ascétique. En cours de route, le volume suivant éprouvera le besoin de réaffirmer que « l'importance nouvelle du mariage et du couple et une certaine redistribution des rôles politiques » peuvent expliquer le rééquilibrage du rapport à soi, mais sans que celui-ci en soit l'« expression dans l'ordre de l'idéologie » : il faut plutôt y voir « une réponse originale sous la forme d'une nouvelle stylistique de l'existence », réponse qui se présente encore comme une « nouvelle problématisation du rapport à soi » [4]. Si le problème de Foucault quand il réinventa l'ascétique ne fut pas le problème de Nietzsche, il fut sans doute un peu celui de Marx. Et bien sûr celui d'Althusser, qui avait précisément soutenu que l'on ne trouvait pas chez Marx de théorie de l'idéologie et qu'il appartenait par conséquent à ses héritiers de la constituer [5].

L'*Histoire de la sexualité* poursuit donc explicitement la discussion : l'irritante (mais aussi stimulante) difficulté de savoir comment nouer au « réel » les discours que l'on étudie revient – et comment ne reviendrait-elle pas ? – et elle trouve sa solution, si c'en est une, dans la promotion du concept de « problème » [6]. Il ne faut ni renoncer paresseusement à cette articulation, ni la concevoir en termes d'« expression », comme si le discours ne faisait rien d'autre que traduire ou transposer, plus ou moins mécaniquement et plus ou moins fallacieusement, les contraintes prédiscursives ; il faut se demander comment quelque chose devient un problème qui exige que

1. M. Foucault, *Subjectivité et vérité. Cours au Collège de France, 1980-1981*, Paris, Gallimard-Seuil, 2014, p. 242-245.

2. M. Foucault, *Le gouvernement de soi et des autres*, *op. cit.*, p. 4 et 285.

3. M. Foucault, *L'usage des plaisirs*, *op. cit.*, introd., III, p. 746-747.

4. M. Foucault, *Le souci de soi*, *op. cit.*, chap. III, introd., p. 1032.

5. L. Althusser, « Idéologie et appareils idéologiques d'État », dans *Positions (1964-1975)*, Paris, Éditions sociales, 1976, p. 111.

6. Voir aussi l'interview de 1984 : M. Foucault, « Polémique, politique et problématisations », dans *Dits et écrits*, *op. cit.*, t. II, p. 1416-1417.

l'on en discute ou au contraire cesse de l'être, et aussi selon quelles modalités précises on en discute. Le premier chapitre de *L'usage des plaisirs* a pour fin de circonscrire le « champ de problématisation » des *aphrodisia*, c'est-à-dire quelle forme spécifique a prise chez les Grecs l'interrogation morale dont l'objet se nommait ainsi. Et de même que la saisie de cette spécificité commandait l'éviction d'une analyse en termes de « tolérance », elle exige le refus d'une description qui rapporterait le discours classique sur les *aphrodisia* à la justification d'un certain état des rapports sociaux. Il faut plutôt se demander comment certaines transformations sociales conduisent, par exemple, à s'arrêter sur les rapports entre époux non pas « à partir de leur relation personnelle », mais en fonction du sexe et du statut [1]. Ou comment l'amour des garçons « a donné lieu à une problématisation morale singulièrement complexe » [2]. L'ascétique s'élabore dans cet écart au réel.

Bien sûr, on ne peut pas en rester aux déclarations de principe et il faudrait se demander où se rencontrent réellement le rapport au réel et le rapport à soi – et se demander aussi, et d'abord, *de quel « réel » il s'agit*. D'un côté, les textes étudiés ne valent guère comme témoignages des pratiques effectives qui ont pu avoir lieu : les textes d'Isocrate ou d'Aristote sur la fidélité conjugale ont pu être « très éloignés de la véritable pratique sociale et du comportement réel des individus », mais cela ne diminue en rien leur intérêt pour une histoire de l'éthique qui se demande sous quelle forme le « problème » habite les textes considérés [3]. Inversement, on peut admettre qu'en ce qui concerne la pédérastie dans le monde romain des premiers siècles, le problème tend à s'effacer sans que cela signifie qu'il en aille de même de la « chose » [4]. On assiste donc à une déconnexion virtuelle des pratiques de soi problématisées dans la réflexion morale et des pratiques ayant de fait eu cours. Ce à quoi on s'attache, ce n'est pas à la question de savoir si les Grecs de l'époque classique ont été fidèles ou non à leurs épouses, mais pourquoi ils ont éprouvé le besoin d'y réfléchir. Ce n'est pas à la question de savoir si les Romains ont moins aimé les garçons, mais pourquoi ils ont cessé d'éprouver le besoin d'en discuter. On tombe alors sur l'autre aspect

1. M. Foucault, *L'usage des plaisirs*, *op. cit.*, chap. III, *in fine*, p. 898.
2. *Ibid.*, chap. IV, sct. 1, p. 905.
3. *Ibid.*, chap. III, sct. 1, p. 865.
4. M. Foucault, *Le souci de soi*, *op. cit.*, chap. VI, introd., p. 1136.

du problème : quelle sorte de « réel » a pu déterminer la position de tels problèmes, si ce ne sont pas les conduites empiriques ? Et le lecteur doit constater que Foucault invoque, à ce niveau de l'analyse, d'une part les « institutions », de l'autre l'« opinion ». C'est l'« institution du mariage » à l'époque classique qui permet aisément de comprendre pourquoi la « problématisation des rapports sexuels entre époux » a pris la forme que peut observer l'historien, non des mœurs, mais de l'ascétique. C'est aussi l'« opinion » – Foucault évite bien sûr de parler d'idéologie – qui attendait d'un homme qui se mariait une certaine attitude sexuelle[1]. Et si les Romains ont été conduits à « dé-problématiser » l'amour des garçons, c'est pour des motifs qui tiennent au « cadre de leurs institutions », à savoir le droit familial et les « modes d'institutionnalisation » de l'enseignement[2]. Une chose est claire : le réel convoqué par Foucault n'a pas grand-chose à voir avec les rapports de production…

Cela dit, la discussion avec Marx se poursuit encore sur un autre plan, où elle ne s'affiche nullement comme telle et où Foucault n'avance pas à front découvert, peut-être parce que c'est là que la difficulté est la plus aiguë. Le refus de l'idéologie faisait évidemment corps avec celui du « sujet » que l'idéologie, selon la célèbre formule d'Althusser qui n'a toujours pas fini de hanter les esprits, constitue en interpellant l'individu[3]. À la fin de *Surveiller et punir*, le lecteur comprenait que la « fiction du sujet juridique » ne devait être considérée que comme une chimère dont l'enquête devait se détourner parce que l'essentiel se jouait *ailleurs*, à savoir dans la matérialité du « dressage » (ou « dressement ») – encore un concept nietzschéen – résultant du « grand continuum carcéral » qui fournissait à l'historien le nouvel objet, « technique et réel », auquel il lui fallait s'attacher[4]. Dans cette perspective, dire que le sujet du contrat social était une « fiction » ou une « chimère », ce n'était pas simplement le dénoncer comme un codage bourgeois nécessitant un consciencieux déchiffrement, c'était l'écarter comme un leurre, une *diversion qui engageait la critique elle-même sur une*

1. M. Foucault, *L'usage des plaisirs*, *op. cit.*, chap. III, sect. 1, p. 862 et 865. De même, *Subjectivité et vérité* posait la question « naïve » du rapport avec le « réel » à propos du mariage pour la déclarer mal posée et s'attachait aux transformations de « l'institution matrimoniale » (p. 206 q.).

2. M. Foucault, *Le souci de soi*, *op. cit.*, chap. VI, introd., p. 1136-1137.

3. L. Althusser, « Idéologie et appareils idéologiques d'État », art. cit., p. 126 *sq.*

4. M. Foucault, *Surveiller et punir*, *op. cit.*, IV, 3, p. 607-608.

fausse piste. La critique par l'idéologie orientait le regard vers sa réfraction représentative, ce qui se passe « dans la tête des gens » ; en revanche, la critique par la technologie montrait comment les relations de pouvoir se jouent à même le corps, lequel se trouve « directement plongé dans un champ politique » et donne lieu à une prise « immédiate » [1]. Certes, Althusser avait lui-même pris ses distances avec le concept naïf d'idéologie, en soutenant que celle-ci n'existe que dans des pratiques et en se référant à son tour à l'efficace inhérente aux pratiques mise en évidence par Pascal [2] ; mais Foucault n'en a cure. Ce qui lui importe alors, c'est de retrouver la matérialité des technologies de pouvoir en court-circuitant l'intermédiaire idéologique, lequel embourbait inévitablement à ses yeux l'historien dans une intériorité toujours encore « psychologique », au sens le plus péjoratif du terme. Pour le dire simplement, ce qu'il faut penser, c'est l'« assujettissement » et non l'« obéissance » [3], mais il faut le penser au-delà du couple violence/idéologie mis en place par Althusser : « Cet assujettissement n'est pas obtenu par les seuls instruments soit de la violence soit de l'idéologie : il peut très bien être direct, physique [...] » [4]. Or la technologie ne produit pas du sujet à partir de l'individu – ce qui pose le redoutable problème de savoir ce qu'il en est de cet individu qui semble préexister à son interpellation. Elle produit au contraire l'*individu lui-même* : à la fiction juridique du sujet, il faut substituer l'individu comme « réalité fabriquée par cette technologie spécifique de pouvoir qu'on appelle la "discipline" » [5]. De sorte qu'à la limite, il faut renverser littéralement la formule d'Althusser et dire que le problème, c'est de comprendre comment le pouvoir fait du sujet un « individu », c'est-à-dire comment il individualise, quels « mécanismes individualisants » il met en œuvre [6].

1. M. Foucault, *Surveiller et punir*, *op. cit.*, I, 1, p. 286.

2. L. Althusser, « Idéologie et appareils idéologiques d'État », art. cit., p. 118-121. Voir *supra*, chap. II, p. 112.

3. M. Foucault, *« Il faut défendre la société ». Cours au Collège de France, 1975-1976*, Paris, Gallimard-Seuil, 1997, p. 24-25.

4. *Ibid.*, p. 287. Comp. avec L. Althusser, « Idéologie et appareils idéologiques d'État », art. cit., p. 98 : « l'Appareil répressif d'État "fonctionne à la violence", alors que les appareils idéologiques d'État *fonctionnent "à l'idéologie"* ».

5. M. Foucault, *Surveiller et punir*, *op. cit.*, III, 2, p. 474.

6. M. Foucault, *Sécurité, territoire, population. Cours au Collège de France, 1977-1978*, Paris, Gallimard-Seuil, 2004, p. 237, à propos de « l'individualisation de l'homme occidental » : « Il faut devenir sujet pour devenir individu (en tous les sens du mot

De Charybde en Scylla ! En procédant ainsi, Foucault s'épargnait, sans doute, les difficultés tenant au détour idéologique, mais il en rencontrait aussitôt l'envers. Si l'individu est un pur « effet de pouvoir » à travers lequel circule celui-ci [1], il ne lui reste plus, en effet, aucune espèce d'intériorité. C'est un point sans volume. Du même coup, on ne comprend pas vraiment comment de la « résistance » est possible. Aussi bien, quand Foucault se demandait pourquoi, à un moment donné, on s'est ému du cruel spectacle offert par la chaîne des forçats, il répondait que c'est parce que précisément on se trouvait à un moment de mutation technologique qui donna naissance à la voiture cellulaire : mais cela revenait à dire qu'on ne peut s'indigner que d'une technologie de pouvoir *qui ne nous constitue plus*. Ce qui définit un « seuil de tolérance », c'est en réalité le passage à un nouveau type d'exercice du pouvoir et non une simple affaire de « sensibilité » [2]. Pour le dire autrement : Foucault court-circuite si bien l'intériorité aliénée de l'analyse marxiste qu'il jette le bébé avec l'eau du bain et qu'il n'y a plus d'intériorité du tout. Pourtant, de l'intériorité, si fabriquée soit-elle, de fait, *il y en a*. Et pourtant encore, si fabriquée soit elle, il faut qu'elle ne le soit pas *tout à fait* si l'on veut que les « points de résistance » [3] se réfèrent à un minimum, sinon d'autonomie, du moins de *retrait* par rapport à l'emprise des relations de pouvoir dans lesquelles nous sommes toujours déjà pris, mais auxquelles nous devons ne pas être intégralement réductibles, sous peine de devoir *ipso facto* renoncer à toute résistance autre que purement mécanique. Après tout, le généalogiste de la morale en titre, Nietzsche lui-même, n'avait pas esquivé l'obstacle et, refusant de présupposer l'intériorité de l'homme, il avait décrit son *intériorisation*, à savoir le terrible processus à la faveur duquel l'homme avait acquis un volume [4].

"sujet") » (cette remarque figure dans le manuscrit, pas dans le cours même). On pourrait ici ajouter que le sujet juridique simplement « fictif » qu'il convenait d'écarter pour rendre possible une généalogie de la discipline deviendra au contraire le *terminus ad quem* de la généalogie de la sexualité qui nous a été transmise puisque *Les aveux de la chair* s'achèvent sur la transformation augustinienne de l'âme en sujet de désir et en sujet de droit (*op. cit.*, III, 3, p. 344 et 360).

1. M. Foucault, « *Il faut défendre la société* », *op. cit.*, p. 27.

2. Voir l'importante « Postface » par laquelle Michel Foucault répond à Maurice Agulhon en 1980, dans *Dits et écrits*, *op. cit.*, t. II, p. 854-855.

3. M. Foucault, « Précisions sur le pouvoir », dans *ibid.*, p. 633.

4. Nietzsche, *GM*, II, 16 : « die *Verinnerlichung* des Menschen ».

Le concept d'« ascétique » comme histoire du rapport moral à soi apparaît alors comme ce qu'il est aussi : l'ultime réponse de Foucault à Althusser. Elle avait pour objet de creuser l'espace où loger quelque chose comme « du sujet » : « Il s'agissait donc de réintroduire le problème du sujet que j'avais plus ou moins laissé de côté dans mes premières études [...] »[1]. Certes pas le vieux sujet de la cession de droits. Pas non plus le sujet résultant de l'interpellation idéologique. Mais pas non plus l'individu produit par la discipline et encore moins la masse gouvernée par la biopolitique. Le sujet dont il est question est, nous l'avons vu, celui qui « se constitue comme sujet de conduite morale » : *le pronominal est décisif*, il indique quelque chose comme une « auto-subjectivation » par opposition à une « trans-subjectivation »[2]. Bien sûr, il serait naïf de concevoir que l'expérience de soi s'effectuerait comme un empire dans un empire. Mais il ne serait pas juste non plus de la réduire à une détermination hétéronome : la virginité chrétienne s'inscrit dans une « relation au pouvoir de l'autre », mais elle est aussi un « type de rapport à soi »[3] et on ne peut pas déduire celui-ci de celle-là. L'étude des formations de savoir et des systèmes de pouvoir ne suffit pas à comprendre le « sujet »[4]. D'où la nécessité d'accéder à une troisième dimension, de telle sorte que celui-ci retrouve quelque épaisseur. À l'intérieur même de ce qui se présentait jadis comme un simple *point* se creuse un *rapport* :

> C'est peut-être une tâche urgente, fondamentalement, politiquement indispensable, que de constituer une éthique du soi, s'il est vrai après tout qu'il n'y a pas d'autre point, premier et ultime, de résistance au pouvoir politique que dans le rapport de soi à soi[5].

C'est seulement par l'ajout de cette strate que l'on comprend comment est possible de la résistance à un pouvoir *actuel*, et non déjà en voie d'effacement. Mais du même coup, cet être tridimensionnel, il faut lui concéder *de la liberté*. Dans un entretien de 1984 intitulé significativement « L'éthique du souci de soi comme pratique de la liberté », Foucault redéfinissait la relation de pouvoir comme une

1. M. Foucault, « Le retour de la morale », dans *Dits et écrits*, *op. cit.*, t. II, p. 1524.
2. M. Foucault, *L'herméneutique du sujet*, *op. cit.*, p. 206.
3. M. Foucault, *Les aveux de la chair*, *op. cit.*, II, 3, p. 215.
4. M. Foucault, *L'usage des plaisirs*, *op. cit.*, introd., I, p. 740-742.
5. M. Foucault, *L'herméneutique du sujet*, *op. cit.*, p. 241.

relation entre des individus libres susceptibles de résister et d'autres individus libres qui essaient de contrôler les premiers. Le « rapport à soi » abrite une liberté. Et cet écart avec soi-même semble bien *donné*, « venir en premier » [1]. Sans doute cette non-adéquation à soi ne doit-elle pas être trop vite identifiée au pour-soi sartrien qui est ce qu'il n'est pas et qui n'est pas ce qu'il est ; elle est en effet le lieu d'un travail ascétique à exercer sur soi, non la condition d'un libre arbitre en mesure de décider à chaque instant du sens qu'il veut, ou non, donner à la situation contingente où il se trouve. Tout de même, la superposition est tentante … Foucault dit que la résistance originaire « reste supérieure à toutes les forces du processus » et il en tire la conséquence suivante : « Un pouvoir ne peut s'exercer sur l'autre que dans la mesure où il reste à ce dernier encore la possibilité de se tuer, de sauter par la fenêtre ou de tuer l'autre » [2]. Or que disait Sartre à un moment où la torture se pratiquait quotidiennement rue des Saussaies et rue Lauriston ?

> En effet, quelle que soit la pression exercée sur la victime, le reniement demeure libre, il est une production spontanée, une réponse à la situation […]. Elle [la victime] *a décidé* du moment où la douleur devenait insupportable [3].

Le rapprochement est ici inévitable. L'ascétique selon Foucault autorisait la réintroduction d'une liberté héroïque et irréductible dans le point d'application de la discipline. Faut-il dire que finalement, dans sa sourde polémique contre Althusser, il retrouva Sartre à sa manière ? Mais il faudrait alors souligner « à sa manière » : le sujet moral demeurait avant tout l'objet d'une *histoire* des modalités en fonction desquelles il se constitue, histoire parfaitement indifférente à l'auteur de *L'être et le néant* qui dissertait sur le pour-soi dans une éternité toute spiritualiste.

En tout cas, on voit comment cette « ascétique » sécrétait de nouvelles difficultés dans l'exacte mesure où elle s'inventait en déplaçant continûment les questions. La première de ces difficultés consistait à se désigner elle-même – tant qu'un geste philosophique est impuissant à se nommer, il ne peut s'effectuer correctement.

1. « La résistance vient donc en premier […] » (M. Foucault, *Dits et écrits*, *op. cit.*, t. II, p. 1539). Voir P. Macherey, *À l'essai*, Paris, Kimé, 2019, p. 168.

2. *Ibid.*

3. J.-P. Sartre, *L'être et le néant*, *op. cit.*, part. III, chap. III, sct. 2, p. 454.

« Ascétique » était un choix subtil et riche en possibilités qui devait venir à l'esprit d'un lecteur de Nietzsche (et de Hadot), mais ce fut aussi un terme qui ne prit pas chez Foucault lui-même, comme en témoignent les diverses fluctuations constatées plus haut. Une raison en était peut-être que le mot demeurait irrémédiablement écrasé par le concept d'« ascétisme », tel qu'il fut inventé au XIXe siècle dans un contexte bien particulier, pour qualifier rétrospectivement les exercices de pénitence les plus austères : dissocier l'ascétique de l'ascétisme exigeait des précautions sans cesse réitérables et rhétoriquement coûteuses. Une autre raison s'en trouvait sans doute dans le fait que l'ascétique était le nom d'un véritable concept construit pour désigner l'armature même d'une entreprise dont les réorientations continues et remarquablement inventives ne cessèrent qu'avec la mort. Si la philosophie n'est pas elle-même doctrine, mais ascèse, elle ne doit pas seulement se nommer, elle doit encore, infatigablement, se *re*nommer, non pas en vue de trouver enfin le terme juste, mais plutôt pour se désidentifier d'elle-même, sans terme assignable. Ce faisant, elle se trouve conduite à réidentifier l'infâme dont elle veut se défaire : c'est ainsi l'histoire des ombres du Diable qu'elle tisse à l'envers.

Pour (ne pas) conclure

> « La rage de vouloir conclure est une des manies les plus funestes et les plus stériles qui appartiennent à l'humanité »
>
> Flaubert, Lettre à Mlle Leroyer de Chantepie, 23 octobre 1863.

> « Nous sentons très bien que notre sagesse commence où celle de l'auteur finit, et nous voudrions qu'il nous donnât des réponses, quand tout ce qu'il peut faire est de nous donner des désirs ».
>
> Proust, *Sur la lecture*, Paris, Sillage, 2011, p. 49.

L'auteur peut-il enfin le confesser ? Toujours, il fut sommé de *conclure* : ses dissertations, ses articles, ses livres. Et toujours, sans qu'il sache vraiment pourquoi, il y répugna. À bien y réfléchir, l'on peut pourtant faire valoir contre les conclusions quelques solides arguments, du genre, toutes proportions gardées, de ceux que Hegel put jadis exprimer à l'endroit des préfaces.

Conclure pour *arrêter* l'enquête, la résumer, la refermer sur elle-même et la présenter sous la forme d'un objet aux contours bien définis dont le lecteur pourrait s'emparer en vue de le déposer quelque part, dans un magasin soigneusement ordonné où il demeurerait disponible, plus ou moins périssable, en attente de traitement ? Ou conclure, comme on dit, pour *ouvrir* et désigner impérativement au lecteur l'horizon vers lequel il doit se maintenant se tourner, pour lui enjoindre dans quelle direction poursuivre ?

Dans un cas comme dans l'autre, l'homme de la conclusion est l'homme de la forclusion, il entend interdire toute perspective qu'il n'aurait pas déjà lui-même envisagée. À quoi l'on peut opposer que le lecteur, si on est seulement parvenu, ce qui n'est sans doute pas facile, à lui en donner comme dit Proust le désir, doit se montrer capable de « penser par lui-même », c'est-à-dire de s'engager dans des voies auxquelles l'auteur, pas un instant, n'avait songé. La véritable histoire des idées, des concepts, des thèses ou d'autre chose encore est pourtant ainsi faite d'inflexions contingentes, d'appropriations sauvages, de réorientations imprévisibles. C'est ainsi que les philosophes pensent. Aucune nécessité interne ne meut cette suite, aucun point de départ ne l'origine, aucun point d'arrivée ne l'achève, et on ne voit pas, au fond, pourquoi l'on devrait s'en désoler[1]…

Toutefois, l'éditeur, lui, a de bonnes raisons de ne pas frustrer le lecteur, dont les habitudes sont présumées rigides. Et l'auteur en a de meilleures encore pour ne pas contrarier l'éditeur ! Après tout, Hegel lui-même écrivit des préfaces – et non des moindres. Alors, voici quelques mots, pour conclure un peu quand même.

On comprend que l'on n'a pas ici tiré un fil qui relierait un *terminus a quo* à un *terminus ad quem*. La chose était d'emblée exclue puisque des points de départ, l'on s'en était donné quatre : quatre fils, donc, que l'on a enroulés l'un sur l'autre sans dessein préalable. Il en a résulté une sorte de tresse assez dense d'où l'on peut rétroactivement extraire quelques réponses aux questions initiales, des réponses fragiles vouées, dans le meilleur des cas, à se trouver remises en jeu, par où il faut entendre réinsérées dans d'autres jeux obéissant à d'autres règles. La charade dont nous étions partis, et à laquelle nous avions d'emblée apporté une résolution qui n'en était pas vraiment une, peut alors fait l'objet de la reprise suivante.

1) « Ascétisme/*Asceticism*/*Asketismus* » : c'est un *négatif* au sens photographique du terme – l'enregistrement spéculaire du grand principe d'Helvétius selon lequel l'homme ne peut rechercher que ce qu'il estime favoriser son plaisir, principe qui fournit son impulsion à l'utilitarisme de Bentham. « Ascétisme » fixe, dans la langue, *l'envers* de cette évidence. Et pour autant que cette dernière

1. Pierre Macherey, en tout cas, n'y voit rien que de positif : voir *À l'essai*, *op. cit.*

doit bien être considérée comme un principe, c'est-à-dire pour autant qu'elle est une vérité première dont d'autres peuvent se déduire à l'infini, on ne peut voir dans son retournement qu'une sorte d'aberration. C'est l'abrégé d'un sophisme, de sorte qu'il est difficile de le prendre au sérieux : seuls des imbéciles, des fous ou des imposteurs peuvent le revendiquer positivement. Pourtant, il suffit d'en inverser la valeur et d'en faire le sommet héroïque de la morale pour qu'il devienne la clé d'un *renversement de l'hédonisme matérialiste* qui n'est pas pour rien dans le désastre révolutionnaire et dont la vulgarité est en voie de submerger le monde européen. Précisément en ce qu'il est capable de vouloir la douleur, l'homme se révèle tout autre chose qu'un épicier et le sacrifice de soi acquiert une signification réactionnaire : c'est le recyclage philosophique du vieux concept de pénitence qui atteste l'inanité du « sensualisme » en apportant la preuve que l'homme peut faire de la souffrance même son objet.

2) « Nietzsche » : c'est un *opérateur*. Certes, c'est d'abord un auteur qui intervient en ce point, à contre-courant, soucieux de lutter à la fois contre ladite vulgarité *et* contre sa négation pessimiste. Mais ce faisant, Nietzsche devient « Nietzsche » : un astre sombre que l'on fait tourner sur lui-même et qui, par l'effet de cette rotation, apparaît lui-même sous plusieurs faces en même temps qu'il baigne d'une étrange lumière ce qui le précède comme ce qui le suit. En pivotant à 180° sur son axe, la généalogie des idéaux ascétiques, d'un côté, éclaire le rapport agonistique à soi dans la pluralité des fonctions dont il se trouve investi par les types qui s'en emparent en vue d'accroître leur puissance. Mais, d'un autre côté, il s'avère qu'elle procède elle-même de manière ascétique : en exhumant et en faisant sien le vieux concept grec d'*askèsis*, d'exercice, elle y greffe une nouvelle ascèse, une contre-ascèse, qui a pour but l'exténuation douloureuse, en soi, de l'ascète sacerdotal. La vieille dévaluation de la *libido dominandi* se renverse ainsi en une apologie de la volonté de puissance qui ne peut s'opérer sans d'inquiétantes contreparties. De ce point de vue, l'« ascétisme » se présente non pas comme un simple objet, mais comme le *ressort* même de l'entreprise spectaculaire dont Nietzsche est le nom, laquelle projette son éclairage bien au-delà d'elle-même, en amont comme en aval, jusqu'à Fénelon d'un côté, jusqu'à Foucault

de l'autre ; libre à chacun de remonter plus haut ou de descendre plus bas.

3) Le « vouloir-souffrir/*der Wille zum Leiden* » : c'est un *concept glissant*. Il se présente en effet comme un objet d'une nature tout à fait singulière qui ne semble pas avoir jamais été étudié comme tel. Naturellement, il existe d'innombrables travaux concernant l'histoire ou l'anthropologie du renoncement, la théologie de la pénitence, la pathologie du masochiste ou la thématisation de l'ascétisme chez Nietzsche – mais sur le *vouloir-souffrir* ? La raison en est qu'on ne peut tenter de se saisir d'un tel objet, intrinsèquement instable, sans le rabattre sur autre chose. Vouloir souffrir pour souffrir, ou pour mourir, ou pour jouir ? Sans doute éprouve-t-on du mal à concevoir que l'on puisse faire de la souffrance son objet ultime, à ce que l'on puisse vouloir souffrir *pour souffrir*. Alors, on envisage que l'on veuille souffrir pour en finir et le vouloir-souffrir se convertit en un vouloir-mourir dont il est la cruelle antichambre. Ou alors on envisage qu'il s'agit de souffrir pour mieux jouir, plus tard ou maintenant, après avoir souffert ou *en souffrant*. Le premier cas renvoie à un banal calcul des plaisirs. Le second est beaucoup plus intéressant. C'est un oxymore non dialectique, une contradiction qui n'appelle aucun dépassement et que nous avons rencontrée sous bien des visages, sans que la liste se prétende exhaustive : la pénitence comme art d'humilier en soi l'ordure ; le libertinage qui découvre le plaisir dans son contraire ; le besoin d'exercer ses forces pour s'assurer la volupté d'une maîtrise – serait-ce contre soi ; le masochisme comme désir de se faire humilier, tantôt en s'abandonnant sans réserves, tantôt et inversement en organisant au millimètre le contrôle par l'autre de soi ; l'extase du supplicié où une nouvelle mystique voit coïncider l'extrême douleur avec l'extrême jouissance sans qu'aucun Dieu n'y soit pour rien ; l'ascétique comme art de se gouverner qui a pu devenir un art de se gouverner en vue de la béatitude. Tout cela constitue comme une lanterne magique qui ne révèle aucune vérité ultime et qui d'ailleurs n'en veut pas.

4) « Écrasez l'infâme ! » : c'est le mouvement d'une *déprise indéfinie*. On aurait tort en effet d'y voir seulement l'expression d'un anticléricalisme borné – encore que les raisons ne nous manquent pas aujourd'hui pour retrouver notre vieille méfiance envers les prêtres. Nietzsche avait sans doute aperçu qu'à la question de savoir comment identifier l'« infâme », on ne peut apporter aucune réponse

définitive. L'injonction est en elle-même l'énigme à laquelle on ne peut répondre que par une ascèse qui la retourne dans tous les sens, y compris contre elle-même et contre celui qui la profère. Son unique cible, *c'est le moment où se reforme l'idole*, laquelle peut d'ailleurs avoir pour nom, par exemple, Nietzsche ou Foucault – son aube somme toute, plutôt que son crépuscule. En ce sens, « écrasez l'infâme ! » ne désigne pas un programme que l'on aurait pour fin de réaliser, mais une certaine idée ou plutôt une certaine pratique de la philosophie, en perpétuel devenir. Non pas l'art pour l'art, mais la critique pour la critique. Et c'est pourquoi les vieilles Lumières sont contraintes de se renouveler sans fin.

Bibliographie

Bibliographie primaire

[La partition disciplinaire philosophie/religion/psychanalyse/œuvres littéraires est évidemment un peu artificielle, mais elle devrait néanmoins permettre au lecteur de s'y retrouver plus facilement.]

Philosophie

ALTHUSSER L., « Idéologie et appareils idéologiques d'État » [1970], dans *Positions (1964-1975)*, Paris, Éditions sociales, 1976, p. 79-137.

BATAILLE G., *Œuvres complètes*, Paris, Gallimard, 1970-1988, 12 tomes.

— « L'ambiguïté du plaisir et du jeu » [1958], *Les Temps modernes* 629, 2005, p. 7-28.

BENTHAM J., « Délits religieux », *Revue d'études benthamiennes* 6, 2010, en ligne : doi.org/10.4000/etudes-benthamiennes. 72.

— *Introduction aux principes de morale et de législation*, trad. fr. Centre Bentham, Paris, Vrin, 2011.

— *Traités de législation civile et pénale*, trad. fr. É. Dumont, Paris, Bossange, Masson et Besson, 1802.

— *Prinzipien der Gesetzgebung*, trad. all. F. E. Beneke, Köln, H. A. Arend, 1833.

— « L'absurdité sur des échasses », dans B. Binoche et J.-P. Cléro (dir.), *Bentham contre les droits de l'homme*, Paris, Puf, 2007, p. 17-90.

BERGSON H., *Les deux sources de la morale et de la religion*, Paris, Flammarion, 2012.

COMTE A., *Discours sur l'ensemble du positivisme*, Paris, Flammarion, 1998.

– *Système de politique positive*, Paris, Carilian-Gœury et V. Dalmont, 1851-1854, 4 volumes.

CONSTANT B., « De Monsieur Dunoyer et de quelques-uns de ses ouvrages », dans *De la liberté chez les modernes*, Paris, Le livre de poche, 1980, p. 543-562.

– *De la religion considérée dans sa source, ses formes et ses développements*, Arles, Actes Sud, 1999.

– *Du polythéisme romain considéré dans ses rapports avec la philosophie grecque et la religion chrétienne*, Paris, Béchet Aîné, 1833.

DELEUZE G., *Présentation de Sacher-Masoch. Le froid et le cruel*, Paris, Minuit, 1967.

– *DIALOGUES* [1977], Paris, Flammarion, 1996.

DERRIDA J., *L'écriture et la différence*, Paris, Seuil, 1967.

DESCARTES R., *Œuvres philosophiques*, Paris, Garnier, 1963-1973, 3 tomes.

DIDEROT D., *Œuvres complètes*, Paris, Hermann, 1975- ..., 25 tomes parus.

DÜHRING E., *Der Wert des Lebens : eine philosophische Betrachtung*, Breslau, E. Trewendt, 1865.

FEUERBACH L., *L'essence du christianisme*, trad. fr. J.-P. Osier, Paris, Gallimard, 1992.

– *Éthique : l'eudémonisme*, trad. fr. A.-M. Pin, Paris, Hermann, 2012.

FONTENELLE B. DE, *Digression sur les Anciens et les Modernes et autres textes philosophiques*, Paris, Garnier, 2015.

FOUCAULT M., *Œuvres*, « Bibliothèque de la Pléiade », Paris, Gallimard, 2015, 2 tomes.

– *Les aveux de la chair*, Paris, Gallimard, 2018.

– *Dits et écrits*, « Quarto », Paris, Gallimard, 2001, 2 tomes.

– *« Il faut défendre la société ». Cours au Collège de France, 1975-1976*, Paris, Gallimard-Seuil, 1997.

– *Sécurité, territoire, population. Cours au Collège de France*, 1977-1978, Paris, Gallimard-Seuil, 2004.

– *Du gouvernement des vivants. Cours au Collège de France*, 1979-1980, Paris, Gallimard-Seuil, 2012.

– *Subjectivité et vérité. Cours au Collège de France, 1980-1981*, Paris, Gallimard-Seuil, 2014.

– *L'herméneutique du sujet. Cours au Collège de France, 1981-1982*, Paris, Gallimard-Seuil, 2001.

– *Le gouvernement de soi et des autres. Cours au Collège de France, 1982-1983*, Paris, Gallimard-Seuil, 2008.

– *Le courage de la vérité. Cours au Collège de France, 1983-1984*, Paris, Gallimard-Seuil, 2009.

HEGEL G. W. F., *La phénoménologie de l'esprit*, trad. fr. J. Hyppolite, Paris, Aubier, 1939-1941, 2 tomes ; trad. fr. J.-P. Lefebvre, Paris, Aubier, 1991.

– *Cours d'esthétique*, trad. fr. J.-P. Lefebvre et V. Schenk, Paris, Aubier, 1995-1997, 3 tomes.

HELVÉTIUS J.-C.-A., *De l'esprit*, Paris, Fayard, 1988.

– *De l'homme*, Paris, Fayard, 1989, 2 tomes.

HOBBES T., *Léviathan*, trad. fr. F. Tricaud, Paris, Sirey, 1971.

HOLBACH P. H. D., BARON D', *Théologie portative, ou Dictionnaire abrégé de la religion chrétienne*, London, s. n., 1768.

– *La contagion sacrée, ou Histoire naturelle de la superstition*, London, M.-M. Rey, 1768.

– *De la cruauté religieuse*, Paris, Coda, 2007.

Système social, Paris, Fayard, 1994.

JANKÉLÉVITCH V., *Traité des vertus*, Paris, Bordas, 1949 ; rééd. Paris, Bordas, 1970, 3 tomes.

JONAS H., *Le principe responsabilité. Une éthique pour la civilisation technologique*, trad. fr. J. Greisch, Paris, Flammarion, 2013.

KANT I., *Œuvres philosophiques*, sous la dir. de F. Alquié, « Bibliothèque de la Pléiade », Paris, Gallimard, 1980-1986, 3 tomes.

– *La religion comprise dans les limites de la simple raison*, trad. fr. J.-P. Fussler, Paris, Flammarion, 2019.

– *Métaphysique des mœurs*, II. *Doctrine de la vertu*, trad. fr. A. Philonenko, Paris, Vrin, 1968.

KLINGER F. M., *Betrachtungen und Gedanken über verschiedene Gegenstände der Welt und der Literatur*, Berlin, Verlag der Nation, 1958.

LEROUX P., *Sept discours sur la situation actuelle de la société et de l'esprit humain*, Paris, L'auteur, 1841.

MARX K., *Critique de la philosophie du droit de Hegel*, trad. fr. M. Simon, Paris, Aubier-Montaigne, 1971.

– *Manuscrits économico-philosophiques de 1844*, trad. fr. F. Fischbach, Paris, Vrin, 2007.

– *Manifeste du Parti communiste*, trad. fr. L. Lafargue, Paris, Éditions sociales, 1973.

– *Le Capital. Livre I*, trad. fr. J.-P. Lefebvre, Paris, Puf, 1993.

MEIBOM J. H., *De l'utilité de la flagellation*, dans B. Klein, *D'un usage curieux en médecine. Réflexions sur* De l'utilité de la flagellation *de J.-H. Meibom*, Paris, Classiques Garnier, 2016.

MILL J. S., *Essai sur Bentham*, trad. fr. P. Thierry, Paris, Puf, 1998.

– *L'utilitarisme*, trad. fr. C. Audard, Paris, Puf, 1998.

MONTESQUIEU, *De l'esprit des lois*, Paris, Garnier, 1973, 2 tomes.

NIETZSCHE F., *Écrits autobiographiques, 1856-1869*, trad. fr. M. Crépon, Paris, Puf, 1994.

– *Œuvres philosophiques complètes* [*OPC*], Paris, Gallimard, 1968-1997, 14 tomes en 18 volumes.

– *Le gai savoir*, trad. fr. H. Albert, Paris, Mercure de France, 1901.

– *Ainsi parlait Zarathoustra*, trad. fr. G.-A. Goldschmidt, Paris, Livre de poche, 1972.

– *Ecce homo*, trad. fr. A. Vialatte, Paris, UGE, 1988.

– *Correspondance*, trad. fr. M. de Gandillac et J. Lacoste Paris, Gallimard, 1986-2023, 6 tomes.

PLATON, *Hippias majeur*, trad. fr. J.-F. Pradeau, Paris, Flammarion, 2005.

– *Gorgias*, trad. fr. M. Canto, Paris, Flammarion, 1987.

– *Le Sophiste*, trad. fr. N. Cordero, Paris, Flammarion, 1993.

– *Philèbe*, trad. fr. J.-F. Pradeau, Paris, Flammarion, 2002.

ROUSSEAU J.-J., *Œuvres complètes*, « Bibliothèque de la Pléiade », Paris, Gallimard, 1959-1995, 5 tomes.

SARTRE J.-P., *L'être et le néant. Essai d'ontologie phénoménologique*, Paris, Gallimard, 1976.

– « Un nouveau mystique », dans *Situations I*, Paris, Gallimard, 1947.

SCHELER M., *L'homme du ressentiment*, trad. anonyme, Paris, Gallimard, 1958.

SCHILLER F. VON, « Qu'appelle-t-on et à quelle fin étudie-t-on l'histoire universelle ? », trad. fr. A. Yuva, *Philosophie* 96, 2008, p. 3-10.

– *Textes esthétiques. Grâce et dignité et autres textes*, trad. fr. N. Briand, Paris, Vrin, 1998.

SCHOPENHAUER A., *Le monde comme volonté et représentation*, trad. fr. A. Burdeau, Paris, Puf, 1966 ; trad. fr. C. Sommer *et al.*, Paris, Gallimard, 2009.

– *Le fondement de la morale*, trad. fr. A. Burdeau, Paris, Aubier-Montaigne, 1978.

SISMONDI J. C. L. SIMONDE DE, *Histoire de la chute de l'Empire romain et du déclin de la civilisation de l'an 250 à l'an 1000*, Bruxelles, N.-J. Gregoir-V. Wouters et C°, 1842.

SLOTERDIJK P., *Tu dois changer ta vie. Une anthropotechnique*, trad. fr. O. Mannoni, Paris, Pluriel, 2018.

SPINOZA B., *Éthique*, trad. fr. C. Appuhn, dans *Œuvres complètes*, Paris, R. Laffont, 2019.

TAINE H., *Essais de critique et d'histoire*, Paris, Garnier, 2021.

VOLNEY, *Voyage en Syrie et en Égypte*, dans *Œuvres*, t. III, Paris, Fayard, 1998.

VOLTAIRE, *Lettre d'un Turc sur les fakirs et sur son ami Bababec, dans Romans et contes*, Paris, Garnier, 1949, p. 476-478.

WEBER M., *L'éthique protestante et l'esprit du capitalisme*, trad. fr. É. de Dampierre, Paris, Pocket, 1994.

– *Sociologie de la religion*, trad. fr. I. Kalinowski, Paris, Flammarion, 2013.

Religion

ANONYME, *Versuch einer Geschichte der christlichen Moral, Ascetik und Mystik*, Dortmund, H. Blothe, 1798.

ARNAULD D'ANDILLY R., *Les vies des Saints pères des déserts et de quelques saintes, écrites par des pères de l'Église et autres anciens auteurs ecclésiastiques*, Paris, chez la Veuve Jean Camusat et Pierre le Petit, 1647-1653, 2 tomes.

BOILEAU J. (ABBÉ), *Histoire des flagellants*, Grenoble, Jérôme Millon, 1986.

BOSSUET J. B., *Instruction sur les états d'oraison où sont exposées les erreurs des faux mystiques de nos jours : avec les actes de leur condamnation*, Paris, J. Anisson, 1697.

– *Méditations sur l'évangile*, Paris, Firmin-Didot, 1881.

– *Œuvres*, « Bibliothèque de la Pléiade », Paris, Gallimard, 1950.

FÉNELON F. DE SALIGNAC DE LA MOTHE, *Œuvres*, « Bibliothèque de la Pléiade », Paris, Gallimard, 1983-1997, 2 tomes.

– *Le gnostique de saint Clément d'Alexandrie*, Paris-Orbey, Arfuyen, 2006.

FLEURY C., *Les mœurs des chrétiens*, Paris, chez la Veuve Gervais Clouzier, 1682.

FRANÇOIS DE SALES, *Introduction à la vie dévote*, Paris, Seuil, 1962.

GUYON J.-M., *La vie de Madame J. M. B. de la Mothe Guion écrite par elle-même*, Köln, Jean de la Pierre, 1720, 3 tomes.

— *Correspondance*, Paris, Champion, 2003-2004, 2 tomes.

IGNACE DE LOYOLA, *Exercices spirituels*, trad. fr. E. Gueydan, Paris, Desclée de Brouwer, 2008.

JEAN CLIMAQUE, *L'échelle sainte ou les degrés pour monter au ciel*, trad. fr. R. Arnauld d'Andilly, Paris, Pierre le Petit, 1758.

LUTHER M., « Jugement sur les vœux monastiques », dans *Œuvres*, sous la dir. de M. Arnold et M. Lienhard, t. I, « Bibliothèque de la Pléiade », Paris, Gallimard, 1999, p. 881-1033.

MACAIRE DE CORINTHE ET NICODÈME L'HAGIORITE, *Philocalie des Pères Neptiques*, trad. fr. J. Touraille, Paris, Desclée de Brouwer-Jean-Claude Lattès, 1995, 2 tomes.

MAISTRE J. DE, *Les soirées de Saint-Pétersbourg*, dans *Œuvres*, Paris, Robert Laffont, 2007.

MALEBRANCHE N. DE, *Conversations chrétiennes*, Paris, Vrin, 1959.

NICOLE P., *Continuation des essais de morale*, Paris, Guillaume Desprez et Elie Josset, 1687.

— *Œuvres morales*, Paris, Manucius, 2015.

OVERBECK F., *Über die Christlichkeit unserer heutigen Theologie*, Leipzig, Naumann, 1903.

– *Christentum und Kultur*, Basel, Benno Schwabe & Co, 1919.

PASCAL B., *Pensées*, éd. Lafuma, dans *Œuvres complètes*, Paris, Seuil, 1963.

RENAN E., *Les origines du christianisme*, Paris, Michel-Lévy frères, 1863-1883.

SENAULT J.-F., *Panégyriques des saints*, Paris, Pierre le Petit, 1660, 3 volumes.

WEIL S., *La pesanteur et la grâce*, Paris, Pocket, 2018.

Psychopathologie, psychanalyse

FERENCZI S., *Réflexions sur le masochisme*, Paris, Payot et Rivages, 2018.

FREUD S., *Gesammelte Werke*, London, Imago Publishing Co., 1940-1952, 17 tomes.

— *L'interprétation des rêves*, trad. fr. J.-P. Lefebvre, Paris, Points, 2013.

— *Cinq conférences sur la psychanalyse*, trad. fr. B. Lortholary, Paris, Points, 2012.

— *Cinq psychanalyses*, trad. fr. C. Cohen-Skalli, Paris, Payot, 2017.

— *Totem et tabou*, trad. fr. M. Weber, Paris, Gallimard, 1993.

– *Métapsychologie*, trad. fr. J. Laplanche et J.-B. Pontalis, Paris, Gallimard, 1986.

– *Conférences d'introduction à la psychanalyse*, trad. fr. F. Cambon, Paris, Gallimard, 1999.

– *Trois essais sur la théorie sexuelle*, trad. fr. P. Koeppel, Paris, Gallimard, 1987 ; trad. fr. M. Géraud, Paris, Points, 2012.

– *Au-delà du principe de plaisir*, trad. fr. J.-P. Lefebvre, Paris, Points, 2014.

– *Le Moi et le Ça*, trad. fr. J.-P. Lefebvre, Paris, Points, 2015.

– *L'avenir d'une illusion*, trad. fr. B. Lortholary, Paris, Points, 2011.

– *Le malaise dans la civilisation*, trad. fr. B. Lortholary, Paris, Points, 2010.

– *L'inquiétante étrangeté et autres essais*, trad. fr. B. Féron, Paris, Gallimard, 1985.

– *Essais de psychanalyse*, trad. fr. sous la direction d'A. Bourguignon, Paris, Payot, 1987.

– *La vie sexuelle*, trad. fr. J. Laplanche *et al.*, Paris, Puf, 1969.

– *Névrose, psychose et perversion*, trad. fr. sous la dir. de J. Laplanche, Paris, Puf, 1973.

GRODDECK G., *Le livre du Ça*, trad. fr. L. Jumel, Paris, Gallimard, 1985.

KRAFFT-EBING R. VON, *Psychopathia sexualis*, trad. fr. É. Laurent et S. Csapo, Paris, G. Carré, 1895.

– *Les formes du masochisme*, Paris, Payot et Rivages, 2010.

NACHT S., *Le masochisme*, Paris, Payot et Rivages, 2008.

REIK T., *Le masochisme*, trad. fr. M. Ghyka, Paris, Payot, 1971.

Œuvres littéraires

AMÉRY J., *Par-delà le crime et le châtiment*, trad. fr. F. Wuilmart, Arles, Actes Sud, 2005.

BAQUÉ J., *L'Arbre d'obéissance*, Paris, P.O.L, 2019.

BARBEY D'AUREVILLY J., *Une histoire sans nom*, dans *Œuvres romanesques complètes*, t. II, « Bibliothèque de la Pléiade », Paris, Gallimard, 1966.

BERNANOS G., *Œuvres romanesques*, « Bibliothèque de la Pléiade », Paris, Gallimard, 1961.

– *Le Crépuscule des vieux*, Paris, Gallimard, 1956.

BLOY L., *Le Désespéré*, Paris, UGE, 1983.

BRETON A., *Manifestes du surréalisme*, Paris, Gallimard, 1975.

Chateaubriand F.-R. de, *Vie de Rancé*, dans *Œuvres romanesques et voyages*, t. I, « Bibliothèque de la Pléiade », Paris, Gallimard, 1969.

Dostoïevski F., *Les Carnets de la maison morte*, trad. fr. A. Markowicz, Arles, Actes Sud, 1999.

— *Les Carnets du sous-sol*, trad. fr. A. Markowicz, Arles, Actes Sud, 1992.

— *Les Frères Karamazov*, trad. fr. A. Markowicz, Arles, Actes Sud, 2002.

Ewers H. H., *L'Apprenti Sorcier*, trad. fr. M. Henry et C. Adrienne, Paris, Christian Bourgois, 1991.

Flaubert G., *Correspondance*, Paris, Gallimard, « Bibliothèque de la Pléiade », 1975-1998.

Gontcharov I., *Oblomov*, trad. fr. A. Adamov, Paris, Gallimard, 2007.

Kafka F., *Nouvelles et récits*, trad. fr. sous la dir. de J.-P. Lefebvre, « Bibliothèque de la Pléiade », Paris, Gallimard, 2018.

Melville H., *Bartleby*, trad. fr. M. Causse, Paris, Flammarion, 1993.

Numa S., *Yapou, bétail humain*, trad. fr. S. Cardonnel, Paris, Laurence Viallet, 2022.

Proust M., *Sur la lecture*, Paris, Sillage, 2011.

Sacher-Masoch L. von, *La Vénus à la fourrure*, trad. fr. A. Willm, dans G. Deleuze, *Présentation de Sacher-Masoch. Le froid et le cruel*, Paris, Minuit, 1967.

— *Œuvres maîtresses*, Paris, R. Laffont, 2013.

Sade D. A. F. de, *Œuvres complètes*, Paris, Cercle du livre précieux, 1966-1967, 16 tomes en 8 volumes.

Selby jr. H., *La Geôle*, trad. fr. J. Lanturle, Paris, Albin Michel, 1972.

Stifter A., *L'Arrière-Saison*, trad. fr. M. Keyser, Paris, Gallimard, 2000.

Tolstoï L., « Le Père Serge », dans *Souvenirs et Récits*, « Bibliothèque de la Pléiade », trad. fr. B. de Schlœzer, Paris, Gallimard, 1960, p. 1271-1323.

Weyergans F., *Macaire le Copte*, Paris, Gallimard, 1981.

Williams T., « Le Masseur noir », dans *Le Boxeur manchot*, trad. fr. M. Pons, Paris, UGE, 1981, p. 107-124.

Zweig S., *Romans, nouvelles et récits*, trad. fr. dirigée par J.-P. Lefebvre, « Bibliothèque de la Pléiade », Paris, Gallimard, 2013, 2 tomes.

Bibliographie secondaire

ACTUEL MARX 36, « Marx et Foucault », Paris, Puf, 2004.

AURELL M., « Préface », dans L. Boulègue, C. Veyrard-Cosme et M.-J.-L. Perrin (dir.), *Ascèse et ascétisme de l'Antiquité tardive à la Renaissance. Traditions et remises en cause*, Paris, Garnier, 2021, p. 9-12.

BALIBAR É., « Foucault et Marx. L'enjeu du nominalisme », dans *La crainte des masses*, Paris, Galilée, 1997, p. 281-303.

— « Note sur l'origine et les usages du terme "monothéisme" », *Critique* 704-705, 2006, p. 19-45.

— « Séjourner dans la contradiction. L'idée de "nouvelles Lumières" et les contradictions de l'universalisme », dans H. Adler et R. Godel (dir.), *Formen des Nichtwissens der Aufklärung*, München, W. Fink, 2010, p. 159-164.

– « Un point d'adversité : l'Anti-Marx de Michel Foucault », dans *Passions du concept*, Paris, La Découverte, 2020, p. 167-188.

BELIN C., « Les avatars de l'ascèse au XVIIe siècle. Un argument de controverse », dans B. Pérez-Jean (dir.), *Les dialectiques de l'ascèse*, Paris, Classiques Garnier, 2011, p. 313-324.

BLANCHOT M., *Lautréamont et Sade*, Paris, Minuit, 1963.

BOLLACK J., « Jacob Bernays. Un homme entre deux mondes », dans J. Glucker et A. Laks (dir.), *Jacob Bernays. Un philologue juif*, Villeneuve-d'Ascq, Presses universitaires du Septentrion, 1996, p. 135-226.

BRÉMOND H., *Histoire littéraire du sentiment religieux en France depuis la fin des guerres de religion jusqu'à nos jours*, t. VIII, Paris, Armand Colin, 1968.

BROWN P., *Le renoncement à la chair*, trad. fr. P.-E. Dauzat et E. Jacob, Paris, Gallimard, 1995.

BÜTTGEN P., « Type du prêtre, naissance des dieux », dans B. Binoche et A. Sorosina (dir.), *Les historicités de Nietzsche*, Paris, Publications de la Sorbonne, 2016, p. 85-102.

BÜTTGEN P., CHEVALLIER P., COLOMBO A., SFORZINI A. (dir.), *Foucault, les Pères, le sexe*, Paris, Éditions de la Sorbonne, 2021.

CERTEAU M. DE, « Ce que Freud fait de l'histoire. À propos de : "Une névrose démoniaque au XVIIe siècle" », *Annales ESC* 3, 1970, p. 654-667.

— *La fable mystique I*, Paris, Gallimard, 1987.

— *Histoire et psychanalyse entre science et fiction*, Paris, Gallimard, 2002.

COHEN-HALIMI M., *L'action à distance. Essai sur le jeune Nietzsche politique*, Caen, Nous, 2021.

CONWAY D., *Nietzsche's* On the Genealogy of Morals, London-New York, Continuum International, 2008.

DAVIDSON A. I., *L'émergence de la sexualité*, trad. fr. P.-E. Dauzat, Paris, Albin Michel, 2005.

FAYE J.-P. et COHEN-HALIMI M., *L'histoire cachée du nihilisme. Jacobi, Dostoïevski, Heidegger, Nietzsche*, Paris, La Fabrique, 2008.

GARCÉS M., *Nouvelles Lumières radicales*, trad. fr. A. Bardez, Saint-Michel-de-Vax, La Lenteur, 2020.

GAY P., *Freud, une vie*, trad. fr. T. Jolas, Paris, Hachette, 1991.

GHIOT Y., *Nietzsche et les Évangiles. Héritage herméneutique et appropriation généalogique*, thèse de doctorat, sous la dir. de B. Binoche, Université Paris-I-Panthéon-Sorbonne, 2022.

GOURBIN G., « L'abrutissement, point de fuite dans la pensée politique de Diderot », dans O. Richard et G. Stenger (dir.), *Les morales de Diderot*, Paris, Hermann, 2022, p. 247-272.

GRŒTHUYSEN B., *Les origines de l'esprit bourgeois en France*, Paris, Gallimard, 1927.

HADOT P., *Exercices spirituels et philosophie antique*, Paris, Albin Michel, 2002.

HATTAB L. J., *Nietzsche's* On the Genealogy of Morality. *An Introduction*, Cambridge, Cambridge University Press, 2008.

HERROU A. (dir.), *Une journée dans une vie, une vie dans une journée. Des ascètes et des moines aujourd'hui*, Paris, Puf, 2018.

HOLLIER D., « Le dispositif Hegel/Nietzsche dans la bibliothèque de Bataille », *L'Arc* 38, 1969, p. 35-47.

— *La prise de la Concorde*, Paris, Gallimard, 1993.

JAQUET C., *Le corps*, Paris, Puf, 2001.

JARRY A., « D'une rencontre lacunaire avec Georges Bernanos », dans *Psychanalyse textuelle de Sénèque à Duras*, Paris, Classiques Garnier, 2020, p. 149-159.

LAKHDARI S., « Hypnose, hystérie, extase : de Charcot à Freud », *Savoirs et cliniques* 8, 2007, p. 201-209.

LAPLANCHE J., *Vie et mort en psychanalyse*, Paris, Flammarion, 1977.

LAVAL C., PALTRINIERI L., TAYLAN F. (dir.) : *Marx & Foucault. Lectures, usages, confrontations*, Paris, La Découverte, 2015.

LAUNAY M. DE, *Nietzsche et le problème de la race*, Paris, Seuil, 2020.

LE BRUN A., *Soudain un bloc d'abîme, Sade*, Paris, Gallimard, 1993.

LE BRUN J., *Le pur amour de Platon à Lacan*, Paris, Seuil, 2002.

Le Rider J., *Nietzsche en France*, Paris, Puf, 1999.

Longo D., *La présence de Nietzsche dans les débats politiques et culturels en France pendant l'entre-deux-guerres, 1919-1940*, thèse de 3e cycle, sous la dir. de M. Rébérioux, Université Paris-VIII, 1985.

Losurdo D., *Nietzsche, le rebelle aristocratique* [2004], trad. fr. J.-M. Buée, Paris, Delga, 2016.

Löwith K., *Nietzsche, Philosophie de l'éternel retour du même*, trad. fr. A.-S. Astrup, Paris, Calmann-Lévy, 1991.

– *De Hegel à Nietzsche*, trad. fr. R. Laureillard, Paris, Gallimard, 1969.

Lukacs G., *La destruction de la raison. Nietzsche*, trad. fr. A. de Monville, Paris, Delga, 2012.

Macherey P., *Philosopher avec la littérature*, Paris, Hermann, 2013.

– *Le sujet des normes*, Paris, Amsterdam, 2014.

– *Querelles cartésiennes*, Villeneuve-d'Ascq, Presses universitaires du Septentrion, 2014.

– *À l'essai*, Paris, Kimé, 2019.

Macho T., « Neue Askese. Zur Frage der Aktualität des Verzichts », *Merkur. Deutsche Zeitchrift für europäisches Denken* 544, 1994, p. 583-593.

Marton S., *Les ambivalences de Nietzsche. Types, images et figures féminines*, Paris, Éditions de la Sorbonne, 2021.

Marty É., *Pourquoi le XXe siècle a-t-il pris Sade au sérieux ?*, Paris, Seuil, 2011.

Norelli E., *La naissance du christianisme. Comment tout a commencé* [2014], trad. fr. V. Dutaut, Paris, Gallimard, 2019.

Ogilvie B., « L'introuvable dialectique du maître et de l'esclave », *Les Temps modernes* 547, 1992, p. 48-55.

Pelluchon C., *Les Lumières à l'âge du vivant*, Paris, Seuil, 2020.

Rateau P., « De l'usage de la méditation : exercice spirituel et exercice philosophique à l'époque moderne », *in* I. Douzant, L. Rouquayrol, M. Zappulla (dir.), *Le progrès des connaissances et la conduite de la vie*, Paris, Éditions de la Sorbonne, 2024, p. 15-52.

Salanskis E., *Pourquoi une* Généalogie de la morale ?, Paris, Éditions de la Sorbonne, 2023.

Schmitt J.-C., *Le cloître des ombres*, Paris, Gallimard, 2021.

Sasso R., *Georges Bataille : le système du non-savoir*, Paris, Minuit, 1978.

Simonin D., *Le sentiment de puissance dans la philosophie de Friedrich Nietzsche*, Paris, Garnier, 2022 (sp. p. 66-83 et 190-200).

SOLL I., « Nietzsche on Cruelty, Asceticism, and the Failure of Hedonism », dans R. Schacht (dir.), *Nietzsche, Genealogy, Morality. Essays on Nietzsche's Genealogy of Morals*, Berkeley, University of California Press, 1994, p. 168-192.

SOMMER A. U., *Kommentar zu Nietzsches* Genealogie der Moral, Berlin-New York, De Gruyter, 2019.

STEGMAIER W., *Nietzsches « Genealogie der moral »*, Darmstadt, Wissenschaftliche Buchgesellschaft, 1994.

STELLINO P., *Nietzsche and Dostoevsky. On the Verge of Nihilism*, Bern, Peter Lang, 2015.

SURYA M., *Georges Bataille, la mort à l'œuvre*, Paris, Gallimard, 1992.

THOMAS J.-F., « Sur l'expression lexicale des notions d'ascèse et d'exercice moral et spirituel en latin », dans B. Pérez-Jean (dir.), *Les dialectiques de l'ascèse*, Paris, Classiques Garnier, 2011, p. 25-41.

VANDERMEERSCH P., *La chair de la passion. Une histoire de foi : la flagellation*, Paris, Cerf, 2002.

WARIN F., *Nietzsche et Bataille. La parodie à l'infini*, Paris, Puf, 1994.

WIENAND I., « Was ist Glück ? », dans I. Wienand (dir.), *Neue Beiträge zu Nietzsches Moral-, Politik- und Kulturphilosophie*, Freiburg, Academic Press, 2009, p. 52-65.

ZARADER M., *Cet obscur objet du vouloir*, Lagrasse, Verdier, 2019.

Dictionnaires

ACADÉMIE FRANÇAISE, *Nouveau Dictionnaire de l'Académie française*, Paris, J.-B. Coignard, 1718, 2 volumes.

— *Supplément au Dictionnaire de l'Académie française contenant environ 11 000 mots nouveaux*, Paris, Guillaume, 1831.

ADELUNG J. C., *Kleines Wörterbuch der deutschen Sprache*, 6e éd. par K. B. Schade, Leipzig, Weigand, 1834.

CORTELAZZO M. et ZOLLI P., *Dizionario Etimologico della Lingua Italiana*, Bologna, Zanichelli, 2004.

DIDEROT D. et D'ALEMBERT J. LE ROND, *Encyclopédie ou Dictionnaire raisonné des sciences, des arts et des métiers*, édition numérique : http: //enccre.academie-sciences.fr/encyclopedie/.

CASSIN B. (dir.), *Vocabulaire européen des philosophies*, Paris, Seuil-Le Robert, 2004.

FURETIÈRE A., *Dictionnaire universel*, La Haye-Rotterdam, chez Arnout et Reinier Leers, 1690, 2 volumes.

KALTSCHMIDT J. H., *Gesammt-Wörterbuch der deutschen Sprache*, Leipzig, Tauschnitz, 1834.

LAPLANCHE J. et PONTALIS J.-B., *Vocabulaire de la psychanalyse*, Paris, Puf, 1967.

LAROUSSE P., *Grand dictionnaire universel du XIXe siècle*, t. I, Paris, 1866.

SCHULZ H. *et al.* (dir.), *Deutsches Fremdwörterbuch*, Bd. I, Berlin-New York, De Gruyter, 1996.

SIMPSON J. *et al.* (dir.), *Oxford English Dictionary*, t. I, Oxford, Clarendon Press, 1993.

TONGEREN P. VON *et al.*, *Nietzsche-Wörterbuch*, Bd. I, Berlin-New York, De Gruyter, 2004.

VILLER M. (dir.), *Dictionnaire de théologie ascétique et mystique*, t. I, Paris, Beauchesne, 1937.

Index nominum

Post festum

Je dois ici témoigner ma reconnaissance particulière à Philippe Büttgen et Étienne Anheim qui ont généreusement accueilli dans leur collection le présent ouvrage sur le fond d'un paysage éditorial à l'inquiétante évolution…

Beaucoup m'ont aidé, en me communiquant des références, en me suggérant des pistes fructueuses, en m'apportant un précieux savoir philologique, voire en me relisant généreusement. Qu'ils me pardonnent de les énumérer dans l'ordre froid de l'alphabet : Aleksandra Ambrozy, Sophie Audidière, Thibault Barrier, Blaise Benoit, Christian Bonnet, Philippe Büttgen, Bruno Haas, Paolo D'Iorio, Chantal Jaquet, David Lapoujade, Jean-Pierre Lefebvre, Helder Mendes Baiao, Henri Mongis, François Palacio, Frédéric Porcher, Denis Thouard, Ayşe Yuva, Marlène Zarader. Je dois enfin mentionner les étudiantes et étudiants qui, durant de longues années, m'ont accompagné dans mes errances avec une patience méritoire.

Un embryon du premier chapitre a fait l'objet d'une publication traduite en portugais (Brésil) par les soins de João Evangelista Tude de Melo Neto sous le titre « Nietzsche, filho de seu tempo : a questão do ascetismo », dans la revue *Cadernos Nietzsche* 39, 2018, p. 11-26. Une autre présentation, traduite par Stefano Suozzi, est parue en italien sous la forme d'un opuscule, *Privarsi del piacere. Nietzsche e l'ascetismo cristiano*, Bologna, Edizione Dehoniane, 2020.

L'objet du second chapitre avait fait l'objet d'une conférence à l'Université fédérale de Rio de Janeiro sous le titre « Nietzsche et les équivoques de l'ascétisme (*La généalogie de la morale*, III) », le 24 septembre 2018, à l'invitation d'Andre Martins.

L'analyse du rapport entre Bataille et Nietzsche a fait l'objet d'une intervention dans un colloque dont les actes sont à paraître chez CNRS Éditions sous la direction de P. D'Iorio, A. Avril et D. Simonin et sous le titre *Nietzsche et la France*, Paris, CNRS Éditions, La présente version est sensiblement modifiée. Je remercie Paolo D'Iorio qui l'a autorisée.

L'analyse de l'ascétique selon Foucault a donné lieu à un article, « Foucault : ascétisme *versus* ascétique », paru dans la revue *Suite française* 3 en 2020, *Effetto Foucault*, p. 87-110. Je remercie Michela Nacci qui en a autorisé la présente publication.

Table des matières

DU MÊME AUTEUR

Aux Éditions Vrin :

Religion privée, opinion publique, « Moments philosophiques », Paris, Vrin, 2012.

Aux Éditions de l'EHESS :

Nommer l'histoire. Parcours philosophiques, « En temps et lieux », Paris, Éditions de l'EHESS, 2018.

Chez d'autres éditeurs :

Critiques des droits de l'homme, « Philosophies », Paris, Puf, 1989 (2nde éd. revue et corrigée, dans B. Binoche et J.-P. Cléro (dir.), *Bentham contre les droits de l'homme*, « Quadrige Manuels », Paris, Puf, 2007).

Les trois sources des philosophies de l'histoire (1764-1798), « Pratiques théoriques », Paris, Puf, 1994, 256 pages (3e éd. revue et corrigée, « Les collections de la République des lettres », Paris, Hermann, 2013).

Introduction à De l'Esprit des Lois *de Montesquieu*, « Les grands livres de la philosophie », Paris, Puf, 1998 (2nde éd. revue, corrigée et augmentée, « Les classiques de la Sorbonne », Paris, Publications de la Sorbonne, 2015)

La raison sans l'Histoire, « Pratiques théoriques », Paris, Puf, 2007.

« Écrasez l'infâme ! » Philosopher à l'âge des Lumières, Paris, La Fabrique, 2018.

Was sind die « Lumières » (und nicht Aufklärung) ? Drei Studien : Diderot, Sade, Staël, « IZEA. Kleine Schriften », Halle (Saale), Mitteldeutscher Verlag, 2021.

Achevé d'imprimer en février 2025
sur les presses de
La Manufacture - Imprimeur – 52200 Langres
Tél. : (33) 325 845 892
N° imprimeur 250145 – Dépôt légal : mars 2025
Imprimé en France